想象教育论
——想象教育的理论与策略体系构建

张晓阳/著

教育学河南省第九批重点学科建设项目资助
河南省教育厅人文社会科学一般项目“K12 阶段想象教育的策略体系建构研究”（2018-ZZJH-249）

科学出版社
北京

内 容 简 介

随着第三次工业革命的不断演进，信息化时代已经不能完全准确地描述人类现时期的社会状态，逐渐被想象力时代所代替。相较于知识与信息，想象力与创造力的重要性日益凸显。本书综合借鉴维果斯基的心理工具理论及基兰·伊根教授的“富有想象力的教育”理论，尝试提出想象教育的四大理论基础及更具操作性的三大策略体系。

本书既适合高校各大教育类理论研究者做参考研究之用，也适合一线学校有志于想象教育教学的教师阅读。

图书在版编目（CIP）数据

想象教育论：想象教育的理论与策略体系构建/张晓阳著. —北京：科学出版社，2017.12

ISBN 978-7-03-055446-8

Ⅰ. ①想… Ⅱ. ①张… Ⅲ. ①教育理论 Ⅳ. ①G40

中国版本图书馆 CIP 数据核字（2017）第 283398 号

责任编辑：邓 娴 / 责任校对：贾娜娜

责任印制：吴兆东 / 封面设计：无极书装

科学出版社 出版

北京东黄城根北街 16 号

邮政编码：100717

http://www.sciencep.com

北京凌奇印刷有限责任公司 印刷

科学出版社发行 各地新华书店经销

*

2017 年 12 月第 一 版 开本：720×1000 B5

2017 年 12 月第一次印刷 印张：10 1/2

字数：208 000

POD定价： 68.00元

（如有印装质量问题，我社负责调换）

目　　录

绪　论

第一节　研究缘起

我们处在或即将处在什么时代，大时代需要怎样的人，大时代下的教育又当何为，这是时刻萦绕于笔者耳际的三个问题。这三个问题属于“前提性判断”，本书所有的论证与问题探索也主要围绕它们展开。对这三个问题的认知与感悟，在很大程度上也决定了笔者的研究论域。过去几十年里，人类社会发展和变革的速度远比我们想象的要快。随着第三次工业革命的不断演进，信息化时代（Information Age）已经不能完全准确地描述人类现时期的社会状态，逐渐被想象力时代（Imagination Age）所代替①。《世界是平的》的作者弗里德曼（Thomas L. Friedman）认为，“世界互联的程度越高，变革越快，对创新的要求就越高，未来世界将不会简单地以发达国家和发展中国家来划分，而是分为 HIE（high-imagination-enabling，高想象力）国家和 LIE（low-imagination-enabling，低想象力）国家两种国家”②。想象力和创造力将成为未来世界各国的核心竞争力。中国学者雷家骕指出，强国将是富有“想象力”的国家，而“中国要想成为真正意义上的世界强国之一，就需要教育部门将传统的专业能力教育提升为注重想象力培养的素质教育；相应的整个社会也需要公民想象力的形成与发挥”③。这预示着，新时代将是一个“创意为王”的时代，一个真正的想象力时代。《经济学人》编辑、“第三次工业革命”提出人之一的保罗·麦基里（Paul Markillie）则认为，“迎接第三次工业革命，政府应重视教育而非规划未来”④。那么，面对第三次工业革命和想象力时代，中国及中国教育是否已准备好迎接挑战？这是引发笔者深思并展开相关主题探讨的原因之一。开宗明义地讲，笔者认为：这是一个属于或即将属于想象力的时代；在想象力时代中，需要大部分人而不仅仅是少数精英重视并具备丰富的想象力，以便推动社会持续发展；在想象力时代中，教

---

① Magee C. The age of imagination：coming soon to a civilization near you[C]. Second International Symposium：National Security & National Competitiveness：Open Source Solutions Proceedings，1993：95-98.

② 搜狐网. 未来全球分“高想象力国”和“低想象力国”[EB/OL]. http://roll.sohu.com/20120911/n352853731.shtml， 2012-09-11.

③ 雷家骕. 迎接想象力经济扑面而来[J]. 中国青年科技，2008，（4）：1.

④ Markillie P. The third industrial revolution[J]. The Economist，2012，（4）：15-20.

育需要从理念到实践都自觉做出回应，重新认识并利用想象力的教育价值以及教育的想象力价值。当然，这些所谓的“前提性判断”会在正文予以论证，这里首先需要说明的是，笔者为什么会选择想象力作为突破口。

一、钱学森之问与莫言现象

2005 年，时任总理温家宝在探望钱学森先生时，钱先生发问，“为什么我们的学校总是培养不出杰出的人才？”这一问题深深地戳到了中国教育的痛处。也正是在这一年，笔者报考教育学专业，刚刚步入大学校门，面对如此艰深的教育问题，只是简单地有两个感受：一是我们的教育出了问题，虽然全社会都有责任，但教育行业更加难辞其咎；二是既然教育出现了问题，教育专业和教育学人应当仁不让，必定大有可为。之后几年，随着阅读与思考范围的扩展，深感“钱学森之问”背后成因的复杂性，仅靠教育专业和学人的努力恐怕远远不够，所谓“当仁不让，大有可为”的空间似乎也没有想象的那么宽广。笔者甚至一度消沉地认为，这纯粹是一个系统的“社会问题”，而非孤立的“教育问题”。因此学人不该背负太多无谓的负罪感。但在 2012 年步入博士学习阶段后，这种坦然的心态却再次失衡。

就在这一年，莫言成为中国首位获得“诺贝尔文学奖”的作家，在某种程度上可以算是了却了国内民众的“诺贝尔情结”，于是举国欢庆。表面上，莫言作为当之无愧的“杰出人才”，似乎缓解了“钱学森之问”带来的压力，但中国教育和教育人却无法高兴起来，如果“钱学森之问”仅仅是戳到了中国教育的“痛处”，那么“莫言获奖”其实是结结实实地给了中国教育一个“巴掌”。诺贝尔文学奖评委会主席韦斯特伯格在颁奖典礼致辞时说，“莫言的想象力超越了人类的存在”。而莫言在接受记者采访，被问到“想象力源自何处”时却直接回答道，“因为我读书少[①]，所以我的想象力发达。如果我读上三十年的书，成了硕士、博士，可能想象力要大打折扣。这个听起来是在调侃，实际上我觉得还是有一定道理的”[②]。之后，社会再次把矛头指向中国教育，各种质疑批评之声四起[③]：“脱离中国式教育才能迈步国际舞台”，“圈养教育能否驯化出下个诺奖？”，“莫言获奖要庆幸躲过了应试教育”，“支离破碎的基础教育拯救了莫言”……“莫言现象”因其巨大的影响力，无疑把“钱学森之问”和“中国教育”又紧密地捆绑在一起，迫使教育学人不得不面对。

---

① 查阅莫言简历可知，出生于 1955 年的莫言，在上了小学五年级之后就辍学务农了，21 岁入伍，26 岁开始发表作品。之后接受的高等教育，据其本人所述，实属“有名无实”，更多是“镀金性质”。

② 刘慧．专访莫言：超现实的想象力源自何处？[EB/OL]. http://china.huanqiu.com/hot/2012-10/3188728.html，2012-10-13.

③ 搜狐教育．莫言让中国教育哑口无言[EB/OL]. http://learning. sohu.com/s2012/moyan/，2012-10-16.

“莫言现象”最直接的冲击在于：它很容易让人联想到“钱学森之问”，“中国的学校之所以培养不出杰出人才”，可能是因为学校培养的人缺乏丰富的想象力；中国的学生之所以缺乏想象力，是因为中国的学校有害于或者至少是无助于学生的想象力培养的，即使投入再多的钱，付出再多的时间，毕业的大学生再多，可能得到的大多是一群“平庸之才”，无法给国家及人类提供杰出的创造性成果。当然，我们不能仅凭“钱学森之问”与“莫言现象”，就简单地推理：因为中国教育在扼杀想象力，所以中国儿童存在想象力危机；或者说只有脱离中国教育系统，才能有机会成为创造性人才。如果没有严谨的调查，我们不能这么武断地下此结论。但是想象力本身是难以评估的一种能力，这一点会在后文予以阐述，而且加上学校系统的复杂性，注定了这项“关联性”调查无法展开。但是我们可以把它们分成单独的两个子问题来观察：中国儿童是否存在想象力问题？中国的教育是否重视想象力培养？

二、中国儿童的想象力危机

很多人可能还记得1993年那篇石破天惊的报告文学《夏令营中的较量》[①]，它描述了中日少年儿童在内蒙古进行的一次草原探险夏令营活动，这次活动充分暴露了中国儿童在生存与耐挫折能力方面的缺陷，在国内引发了持久而热烈的教育大讨论，在某种程度上推动了中国的一些教育改革。正是这篇报告文学的作者孙云晓先生，经过自己及研究团队的多年观察研究之后，在2009年又推出了重磅级成果——《中国儿童想象力危机报告》。报告指出中国儿童的想象力发展状况非常不乐观，甚至可以说已经糟糕到了“需要全社会关注甚至拯救的地步”。早在2000年，中国青少年研究中心与北京师范大学发展心理研究所合作进行了一项名为“我国城市儿童想象与幻想”的调查研究，此项研究主题分为四个维度（对四个维度平均分进行比较，平均分最高为3分）：好奇心、想象力、挑战性与冒险性。调查表明好奇心得分为2.39，属于最高得分；挑战性得分是2.28，冒险性得分为2.25，想象力只得到了2.18分，排名垫底。如果说，这仅仅反映了我国城市儿童的想象力状况，那么同年开展的“全国青少年创造能力调查”当中，从地域分布来看，大城市（百万人以上）、中小城市、乡镇农村中拥有青少年创造性培养环境优良中学的比例分别为2.4%、1.8%、1.5%，并且农村学生中，有六成认为数理科教师基本在复述课本内容[②]。创造性学习环境及课堂教学方式都是培养学生想象力的重要因素，因此我们有理由认为，我国农村青少年想象力发展情况同样不容乐观。

---

① 这篇报告文学原名为《夏令营史上的一场变革》，最早发表在1993年第2期的《少年儿童研究》上，《读者》杂志在转载其缩写稿后改名为《夏令营中的较量》，在全国范围内形成了广泛影响。作者孙云晓长期从事我国青少年儿童发展研究，在1999年被国务院表彰为有突出贡献的教育科学研究专家。

② 孙云晓，赵霞. 中国儿童想象力危机报告[J]. 少年儿童研究，2009，（22）：4-10.

虽然 2002 年之后没有开展全国性范围的儿童想象力或创造力调查，但是在 2009 年，因为网络上一条“我国儿童想象力倒数第一”的“新闻”，[①]社会各界展开了激烈的讨论，一些极端人士义愤填膺，甚至痛骂中国教育的“无能、无效与无耻”。与此同时，人民日报也针对社会种种舆论，刊出了“中国儿童想象力太差，谁拧死了想象力阀门”一文，文中指出“中国学子每年在美国拿到博士学位的有 2 000 余人，为非美国族裔学生之冠，比排名第二的印度多出一倍，但美国专家却评论说，虽然中国学子成绩了得，遗憾的是在想象力方面却处于劣势。而且，教育进展国际评估组织对世界 21 个国家的调查也显示，虽然中国孩子的计算能力世界第一，但创造力在所有参加调查的国家中排名倒数第五。在被调查的中小学生中，认为自己有好奇心和想象力的只占 4.7%”[②]。比缺乏想象力更可怕的是不认为自己拥有想象力，对于这项人区别于动物的主要天赋，大多数中小学生为什么会选择不承认呢？这只能说明，我们周围的教育与社会环境做出了失败的诱导与暗示。

值得注意的是，在此期间，重庆市人大常委会副主任胡健康在分组审议《重庆市义务教育条例（草案）》时，甚至提议将审议草案中第四十四条规定“学校应该全面实施素质教育……强化能力培养，提高学生的学习能力、实践能力和创新能力”，调整成“学校在全面实施素质教育时，要注重提高学生的想象能力、动手能力和创造能力”[③]。人大代表专门针对我国儿童想象力发展进行立法探索，昭示着“想象力危机”确实不只是一个舆论热点那么简单。事实上，无论是客观的科学调查，还是主观的社会讨论，都说明我国儿童想象力确实存在着不小的问题，深处漩涡之中的中国教育教学亟待改革。但是，中国教育似乎从来没有把想象力放在一个重要地位，对想象力存在种种认识误区。虽然由于国家宏观政策的要求，我们把创新提到了一定高度，但显然，注重人的创造潜力的发展，而不是期待重大发明发现，是基础教育更为根本的任务。如何针对青少年成长特点，在学习中启发创新性思维，引导并发展创意倾向，是教育最为基本的着眼点[④]。然而，想象力恰恰是创

① 事后证明，“我国儿童想象力倒数第一”是一条假新闻。但是从其在全社会引起的轩然大波来看，它彻底引爆了大众的潜意识忧虑，加深了教育界对儿童想象力问题的重视程度。讽刺的是，这种“假消息”却引发了“真共鸣”。从某种程度上来说，这种共鸣是一次成功而真实的社会“问卷调查”，反映出社会公众对我国儿童想象力状况的忧虑和不满。如果说这只是反映了民间的态度的话，那么在隔年，也就是 2010 年，《人民日报》（2010 年 10 月 19 日，第 7 版）、《光明日报》（2010 年 11 月 18 日，第 7 版）都进行了专题发文，讨论“想象力比知识更重要”。《光明日报》刊文中甚至认为，在培养知识的前提下，充分培养学生的想象力理应成为中国教育体制改革的拐点。两大官媒也充分反映出官方的态度。

② 赵永新，王昊魁. 中国儿童想象力太差[N]. 人民日报，2009-08-17（第 11 版）.

③ 许二多，汤寒锋. 21 个国家调查显示：中国小学生想象力倒数第一[N]. 重庆晚报，2010-11-24.

④ 贝格托 R A，考夫曼 J C. 培养学生的创造力[M]. 陈菲，周晔晗，李婀译，上海：华东师范大学出版社，2013：9.

新性思维与创意倾向的核心与基础，因此忽略想象力的创新精神培养，注定是一种舍本逐末、急功近利的行为。

三、想象力常见的教育争议

造成我国儿童想象力危机的原因众多，包括传统文化、个人与社会的发展阶段、教育教学等。在这里，笔者无意于探讨文化的开放与保守，个人与社会发展阶段的高与低，而是着重观察教育教学领域，当然不是说前面几种原因不重要，而是任何改革及对改革的反思，都需要突破口，而快捷、简便的革新政策，往往注定都会失败。教育领域中，关于想象力的认知存在诸多争议与质疑。这些争议在很大程度上影响了家长和教育者对想象力的正确认知，也在某种程度上造成了想象力在教育中的边缘化。当然，考虑到想象力的教育争议如此之多，我们这里只选取几种最常见的予以呈现。

（一）想象力需不需要教?

想象力是人区别于动物的最主要的能力之一，人类迄今为止创造的所有物质产品和精神产品都是以想象力的应用为前提的。所以，在人需不需要想象力这个问题上，大家基本能够达成共识，但是在“想象力需不需要教”这一问题上，争论很大。一种普遍观点认为，想象力是人类的天赋之资，儿童生来就有丰富的想象力，做到“不限制”就已经很好了，想象力不需要培养，“不限制”就是培养，在培养孩子想象力方面，教师与家长不是做得越多越好，相反要把“少就是多”作为一项黄金法则①。另外一种观点则认为，想象力和道德一样②，都只是一种人生而有之的“潜能”，需要后天环境和教育以正确的方式，不断地予以挖掘和深化。所以要在儿童早期就开始进行专门的想象力教育课程，方能实现人类想象力的最大价值③。事实上，第一种观点相当于把“教授”等同于“限制”，对“教”还停留在传统的“上所施，下所效”的印象上，而不是更现代的“引导、引出”之意。另外，这种观点考虑的是人类儿童期，或者更多的是幼儿期的想象力状况，忽略了作为个体的人是一个不断发展的过程。如果幼儿期我们应着重其想象力的保护问题，那么随着个体心理机制的不断健全，社会阅历的不断丰富，针对其个体想象力的发展状况，是否仍然只采取消极的保护姿态？“放任自由”

---

① 尹建莉. 想象力不用培养[N]. 羊城晚报，2014-10-11（第 B2 版）.

② 当然“道德是否可教”本身也是一个极具争议的问题，自柏拉图以来，它在伦理和教育学界至今没有统一定论。但是从历史角度来看，道德教育在教育中始终占据重要地位。与之形成鲜明对比的是，想象力的命运却坎坷得多，在教育界一直处于边缘位置。道德一直为历代学人所重视和推崇，但是想象力却多遭贬低与诟病。

③ 例如，社会上有许多早教培训班推出了自己的想象力开发课程，甚至如上文所说，已经有人大代表建议在学校设立专门的想象力课程，并对其进行立法保障。

是否是想象力发展的最好条件？这都是值得商榷的问题，显然不能简单断定对想象力的发展“不限制就好”。第二种观点也一样存在武断判定的问题。想象力和道德一样是一种人人皆有的潜能，但是想象力是否和道德一样需要专门的课程，甚至“立法课程”来进行培养呢？事实上，建立单独想象力课程的最大动力，更可能来自于商业领域。如果成行，这将又是一个巨大的利益产业链和细分市场，可是对于想象力的培养助益并不会太多。显然，道德之于知识课程的相对独立性要比想象力大得多，虽然在爱因斯坦看来，想象力要比知识重要得多，但是如果没有知识作为材料基础，想象力只能是无源之水。如果把想象力的教授融于学科教学当中，就会涉及学科选择，以便达到想象力和学科知识学习相互促进的良性互动局面。因此，想象力可能不是一个需不需要教授的问题，而是一个怎么教授的问题。我们需要对此做出回答。

（二）想象力只适合学前教育和艺术教育吗？

即使承认想象力需要教授，而且可以教授，我们很快会发现一个尴尬的事实，即针对教育领域想象力的研究，多集中在学前教育及艺术教育。首先是学前教育，想象力对儿童早期的游戏（play），尤其是假装游戏（pretend play）及基于游戏的学习具有十分重要的作用，如皮亚杰的一些作品就表达出了对儿童早期的假装游戏、想象及幻想（fantasy）的兴趣。皮亚杰把儿童游戏分为三种类型：感知运动型（sensorimotor）游戏、假装游戏及基于规则的游戏，它们都在儿童七岁之前依次表现出来，而这些游戏类型跟想象力都有很大的关系①。在儿童早期发展阶段，他们普遍具有戏剧化游戏的特征，这些游戏类型既自然又富有想象力，可以让儿童重新探索和掌握周围的世界，也可以让他们走出“自我中心”的环境，更好地体验关系化的社会生活，从而帮助儿童了解种种社会规则②。在这些相关研究中，想象力在本质上被认为是象征性游戏的组成部分之一，因此也就只适合停留在儿童发展的早期阶段。至于其对儿童早期学习具有的重要作用，也是因为这时期的学习与儿童游戏存在莫大的关系。随着个体的不断成长，想象力的价值也就被逐渐忽略，不再成为个体所需要的核心能力。但是这些教育领域中的想象力研究，多关注儿童早期阶段和各种游戏化场景，无疑迎合了大众把想象简单理解为幻想的观念，这加剧了想象力在教育中的边缘化趋势。事实上，想象力随着个体的发展，也有一个从低级到高级的不断发展的过程，教育需要贯穿其中，不同的发展阶段发挥不同的教育引导作用，而不仅仅是学前教育阶段需要加

---

① Fein G G. Pretend play in childhood：an integrative review[J]. Child Development，1981，52（4）：1095-1118.

② Dias S S E. Imagination in twenty-first century teaching and learning[D]. PhD. Dissertation of Claremont Graduate University，2013：11-12.

强想象力的研究与培育。

其次是艺术教育。在艺术教育中，无论是音乐、绘画，还是戏剧和舞蹈，都跟人的形象思维或者说意象思维密不可分。我们在教育中常常把想象力等同于想象思维，并且习以为常。从心理学的角度来讲，想象是人在头脑里对已储存的表象或材料进行加工改造形成新形象或新材料的心理过程；或者是在知觉材料的基础上，经过新的配合而形成新形象的心理过程，或者是对不再前进的事物想出它的具体形象。而“形象思维则是指主体运用表象、知觉、想象等方式，对研究对象的相关形象信息，以及储存在大脑里的形象信息进行加工（分析、比较、整合、转化等），从而从形象上认识和把握研究对象的本质和规律”①。想象力与形象思维具有很多相似的地方，以至于很多教育研究都把想象力直接等同于形象思维，因此也就和逻辑思维或者理性思维截然对立，所以想象力更多地出现在文学艺术教育领域，而在数学和科学教育中，则往往被压抑。如果仔细观察，可以发现其中人们常见的潜在预设也是认识误区所在，即学前教育和艺术教育更多涉及的是形象、情感、浪漫、幻想。可是，理性和想象力并非对立，甚至离开想象力，理性推理就无法展开。有学者甚至提出了“理性想象力”（rational imagination）的概念，认为想象和理性不仅不是两个截然相对的概念，相反，想象和理性拥有很多共同的思维基础，甚至想象思维比很多科学家们所认为的更加富有理性色彩②。

（三）想象力会不会妨碍应试成绩?

多年来，虽然我们大力提倡素质教育，并且在新课程改革的配合下，取得了许多成绩，但是应试教育的烙印太深，机械单一的评价模式依然充斥在基础教育的各个角落，招生考试制度依然需要进行不间断的改革。这种背景下，快速高效地传授知识成为很多教师、家长甚至是学生本身的功利化诉求，在他们眼中，“效率、成绩、升学”是重中之重，如果把想象力融入教育之中并承担重要角色，是否会降低课程的传授效率，混乱学生的知识认知，甚至影响考试成绩和升学大业？他们之所以会有这样的疑虑，无非缘于一种对“秩序失控”的恐惧，担心引入想象力后，学生要么会耽于幻想，丧失课堂学习的注意力，严重影响课程进度；要么会提出各种问题，质疑并挑战教师和教材权威，不适应标准化考试的种种限制。这种恐惧背后是另一个常见的质疑，即想象力学习和知识学习存在冲突，因此在知识中心模式下的教育体系，具有排斥或者回避想象力的本能。

但是，知识和想象力是人类存在和发展的两大根基，如果没有想象力，知识的获得和发展是无以为继的，如人类早期，无论是自然取火还是人工取火，都跟

---

① 潘庆玉. 富有想象力的教学设计[M]. 广州：广东教育出版社，2014：5-6.

② Byrne R M. Précis of the rational imagination：how people create alternatives to reality[J]. Behavioral and Brain Sciences，2007，30（5~6）：439-480.

想象力存在莫大关系。当然有人可能会说，这都是创生性知识，学校大部分时间是人类知识的传承，需要更多地理解并占有既有的知识体系，似乎更多的是需要人的记忆力而已。但是“所有的知识都是关于人的知识，这些知识源于人类的希望、恐惧与激情，要想让这些知识在学生脑中生根发芽，就必须把他们重新导入人类的希望、恐惧与激情的情境中去，知识在此得以被完全理解，而最好的导入工具就是想象力”[①]。事实上，加拿大“富有想象力的教育”研究中心（Imaginative Education Research Group，IERG）经过多年的、大范围的教育实践，已经证明在教育领域中引入并重视想象力，不仅不会影响教育教学效率，相反会有效提升学生课业成绩。

正如开篇所说，笔者一切教育思考的三个着眼点在于：我们处在什么时代，大时代下我们需要什么样的人才；大时代下的教育何为。随着社会的飞速发展，想象力时代的特征表现得更加明显，这种对大时代的认知让笔者逐步关注人才素养的问题；“钱学森之问”与“莫言现象”所带来的冲击又进一步促使笔者把想象力与我国教育联系起来，深入思考我国的教育现状与人才培养模式。同时，笔者开始关注我国教育弊端及儿童想象力发展方面的相关研究，结果非常让人不安。我国教育还远远没有意识到想象力的价值，甚至对其存在诸多认知偏差，而且这些认知偏差导致我们的人才培养出现一定程度的时代偏离，这种时代偏离又很可能进一步导致我国未来发展的持续性危机。这显然是笔者所不愿看到的悲观前景，正是基于此种忧虑，笔者选定“想象力”作为研究主题，开始一场注定并不轻松的学术探索。随着研究的持续推进，笔者发现“想象力”不仅仅是一种有待培养的新时期学生的核心素养，而且还可以作为一种方法论改善我们的教育教学，“想象教育论”的视野由此得以打开。

第二节　国内外想象教育研究述评

一、想象基础理论相关研究

想象力的定义维度十分广泛。学者沃尔顿（Walton）说，“想象是什么？我们探索了大量的研究维度，不同维度都可以得出不同的关于想象的定义，那么我们能不能找出这些不同维度定义的共同点呢？如果我们有能力的话，当然可以，但是恕我无能为力”[②]。虽然很难有一个统一的定义，但是可以依照其对想象力

---

① Egan K. An Imaginative Approach to Teaching [M]. San Francisco：Jossey-Bass Publishers，2005：12.

② Walton K L. Mimesis as Make-Believe[M]. Cambridge：Harvard University Press，1990：19.

属性的不同定位，分为“主体能力说”、“意识行为说”及“精神态度说”三种类型。当然，也有学者为了避开想象力复杂的定义怪圈，笼统地把其定义成一种“灵活性”，也不失为一种办法，但是这种模糊的定义方式无疑不能加深我们对想象力的进一步探究，故笔者未将这类比较小众的定义方式予以呈现，但是会在给想象力进行纲领性定义时加以考虑，毕竟它们也描述出了想象力的某种内在特质与精髓。同时，在想象基础理论中，想象力的类型划分及功能界定都因为其不同的定义维度而各有不同。

（一）想象的定义概述

首先是“主体能力说”。在“主体能力说”里最具代表性、最有影响力的无疑是哲学家康德的定义。他在《纯粹理性批判》及《实用人类学》中都有对“想象”的细致表述与分析。《实用人类学》对想象力的定义：“想象力作为一种即使对象不在场也能具有的直观能力，要么是创制的，这是本源地表现对象的能力，因而这种表现是先于经验而发生的；要么就是复制的，即派生地表现对象的能力，这种表现把一个先前已有的感性直观带回到心灵中来。”①《纯粹理性批判》中则认为，“就想象力就是自发性这一点而言，我有时也把它称为生产性想象力，并由此将它区别于再生的想象力”②。另外，康德也把创造性（创制性）想象力称为“先验想象力”“纯粹想象力”等。康德在认识论上的“哥白尼式的革命”，极大提高了主体及主体想象力的地位，想象力不仅是一种联结能力，更是一种创制能力。西方学者斯蒂文森（Stevenson）据不完全统计，甚至总结出了最为流行的 12 种关于想象“能力说”的定义③：一种能够脱离当下知觉从而思考时空中真实事物的能力；一种能够思考时空当中任何可能性事物的能力；一种把事实上并不为真的事物思考为真的倾向性能力；一种能够思考虚构事物的能力；一种能形成精神意象的能力；一种能够思考任何事物的能力；一种只能依靠成因（cause）而非理智（reason）解释的非理性精神运作能力；一种对时空当中公共事物形成知觉信念的能力；在没有概念分类及功利思考的情况下，能够对艺术作品或物体的自然美进行感官欣赏的能力；通过创作艺术作品进一步提升感官欣赏水平的能力；对于一些能够表达或者启示人类生活意义的事物进行欣赏的能力；能够创作出一些表达人类深层生活意义的艺术作品的能力。

这 12 种定义基本可以囊括西方现代关于想象的“主体能力说”定义。当然，现代心理学对想象与想象力也有自己的经典定义。例如，想象就是一种纯粹的意识行为过程：“在知觉材料的基础上，经过新的配合而创造出新形象的心理过

① 康德 I. 实用人类学[M]. 邓晓芒译. 重庆：重庆出版社，1987：49.

② 康德 I. 纯粹理性批判[M]. 邓晓芒译. 北京：人民教育出版社，2004：22.

③ Stevenson L. Twelve conceptions of imagination[J]. British Journal of Aesthetics，2003，43（3）：238-259.

程”，或者是“对不在眼前的事物想出它的具体形象”，想象力则是一种心理官能：“在知觉材料的基础上，经过新的配合而创造出新形象的能力。”[①]虽然还有其他很多版本的定义，但是万变不离其宗。这说明即使是在“主体能力说”范围之内，也依然无法统一想象力定义的维度。

其次是“意识行为说”。想象的意识行为说，主要见于现象学研究领域。例如，现象学创始人胡塞尔明确提出，“作为能力的想象处在我们的兴趣范围之外，想象活动也是如此；因为我们将它看作一种在心灵客观性中进行的实在的和因果的过程、看作一种在真正意义上的活动，看作一种心灵的行为；当然，这种行为的结果，想象作品本身也不在我们的兴趣范围之内”[②]。换句话说，他认为想象就是一种意识，任何意识都是一种意向性，一种指向对象的意向行为，所以想象就是一种包含“想象意向-想象物”结构的意向或意识行为。萨特也在自己的《想象心理学》中认为，影像（想象）是某种类型的意识，是对某物的意识，而不是出现在意识中的某物，它是一种意识活动，并且假如影像（想象）是一种消极而被动的意识内容，那它就肯定不能与综合的必然性相结合，不论是以什么方式[③]。这里，萨特充分肯定了想象的综合、主动及创造特性。萨特的想象的对象不同于知觉材料，它仅仅是知觉材料的象征物，仅仅具有知觉对象的一般特征。虽然“意识行为说”的可定义范围要比“主体能力说”小得多，但是其充分肯定了想象的主动及创造特性，为后续想象理论研究打下了坚实的基础。

最后是“精神态度说”。除了把想象定义为一种“能力”或“意识行为”之外，有些国外学者还认为想象力包括更多的东西，或者说它的范围太过宽泛，以至于无法给出一个统一的定义。但是无论从哪些维度来进行定义，都能反映出想象所共有的一种态度和精神，也许“态度精神说”不是一种严谨的概念或语义学定义，但是却能更好地反映出想象力的精髓。其中比较有代表性的要属杜威，杜威在其浩瀚的个人著作中多次提到想象及相关概念，如“可能性”“洞察力”“移情（empathy）”“自由游戏”等，但是并没有给出统一的定义，更多的是反映一种在教育、生活、经验、活动与民主之间的“关联性”理解的精神与态度。学者拜林（Bailin）在他的想象概念中既包含了“自由游戏”和“探索”，又包含了“观念的产生”；辛格（Singer）等认为，想象与创造力不同，“无论它可否有助于生产出公众产品，其自身是充满乐趣的”，它是“一种游戏的、创造的精神”。这些定义与类似于精神或态度的事物接近，

① 中国社会科学院语言研究所词典编辑室. 现代汉语词典（修订本）[M]. 北京：商务印书馆，1996：1376.

② 胡塞尔 E. 胡塞尔选集（下）[M]. 倪梁康选编. 上海：上海三联书店，1997：722.

③ 萨特 J-P. 想象[M]. 杜小真译. 上海：上海译文出版社，2014：181.

从概念分析的视角来看，似乎是没有意义的，但简单抛弃这种视角绝对是不明智的[①]。这种想象力的“精神态度说”极大地拓展了人们对想象本身的想象空间，也符合其本身的气质。

（二）想象的类型概述

想象定义的多种多样，也可以反映出其分类的难度。想要“一网打尽”式地界定想象简直是天方夜谭。所以，国外许多学者大多避开这种“全面综合性”分类方法，转而寻求一些特定的维度对想象进行划分。例如，上文提到的康德就根据想象的功能，将其划分为“生产性想象力”和“再生性想象力”。事实上，康德的两分法分别对应了西方对“想象”功能的两种主要看法，即联结（复制、模仿、再现）功能和创造（生产性、创制、先验）功能。后续很多学者也对想象进行了划分。沃尔顿就根据“想象”过程中是否有主体的意向性参与，将其划分为自发（spontaneous）想象和慎思（deliberate）想象；根据“想象”是否占据了主体的显性注意力，将其划分为即时（occurrent）想象和非即时（nonconcurrent）想象；根据想象过程中是否有多主体参与，将其划分为个体（solitary）想象和群体（social）想象[②]。格里高利·克里（Gregory Currie）等学者把“想象”分为创造性想象（以意想不到和反传统的方式组合观念）、感官想象（在没有适当刺激的情况下拥有的类感觉经验）及再创造想象（脱离传统经验而以不同的视角去思考和体验这个世界的能力）[③]。也有很多学者把“想象”当作“分离”、“复制”及“配置”的操作器，所以原则上，它可以和任何“精神状态”相连，组成任意的类型化想象。例如，一个人可以想象一种感觉（perception）（称之为感官化想象），可以想象一种信仰（称之为信仰化想象），可以想象一种行为（称之为行为化想象）等。从这个角度来讲，“想象”可以驾驭任何一种经验形态，相应的分类类型也千变万化[④]。当然，与上面分类类似的划分还有积极（positive）想象与消极（negative）想象（伏尔泰），第一性（primary）想象与第二性（secondary）想象（柯勒津治），等等。就目前国外的相关研究来看，并没有形成通用的关于“想象”的分类方式。

---

① 伊根 K. 走出“盒子”的教与学[M]. 王攀峰，张天宝译. 上海：华东师范大学出版社，2010：33.

② Walton K L. Mimesis as Make-Believe[M]. Cambridge：Harvard University Press，1990：19.

③ Currie G，Ravenscroft I. Recreative Minds：Imagination in Philosophy and Psychology[M]. Oxford: Oxford University Press，2002：30.

④ Leslie A. Pretense and representation：the origins of “theory of mind” [J]. Psychological Review，1987，94（4）：412-426.

（三）想象的功能概述

想象在认知、审美、道德等方面发挥着重要的作用与价值，并由此延伸至认知、审美及道德的诸多领域。当然，国外关于想象作用与价值的研究，大多也围绕这些层面展开。在认知层面上，西方历史中曾有很长一段时期，人们把想象等同或者类同于感觉，所以想象就被认为是一种低级或最低级的认识能力，这一点我们已经在上文有所提及，这里不再赘述。启蒙运动后，人们逐渐认识到人的主体地位，想象力的地位也随之逐渐提升，学者们注意到想象不只是一种感觉或者类感觉，不只有表象能力，更有根据已有表象，加工生产出新的表象的能力。康德就认为，人类知识有两大主干，即感性与知性，通过前者，对象被给予我们，而通过后者，对象则被我们思维。纯粹想象力是人类心灵的一种基本能力，它是人类所有先天知识得以奠定的基础所在。正是通过它也只有通过它，感性和知性这两个极端才得以必然地发生关联。从中可以看出，康德认为其“先验想象力”在认知中不仅有沟通“感性”与“理性”（知性）的中介作用，还是它们两者以及一切知识的基础[①]。

在审美层面上，因为审美活动是一种自由游戏，因为审美判断中，想象力和知性和谐共存，想象力甚至可以不受知性的概念性规约，因为先验想象自身就是知性的根源所在，所以也可以说审美活动就是一种先验想象力的自由游戏，这种想象力游戏包含四个特征：①不带任何利害的愉快；②美是那种没有任何概念而普遍令人喜欢的东西；③美是一个对象的无目的的合目的性形式；④美是那没有概念而被认作必然愉快的对象的东西。这四个特征无疑都需要想象力来实现[②]。杜威则认为在美学意义上，“只有借助想象这个门径，我们从以往的经验里所获得的意义才能同当前的经验发生耦合，进而映射出新的意蕴。以往的美学往往从人的精神因素之某一个环节出发，企图用单一的因素来解释审美经验，如感觉、情感、理智、判断等。研究者没有把想象作为融合一切心理因素的聚焦性过程，仅仅把它视为一种特殊的心理能力”[③]。在他看来，想象是一种多种心理能力的综合运用的过程，想象力是一种综合性、聚焦性的心理能力，而不是一种特殊的、具体的心理能力。

在道德层面上，马克·约翰逊（Mark Johnson）认为，“想象力是我们思考可能性视角的方式，并且有助于我们去探索人类的行为、关系及公共福祉，因此，对于特定视角的可能性批判，取决于我们预想别人视角的想象能力……道德想象力就是要能够看到或者意识到一些真实或预期的经验可能性，从而提升我们

① 康德 I. 纯粹理性批判[M]. 邓晓芒译. 北京：人民教育出版社，2004：21-22，130.

② 宫睿. 康德的想象力理论[M]. 北京：中国政法大学出版社，2012：111-153.

③ 杜威 J. 艺术即经验[M]. 高建平译. 北京：商务印书馆，2005：267-268.

自身及生活于其中的共同体的生活质量”[①]。还有论者总结了道德想象力的基本组成：①由我们反省思维（先前经验）引发的图像和经验图式；②我们通过概念性隐喻指出道德议题的方式（理解事物应然的方式）；③采用他人视角及移情于他人的能力；④对所涉及的道德情境及人物形成特定架构的能力。也就是说，道德想象力包含四个基本要素：图式、隐喻、移情及架构[②]。它对人们的道德观念及行为具有重要作用。

综上所述，可以发现学界在想象力的内涵、类型划分、作用价值方面，虽然有了许多研究，但是并没有达成一致见解。值得一提的是，学界对想象力的评价指标也莫衷一是，可能因为想象本身的含义及其类型就很复杂，想象内涵至今仍没有清晰地得到界定，所以在其评价指标方面就更加难以获得共识。在实证主义横行的时代，这也是想象备受冷落的原因之一。所以学者们似乎对想象的评价指标望而却步，没有给予太多关注，因此相关研究并不多。仅有的想象力评价指标研究也是仿照创造力的评价指标制定的，如有学者就根据康德对想象力的分类（复制性想象力和创造性想象力）进行了三级指标体系的建立，并试图以此来进行想象力的评估[③]。但是这种方式的维度选取太过单一，并不能很好地涵盖想象力所涉及的内容。因此，针对想象力的评估与测量，将是未来想象理论及其应用研究不可绕过的一个研究课题。也正因为没有学界共识，美国一个研究机构甚至悬赏百万美金，在全球范围内，招募想象力评估的研究成果[④]。当然，理论研究没有共识十分正常，这里笔者想要表达的是，把想象力应用到教育理论与实践当中时，就需要对庞杂的、多维度的想象力理论进行一个简化工作，从中提取一些适应于教育领域的主要原则，而不是简单的生搬硬套。

二、想象教育理论相关研究

相对于想象理论的丰富著述，世界范围内专门的想象教育研究并不多见，已有的研究多有关儿童想象力发展方面，当然教育教学论中，也局部涉及想象力相关问题。可喜的是加拿大、美国等许多国家和地区，已经开始“想象教育理论”的相关探索，如加拿大的“富有想象力的教育研究”、美国林肯中心艺术学院的“想象学习能力清单”等，中国台湾地区的“未来想象教育与创新计划项目”也

---

① Johnson M. Moral Imagination：Implications of Cognitive Science for Ethics[M]. Chicago: The University of Chicago Press，1993：209.

② Johnson M. Moral Imagination：Implications of Cognitive Science for Ethics [M]. Chicago: The University of Chicago Press，1993：209；Zaw S K. Moral rationality[A]//May L，Friedman M，Clark A. Mind and Morals：Essays on Cognitive Science and Ethics [C]. Cambridge：The MIT Press，1996：153.

③ Liang C Y，Chang C C，Chang Y，et al. The exploration of indicators of imagination[J]. The Turkish Online Journal of Educational Technology，2012，11（3）：366-374.

④ 参见宾西法尼亚大学想象力研究中心网站：http://imagination- institute.org/grant- recipients/introducing-imq.

取得了积极进展。这些研究成果为想象教育理论的后续发展打下了很好的基础。同时应该看到的是，这些已有研究大多有所侧重，各自的优势在教育教学实践中缺乏理论与实践经验的有效整合。

首先是“富有想象力的教育”（imaginative education）。这是由加拿大基兰·伊根[①]（Kieran Egan）教授领导的国际性教育项目。它建立在两个理论基础之上。第一个理论基础是文化的重新归纳理论。基兰·伊根在《受过教育的心灵》（*The Educated Mind：How Cognitive Tools Shape Our Understanding*）一书中对这个理论进行了详尽的论述。富有想象力的教育对我们的祖先在文化历史过程中发明的那些思维工具，进行了重新归纳和阐释，认为现在的学生可以通过学习这些思维工具或者说“认知工具”来提高他们的思维能力。这个理论指出，不管是在文化历史过程中发明这些认知工具，还是从教育中获得它们，都需要丰富的想象力。第二个理论基础来自于俄国心理学家维果斯基的社会文化理论。在上述理论基础上，“富有想象力的教育”对教育过程中的学习力和想象力的发展做出了最详尽的阐述。其团队在后续研究中又对这一学说进行了充分发展，从而形成了一套比较完整的认知工具系统。这对教育教学实践无疑产生了深刻而积极的影响。

其次是“想象学习能力清单”[②]，其最初是专门为艺术教育设计的。但是随着这些学习实践逐步取得成功，它的应用范围逐步拓展到社会工作的很多领域。对于想象在普通教育、艺术教育、美学、文学及社会与多元文化大背景下的角色问题，Maxine Greene 在其著作《释放想象力：教育、艺术与社会变革论文集》（*Releasing the Imagination：Essays on Education，the Arts，and Social Change*）中有更加详细的论述，她认为我们的学校应该被重新建构，学校应该成为学生寻求意义的地方，成为让那些以前沉默和未被倾听的人发出自己的声音的地方，号召人们通过运用想象力和艺术来培养自身的愿景，并特别注重艺术及想象在打开人类意识和经验可能性方面的重要作用，认为其能有效矫正目前教育突出一致性方面的弊端。不同于“富有想象力的教育”跨越不同学龄的认知工具，“想象学习能力清单”更注重主体学习过程的完整性。

最后是我国台湾地区自 2011 年启动的“未来想象与创意人才培育计划”[③]，其注重的则是学生学习的未来思维意识，力图培养学习者能以各种形式想象与描绘可能的未来，经由理性思考、伦理辩证与价值澄清选择的未来，并以知识与行

---

① 基兰·伊根（1942—），加拿大西蒙菲沙大学教育学院教授，加拿大皇家学会院士，教育研究首席专家，国际富有想象力教育学会会长。荣获多项学术奖项，并且被《乌托内阅读杂志》评为“正在改变你的世界的 25 位哲人”之一（2010 年）。

② Liu E，Noppe-Brandon S. 想象力第一[M]. 王蕾译. 上海：华东师范大学出版社，2013：39-41.

③ 詹志禹. 未来想象教育在台湾[C]. 台北：未来想象与创意人才培育总计划办公室，2013：5-43.

动创造期望的未来。希望透过未来想象与创意思考开启崭新的学习之眼，改变以“过去—现在”为主轴的学习模式，带入未来的时间观，引导学生看见世界变化的样子，以想象力与创造力探索、想象、选择并创建未来。

无论是“学习认知工具”“学习能力清单”，还是“未来学习思维”，都只是从不同的侧重点出发，来探讨想象力在教育领域中的理论与应用问题，未来想象教育的发展，需要在结合实践的基础上博采众长。

三、我国大陆地区想象教育相关研究

我国历史上也有针对想象及想象力的研究，这一点会在正文予以详细论述。可喜的是，我国大陆地区一些当代教育学者和一线教育工作者，也已经积极开展了对想象或者想象教育的研究。这些尝试，为后续的研究提供了有益的启示，并打下了进一步发展的基础。他们有的专注于调查我国基础教育儿童想象力发展状况，有些则着重从国外引入一些先进的想象教育理论，并深入发掘了其在教育教学中的应用价值。

（一）我国大陆地区关于富有想象力的教育的研究

国内既有译介研究文献，也有本土特色研究。夏正江2007年发表的论文《个体发展的节律与因序而教——来自 Kieran Egan 的看法及启示》，为大陆第一次比较系统地介绍基兰·伊根的认知发展理论的文献。潘庆玉 2009 年在《教育研究》发表了《认知工具：“富有想象力”的教育策略和方法》，从理论来源、基本思想、核心概念等几个方面系统介绍了基兰·伊根的富有想象力的教育理论（认知工具理论），并结合教学实例具体介绍了认知工具在课堂教学中的应用，后续又发表了《游戏对教学设计的启示》（2009 年）、《导向深度学习的游戏沉浸式教学模式》（2009年）、《想象力的教育危机与哲学思考》（2010年）等相关文献，进一步向国内学界阐释加拿大富有想象力的教育研究中心的研究成果。

除了理论探讨之外，在教学实践层面，也有许多相关主题的探索，江苏省特级教师朱志江做了“富有想象力的化学研究”，四川省特级教师郭子其也做了“历史教学如何促成学生丰富想象力”的研究①。付勇君则通过《“富有想象力的教育”对英语教学的启示》一文，论述了Egan思想为英语教学赋予了趣味性、多层次性与复杂性②。张广祥③、颜景田④都在自己的论文中论述了数学领域想象

① 潘庆玉. 富有想象力的教学设计[M]. 广州：广东教育出版社，2014：307-309.

② 付勇君. “富有想象力的教育”对英语教学的启示[J]. 甘肃联合大学学报（社会科学版），2013，（11）：78-81.

③ 张广祥. 数学探究的一个路径——数学想象力[J]. 数学通报，2004，（10）：1.

④ 颜景田. 浅谈数学教学中想象力的培养[J]. 学周刊，2011，（2）：177.

力的重要性。另外，潘庆玉也在 2009 年及 2014 年先后出版了《富有想象力的课堂教学》[①]及《富有想象力的教学设计》两本专著，集中体现了研究者对认知工具理论的本土化尝试和探索。其中《富有想象力的课堂教学》不仅从语言与认知、知识与课程、理解与表现等角度阐述课堂教学的理论基础，而且还立足认知工具理论提出了教学设计的八种基本策略，这些策略关注的是如何在客观知识与主观心理之间架起一座富有想象力的桥梁。而《富有想象力的教学设计》则进一步全面而具体地介绍了基兰・伊根的认知工具理论，尤其是对身体认知工具及其教学设计进行了重点阐释。以上研究，虽然为我国想象教育理论的长远发展奠定了坚实的基础，为中国教育教学改革提供了一种新的思路与可能性，但是在想象教育理论的本土创生方面，可能还有待进一步拓展。即在吸收国外及我国台湾地区相关成熟理论与模式的前提下，提出并发展一套更适合我国国情的想象教育理论与实践模式。

（二）我国大陆地区关于儿童想象力发展的相关研究

事实上，我国学者已经在儿童想象力发展方面做了很多调查研究。早在 1989 年，有学者就进行了小学儿童创造性想象发展的实验研究。该研究以 150 名小学一年级至五年级的学生为被试者，要求儿童完成一系列操作与口头回答作业，对想象力的评分主要分为三个层面：丰富性、创新性与逻辑性。实验结果显示：在小学阶段，儿童的创造性想象发展是先快后慢，一、二、三年级迅速发展，四、五年级则表现为高原期；小学儿童创造性品质的发展是稳步增长的，但是具有不平衡性，丰富性与逻辑性的发展明显优于创新性；成绩优秀的学生的创造性想象发展水平比成绩落后的学生要好得多；在性别方面，小学儿童的创造性想象没有表现出明显的差异[②]。曹贵康也对创造性想象做了调查研究，对象是小学五年级儿童。调查显示，对儿童想象的范围加以限制，可以有效促进儿童发挥创造性想象力；同时，创造性想象成绩存在极为显著的性别差异，男生成绩要明显高于女生[③]。白纲借鉴 Finke 等的研究针对创造性想象建构了“生成-探索”模型及研究方法，并且通过此次实验，依据儿童心理发展的特点，充分探索了“启发”对于儿童（小学三、五年级）创造性想象发展的影响状况。实验发现，在内隐启发组，五年级儿童的创造性成绩高于三年级儿童，并且成绩随着年级的增加而提高，但是在无启发组和外显启发组，学生们的创造性想象成绩则没有呈现出明显的学段递增差异。和上面一个实验不同的是，此次实验发现，小学儿童的创造性想象成绩在性别层面并没有明显的差异，但是启发方式

① 潘庆玉. 富有想象力的课堂教学[M]. 广州：广东教育出版社，2009.

② 王耘. 小学儿童创造性想象发展的实验研究[J]. 心理发展与教育，1989，（2）：9-15.

③ 曹贵康. 小学五年级儿童创造性想象的实验研究[D]. 西南师范大学硕士学位论文，2001：13-19.

的不同则会对不同性别儿童的创造性想象成绩造成影响。例如，男生似乎更适合内隐性的启发方式，而女生则更倾向于外显性启发方式①。王连洲的实验对象则是 8~14 岁的儿童。调查发现在测试范围内的被试者中，男生与女生的创造性想象成绩存在明显差异。学习成绩的不同也会对创造性想象成绩产生影响，成绩越高其创造性想象水平也同样越高②。

除了学者们进行的个体化调查与实验之外，也有一些组织与机构针对我国儿童想象力发展状况做了大样本的调查。除去在2000年，我国进行的一项名为“我国城市儿童想象与幻想”的调查研究之外，2009 年，为摸清我国发达城市（代表性城市）中小学创造力发展及培养现状，上海市科学教育研究院普教所联合其他几个代表性城市科研机构，从我国东、中、西部地区分别选取了 6 个市 106 所中小学校，这些学校分别来自教育发展水平较高的南昌、杭州、南京、重庆、天津及上海，这项大样本调查涉及学生 11 098 名。当然，此次调查内容多涉及儿童想象力与好奇心发展现状。结果显示，相比于 2002 年的全国青少年创造力发展水平，此次调查的 6 所代表性城市的中小学创造力发展水平比较高，但依然存在大量问题，如年级越高，创造力越低，小学为 16.6%，初中为 13.4%，高中只有 5.5%③。这些针对我国儿童创造力和想象力的调查，对进行想象教育的本土化无疑具有启示意义，也为我国想象教育研究的进一步拓展打下了基础。

四、对已有研究的总结

已有的研究中，想象力的相关理论虽然著述丰富，但关于想象的定义、类型、功能与价值等基础性问题，学界仍未能达成共识；在想象理论领域，想象教育理论研究相对薄弱，虽然已经有了一些很好的探索与尝试，但是研究者多关注各自研究领域，研究成果有待进一步整合、细化、深入；已有想象教育研究中，主题多集中在认知工具、学习能力、学习思维等层面，理论来源也多集中在哲学、美学、心理学层面，因此拓展研究主题及加大理论来源的借鉴，可能是下一步想象教育研究的重点；另外，想象教育理论的本土转化及本土创生研究虽然已经展开，但是仍然有进一步拓展的空间。具体展开如下。

首先是想象理论研究成果丰富，但研究基础仍然缺乏共识。从已有研究综述来看，古今中外关于想象的研究十分丰富，但是学界对一些基础性问题有多元化理解与阐释。在想象的定义方面，有“主体能力说”“意识行为说”“精神态度说”等，在功能与作用方面，有“认知”“审美”“道德”等，在想象的类型划

① 白纲. 小学三、五年级儿童创造性想象的启发效应研究[D]. 西南师范大学硕士学位论文，2003：1.

② 王连洲. 8-14 岁儿童创造性想象发展的实验研究[D]. 河北大学硕士学位论文，2005：20-25.

③ 六城市中小学创造力培养联合调研组. 六城市中小学生创造力发展现状调查报告[J]. 上海教育科研，2010，（6）：4-9.

分方面，更是因为维度划分的不同而多种多样。至于想象力的评价指标则因为想象的定义、功能、类型的多元化理解，也没有形成一致与共识。所以，复杂的想象理论需要依据教育的视角和教育学的立场，进行适当简化，厘定出适合教育领域的想象理论框架。

其次是较之于想象理论的丰富研究成果，想象教育理论研究显得相对薄弱①。专门的想象教育研究（婴幼儿想象力开发训练不属于想象教育研究之列）并不多见，已有的研究多是在儿童想象发展研究（心理学）、教育教学论中局部涉及想象力相关问题。可喜的是加拿大、美国等许多国家和地区，已经开始“想象教育理论”的相关探索，如加拿大的富有想象力的教育研究、美国林肯中心艺术学院的想象学习能力研究、中国台湾的未来想象教育与创新计划项目等，都取得了积极进展。这些研究成果为想象教育理论的后续发展打下了很好的基础。同时应该看到的是，这些已有研究大多有所侧重，各自的优势在教育教学实践中缺乏理论与实践经验的有效整合。

最后是想象教育理论的本土转化及本土创生性研究，仍然有进一步拓展的空间。从已有的研究成果来看，国内想象教育理论多引介自国外，如富有想象力的教育理论，虽然已有一些优秀的本土理论转化与实践探索，但是应该承认的是，考虑到中国特殊的语境和教育教学的特点，我们仍然需要更多的转化性研究与本土化探索。我国历史上有关想象的优秀成果并不少见，如神思论、意象论等。虽然这些成果多集中在文论及文艺美学领域，但是对于教育领域而言也仍有许多值得借鉴的地方。另外，想象作为一种方法论，引入教育领域后，可以为教育及教育学带来更大的思考和发展的可能性空间。所以，如何整合创生富有中国特色的想象理论及想象教育理论，是摆在我们面前的一项富有挑战性的工作。

第三节　想象教育的相关概念分析

本书所涉及的核心概念有心理工具、想象力、想象、想象教育。它们都是本研究中所使用的关键术语。因为对于想象力的内涵，学界至今没有统一定论。所以与想象有关的各种教育概念或理论自然存在诸多争议。为避免概念歧义所引发的理解偏差，这里有必要对这些核心概念进行界定，并试图给出各自的描述性与纲领性定义，以期在本书语境下达成理解的相对共识。

---

① 这里的想象教育理论研究，是指将想象力引入教育教学领域，既将想象力作为重要的教育目标，同时也可以利用想象力改善教育教学，是一种新型的教育教学理论。虽然想象教育理论也涉及想象力的培养问题，但是它的内涵远不止于此。

一、心理工具

本书的想象教育论域主要以维果斯基的心理工具理论为基础。维果斯基把高级心理活动看成中介活动的功能。他提出把“中介者”分为三类：物质工具、心理工具及他人。物质工具面对的是自然界的物体，而心理工具面对的则是人们自己的心理过程。心理工具是一种更为高级的中介类别，它指人类为了适应所在的“文化环境”（相对于物质环境）所创造的文字、符号、标记及图像等虚拟化工具。这种中介类别会随着人类活动范围和深度的扩展而升级。加拿大的基兰·伊根教授的富有想象力的教育即充分利用了维果斯基的心理工具理论，并且创造性地提出了基于认知工具的想象力发展阶段论。不同于维果斯基的心理工具，伊根教授的认知工具是一种更为抽象的、更为系统化（相对于语言、符号等中介类别）的中介类别。在这个意义上，心理工具也可以是一种帮助人类理解和改造个体心理环境及外部文化环境的“文化策略”。本书也是在这个意义上，理解并使用心理工具。但是富有想象力的教育理论更多地强调了认知工具的价值，虽然在富有想象力的教育理论中也提到了情感工具的价值，甚至在认知工具当中也掺杂了部分情感因素，但是并没有阐明情感工具和认知工具一样，在想象力发展中具有同等重要的系统性价值。因此，笔者在基兰·伊根教授认知工具理论的基础上，提出情感工具予以补充，形成了基于心理工具（主要包括情感工具和认知工具）的想象力的发展阶段论。当然，这其中也吸收了其他想象学习理论的一些优点，如“想象学习清单”等。这些都会在正文给予说明。

二、想象力与想象

想象力是一个复杂的概念，存在大量的“家族概念”和“近亲家族概念”，使我们在理解和应用想象力时会发生相应的语义困扰，所以有必要依据一定的原则进行概念及理论辨析，以保留想象概念的纯粹性。笔者在这里主要采取两个原则，即简约性原则与教育性原则，简约性原则主要是为了剔除想象家族及近亲家族的概念歧义；教育性原则主要为了剔除违反想象教育基本预设的理论。关于这些辨析的具体内容这里不再展开，笔者会在第二章第二节“二、想象理论的‘教育之眼’”中予以详细阐述。考虑到想象及想象教育理论的复杂性，笔者无意于描述各种既有研究维度和成果，只能以既有研究为分析基础，并给出自己的纲领性界定。因此，本书意义上的想象力分为两大层次：基于认知工具的认知想象力（cognitive imagination）和基于情感工具的情感想象力（emotional imagination），同时认知想象力和情感想象力的融合构成了想象力的完整内涵，它们的纵向递进和横向协同构成了想象力的阶段性发展过程。

认知想象力主要是指一种思维的灵活性，即一种依据情境（意识的或实践的）条件，充分调动适当（类型选择与动力性）的感官要素（听觉、触觉、视觉等）和智能因素（观察能力、记忆能力、推理能力等），在多种思维方式（具身思维、隐喻思维、发散思维等）中自由切换，以便解决情境问题的综合性心理能力。情感想象力主要是指一种情感的灵活性，即一种依据情境（意识的或实践的）条件，充分调动适当（类型选择与动力性）的感官要素（听觉、触觉、视觉等）或情绪要素（愉快、恐惧、愤怒等），在多种情感方式（具身情感、自控性情感、移情等）之间自由切换以便解决情境问题的综合性心理能力。基于此，我们提出：想象力主要指一种思维和情感的灵活性，即一种依据情境（意识的或实践的）条件，充分调动适当（类型选择与动力性）的感官要素（听觉、触觉、视觉等）、情绪要素（愉快、恐惧、愤怒等）及智能要素（观察能力、记忆能力、推理能力等），在多种思维方式（具身思维、隐喻思维、发散思维等）和情感方式（具身情感、自控性情感、移情等）之间自由切换以便解决情境问题的综合性心理能力。

本书意义上的"想象"和"想象力"存在区别。从表面上来看，本书所指的"想象力"是一种基于认知工具和情感工具并且针对两种工具加以灵活运用的综合性心理能力，"想象"则是这种综合性心理能力得以灵活运用的过程（仅从心理学层面来讲）。前者更多地作为名词使用，而后者则作为动词使用。但是因为具体语境的差异，尤其是在中文语境下，想象力与想象经常有混用的情况，想象在特定情境下也可以当名词使用，这时它基本等同于想象力。例如，我们在描述一幅画的时候，可以说这幅画"充满想象力"或者"充满想象"。因此，"想象"在中文当中的语用灵活性要比"想象力"好。另外，"想象"的内涵也比"想象力"丰富得多。例如，"想象"从哲学层面来讲还可以代表人类的存在方式，它是人之为人的此在性特征。而且想象还在美学、文学及其他诸多学科中有自己独特的意蕴。这也是本书选用"想象"教育论而不是"想象力"教育论作为研究主题的原因所在。因此在本书意义上（微观层面），"想象教育论"中所涉及的"想象"一词，具有动词和名词两种形式。"想象"如果作为名词讲，等同于想象力，此时"想象教育论"表示一种关于想象力培养的"形式性"教育理论；"想象"作为动词讲，"想象教育论"表示通过"想象"这种具有方法论意义的思维方式，不断寻找教育教学发展空间的"过程性"教育理论。

三、想象教育

首先是"想象教育"。本书意义上的"想象教育"（education through imagination，ETI）不仅仅是指关于"想象力"培养的教育（education for imagination），虽然也包含这层意思[1]。严格来讲，微观层面上，它是一种以主体的认知和情感工具为根基，持续不断地发展师生想象力，反过来又能促进教育教学质量提升的教学实践形式。中观层面上，“想象教育”可以突破教学实践层面，它是一种以“想象”为方法论，持续改善教育系统或教育学科的教育或教育学实践形式。在这个层次上面，“想象教育”（以想象为中心）开始等同于“教育想象”（以教育或教育学为中心）。宏观层面上，“想象教育”可以突破教育系统，它是一种以教育立场和教育尺度为根基，持续促进社会发展的社会实践形式。但是，本书着力探讨的是微观意义上作为教学实践形式的“想象教育”。目前，中观与宏观层面的想象教育仅具有理论探讨的意义。

同时，这里有必要做出说明：“想象教育论”并不是一套成熟、完整的教育理论与实践体系，目前只可以算是一个方兴未艾的关于“想象教育”的研究论域。事实上，很多研究团队及其研究成果都可以属于想象教育的研究论域。例如，加拿大的富有想象力教育，美国林肯中心艺术教育学院的想象学习能力研究，中国台湾未来想象与创意人才培育计划，等等。虽然各自的研究侧重有所不同，分布在认知工具、艺术教育及未来教育等领域，但是都离不开“想象与教育”这个大的研究论域。当然，这些既有的研究成果还有待进一步深化，并且相互之间有实现理论整合的可能性。另外，在大陆地区学者对这些想象教育理论的引介转化、实验实践的过程中，结合中国传统文化与教育教学实际，创生出具有本土特色的想象教育理论也未可知。无论如何，这些既有以及将有的关于“想象教育”的研究，共同构成了本书意义上的想象教育研究论域，也可简称为“想象教育论”。也正因为其并不是一套成熟的、完整的教育理论与实践体系，故本书所涉及的相关拓展性探索只能称为“想象教育论纲”（outline on ETI），旨在为后续的相对成熟的“想象教育论”提供绵薄之力。

第四节 研究方法与思路

一、研究方法——理想型分析法

人类面对的世间万象纷繁复杂，如何理解及解释其中的奥秘，需要人借助于一定的思维分析工具，以求举一反三，管中窥豹式地总结出表象背后的统一

---

① 这里的想象教育之所以使用ETI的表述方式，目的就在于更完整地表述“想象”之于“想象教育”的功能与意义。微观意义上，想象教育是一种基于（based on）想象与教学，通过（by）想象与教学及为了（for）想象与教学的“教学型”实践形式。想象力贯穿想象教育教学的始终，所以想象教育中，想象与教育的内在逻辑只能是一种相互依存的贯穿性（through）关系，而非单一的目的性（for）关系。

规律。这既是人类宗教的起源，也是哲学、科学的开端。拿哲学、科学为例，从开始的简单、具象式的“水”“火”“气”到后来复杂、抽象式的万有引力、相对论、量子力学，无不昭示着人类试图利用模具（具象）或模型（抽象）来理解复杂表象的雄心壮志。马克斯·韦伯把这种人类的“方法论本能”提升到了一种“方法论自觉”——理想/理念型（ideal type）分析法。韦伯在社会学领域著名的“科层制”“新教伦理与资本主义精神”都深深地打上了理想型分析法的烙印。他认为，“一种理想类型是通过片面突出一个或更多的观点，通过综合许多弥漫的、无联系的、或多或少存在和偶尔又不存在的个别具体现象而形成的，这些现象根据那些被片面强调的观点而被整理到统一的分析结构中”[①]。这种理想型分析法具有如下三种便利：①可以将复杂问题化繁为简，在所要解释的事实范围内，寻找到一个或几个足以代表事实本质的内容作为分析框架。通过一两个简单概念，去描述和理解复杂的社会现象[②]；②理想型是一种理性的分析模型[③]，它既不是真实的现实反应（以偏概全），也不是完全的虚构捏造（反映了部分事实），这种“片面的深刻”作为“能指”既能解放我们的思维重担，又能对现实保持距离，从而让我们看出与现实的差距；③作为一种方法论，能够整合分析框架内各种看似毫无联系，或者杂乱无章的细节性材料，从而创造出新的解决思路。

本书正是利用理想型分析法进行研究，具体表现在以下几个方面：①笔者把即将到来的时代称为“想象力时代”。事实上，全球化与多元文化的今天，时代特征已经复杂到了几乎无法描述的程度。“互联网时代”“大数据时代”……不同的人基于不同的角度，针对时代做出了不同的时代认知。通过在这些不同的时代称谓及复杂的时代现象当中提取一些比较鲜明的共同特点，笔者发现“想象力时代”是一个更为合适的“理想型”时代认知观。当然，既然是理想型，想象力时代只是一个纯粹的描述性概念，只表明即将到来的大时代将把想象放在一个极为重要的位置，并不表示想象力确实得充斥于社会的各个角落。②书中把“想象教育”和“唯知识教育”“工厂化教育”“唯分数教育”等作为对立性概念。现实中根本不存在绝对的想象教育或者唯知识、唯分数的教育，但是为了突出对立概念所代表的教育观念的差异，我们这里使用了“理想型”的概念划分。③书中采用理想型的思维模式，把想象作为一种方法论，系统贯穿于教育系统的方方面面，包括道德教育、公民教育、学科教育，甚至把教育的范围拓展到了“教育国”的广度，试图以此来提升教育人的理想与信念。

---

① 韦伯 M. 社会科学方法论[M]. 杨福斌译. 北京：华夏出版社，1999：186.

② 严从根. 在正当与有效之间——社会转型期的道德教育[D]. 南京师范大学博士学位论文，2011：28.

③ 胡玉鸿. 韦伯的理想类型及其法学方法论意义——兼论法学中的类型建构[J]. 广西师范大学学报（哲学社会科学版），2003，（2）：33-37.

二、研究思路

虽然本书在严格意义上来讲，属于纯理论研究，但它绝对不是脱离个人体验与时代发展脉搏的纯概念演绎游戏。它起源于笔者对时代及时代下教育的认知，掺杂了个人的生命体悟，以及由此激发而来的专业敏感与专业使命感。在导论部分，笔者将会围绕三个问题，即为什么研究、研究什么、怎么研究来具体展开。正文部分将主要分为五章予以展开。

第一章主要阐述了我们所处的时代背景与所面临的教育危机。该章是想象教育提出的背景。在第三次工业革命浪潮下，想象力时代即将到来，新时代中想象力和创造力的地位将得到前所未有的提高；与此同时，大时代下的人才理念、能力要求及培养方式都有了巨大变化。可是当前我国的教育现状面临四大危机：道德危机与潜规则德育；课程教学危机与唯知识教育；组织管理危机与工厂化教育；评价体系危机与唯分数教育。教育当中引入想象力已经势在必行。

第二章主要论述了想象理论的概貌及其在教育领域的若干延伸。该章是想象教育的理论根源。东西方历史上及多学科背景下的想象理论研究，为想象教育理论的形成与发展打下了坚实的基础。笔者认为，复杂的想象理论要想顺利地延伸到教育领域，必须要遵循两大原则：简约性原则和教育性原则。符合两大原则的想象理论才能拿来为我所用。正是在此基础上，笔者选取加拿大、美国等地区的做法作为优秀的想象教育案例加以探讨，以期借鉴他们的有益经验，形成想象教育理论的中国语境。

第三章主要论述了想象教育的理论基础与预设。该章是想象教育的理论核心。本书以基兰·伊根教授的认知工具理论为基础，吸收了其他想象教育理论的一些特点，创新性地提出了和认知工具相平行的情感工具，以认知工具为基础的认知想象力和以情感工具为基础的情感想象力，共同构成了想象力的内在基础；两者的递进发展与横向融合共同构成了想象力发展的阶段性特征。同时，笔者提出了想象教育的四个基本理论预设：人人都有想象力并有想象的权利；想象力是个不断发展的过程；想象力可以被教授；而且想象可以作为一种方法论。

第四章主要论述了想象教育的策略体系。该章是想象教育的应用策略。因为想象教育不是一个成熟的教育模式，笔者做的是一种纲领性研究，所以在借鉴基兰·伊根教授富有想象力理论的基础上，提出了想象教育的课程组织策略、教学设计策略及教育评价策略。这三大应用策略构成了想象教育的纲领性策略体系。

第五章主要对想象教育的中国语境与发展空间进行了探讨。该章是想象教育的未来展望。本书只是想象教育的论纲性研究，所以在发展空间的探讨上可以更进一步，大胆预测。针对想象教育的未来发展空间，笔者认为可以从三个层面进行探讨：从微观上讲，想象教育需要从理论到实践，建立起一套成熟完整的教育教学模式；从中观上讲，想象教育要突破自身局限，经由想象教育（想象力中心）走向教育想象（以教育中心），让全体教育系统（包括学科在内）获得更大的可能性发展空间；从宏观上讲，需要突破教育系统，走向社会，充分发挥教育或教育学想象力，以教育立场关照社会发展，并矢志于“教育国”的理想，这是教育人不应放弃的使命与担当，这也是充满想象力的教育所能设立的终极目标与内在动力。直观的研究思路如图 0.1 所示。

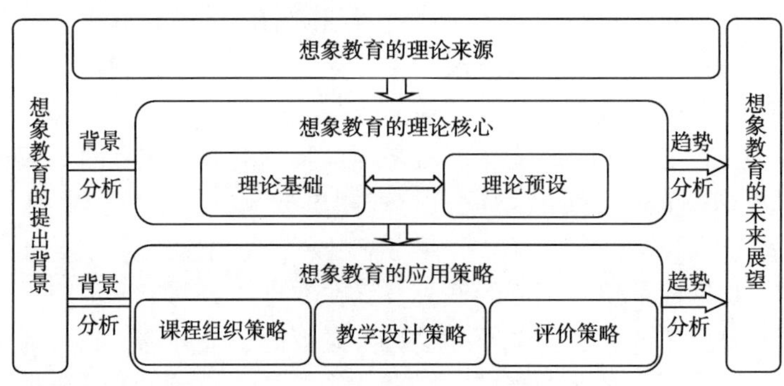

图 0.1　想象教育研究思路

第一章
想象力时代的教育危机

2012 年，在全球金融危机余波未了的大背景下，英国《经济学人》杂志刊登了轰动性的封面文章，题目为“第三次工业革命”，其所蕴含的前景立刻在全世界引发强烈反响。同年，美国趋势学家里夫金（Jeremy Rifkin）在自己的著作《第三次工业革命》中，非常系统地阐述了这一全新概念。他认为历史上在新通信技术和新能源的结合之际，往往会发生重大的经济革命。而目前，互联网技术和可再生能源逐渐结合起来。因此可以说，新的通信技术和新能源的结合已经再次出现①。如果第一次工业革命是蒸汽化取代了手工工人，第二次工业革命是电气化取代了马拉车，那么第三次工业革命则意味着“智能制造”将逐渐取代传统的“工厂制造”。理论上，它让每个人都成为一个潜在的创造者与制造者，只要你拥有创意与想象力，就可以营造一个属于自己的个性化小世界。中国在过去的一百多年里饱受屈辱，虽然奋起直追，一跃成为公认的“世界工厂”，但是因为创新能力不强，在国际产业分工中，仍处在技术含量及附加值较低的位置。当工业强国在大力发展“智能制造”，奔向工业 4.0 时代的时候，我们仍然在工业 2.0 时代徘徊。

2013 年 11 月，党的十八届三中全会通过了《中央关于全面深化改革若干重大问题的决定》。文件中 42 次提到“创新”一词。2014 年 3 月，在第十二届全国人大二次会议上，李克强总理在《政府工作报告》中 27 次提到“创新”一词。在第三次工业革命的爆发前夕，“对恰逢转型升级进入攻坚期的中国来说，既不可避免地面临着要素成本优势弱化、自主创新能力不强、体制机制不相适应等严峻挑战，同时也蕴含着推进发展方式转变、抢占发展制高点、破解资源环境约束难题，进而实现向工业强国、经济强国跨越的重大契机”②。因此，“中国制造”要想实现转型升级，必须直面第三次工业革命，而即将到来的第三次工业革命将会对我们的教育体系带来巨大的挑战，对人才培养模式提出新的要求，其中创造力和想象力培养将是未来教育的核心所在。

---

① 王家庭，孙哲. 第三次工业革命视角下的教育与经济转型[J]. 经济体制社会比较，2014，（1）：168-175.

② 陈抗，郁明琴. 从中国制造到中国创造[J]. 江海学刊，2013，（6）：91-96.

第一节 第三次工业革命的“弦外之音”

早在20世纪70年代，美国就有关于第三次工业革命的探讨，大背景是“石油危机”及全球的可持续发展能力面临的极大挑战。因为第二次工业革命后的全球经济体系严重依赖石油和化石能源。“种植粮食需要化学肥料和杀虫剂，水泥、塑料等建筑材料的生产需要化石燃料，大部分药剂的制造也需要化石燃料。在很大程度上，我们穿的衣服也是由石油产品人工合成的。交通、电力、热能和光源也概莫能外。整个人类文明几乎都建立在石炭纪储存的碳资源上”[①]。随着全球气候的逐步恶化及石化资源的日益枯竭，第二次工业革命已经悄然进入尾声，可持续发展已经成为人类进一步技术革命所不可回避的一个难题。里夫金总结分析了历史上前两次工业革命的演变特征，指出每一次工业革命的发生，基本上都是人类新能源技术与新型通信技术相结合的产物：第一次工业革命主要由煤炭蒸汽机动力驱动，通信则主要为新型蒸汽印刷术；第二次工业革命主要由石油内燃机动力驱动，通信主要为电报、电话等新型技术；第三次工业革命主要由可再生能源（风能、太阳能等）驱动，通信则主要为互联网技术。

虽然在“第三次工业革命”理论体系中，并没有明确提出“互联网+”的概念，但是其创新的思维之一就是“互联网+新能源”，如果互联网和可再生能源结合而成的“能源互联网”是第三次工业革命的坚实基础，那么在此基础之上的数字制造技术，如3D打印技术则是其显著的成果性标志。第三次工业革命的实质则是“以数字制造技术、互联网技术和再生性能源技术的重大创新与融合为代表，从而导致工业、产业乃至社会发生重大变革，这一过程不仅将推动一批新兴产业诞生并发展以替代已有产业，还将导致社会生产方式、制造模式甚至生产组织方式等方面的重要变革，最终使人类进入生态和谐、绿色低碳、可持续发展的社会。这次科技革命不仅极大地推动了人类社会经济、政治、文化领域的变革，而且也影响了人类生活方式和思维方式，使人类社会生活和人的现代化向更高境界发展”[②]。虽然这里更多的是在阐释一种新的经济模式，但是其中蕴含着新的时代精神，这种新的时代精神将会逐渐深入包括教育在内的人类生活与思维的方方面面。

---

① 里夫金 J. 第三次工业革命——新经济模式如何改变世界[M]. 张体伟，孙豫宁译. 北京：中信出版社，2012：7.

② 孙柏林. “第三次工业革命”十问[J]. 自动化博览，2013，（1）：12-18.

一、作为思维方式的“互联网+”

2014年，全球网民已经达到28.9亿人，互联网普及率首次超过40%，可以说人类全面进入互联网时代。作为世界最大的发展中国家，中国在这一年的网民总数为6.32亿，12亿个手机用户，互联网普及率为46.9%，超过世界平均水平，并且在全球互联网十强公司中，中国公司就有四家。也正是在2014年，中国举办了世界首届互联网大会（World Internet Conference），大会主题是“互联互通，共享共治”。因此中国已经成为名副其实的互联网大国，也正式迈入全民互联网时代。同时，随着互联网基础架构的不断完善，上网资费的不断降低，以及移动上网设备（手机等）的快速普及，网民数量还将迅猛增长。2015年，在政府工作报告中，李克强总理正式提出了“互联网+”的行动计划，计划着力于推动移动互联网、云计算、大数据、物联网等与现代制造业结合。作为一项新的国家发展战略行动计划，“互联网+”意指要充分利用互联网技术及其所搭建的新平台，把各行各业联通起来，构建出一种有别于传统行业的新型产业架构和产业形态。当然，这些新型产业不是简单地对传统行业进行彻底颠覆，相反它们是传统行业的换代升级，使传统行业成为新时代更加高效、绿色，更加以人为本的主导型产业。这也将在很大程度上加快我国传统产业，尤其是制造业的转型改造，依托我国庞大的互联网规模效应，快速缩小与发达国家的差距。事实上，“互联网+”战略不仅仅是一项技术型战略，更多的是思维层面的转型战略，观念的改变要比技术难得多。因此，如何理解和普及作为思维方式的“互联网+”，是战略本身成功实施的关键所在。

“互联网+”体现了一种开放对接思维。互联网“互联互通”的特质本身蕴含着“开放”的固有属性，要求思维主体（行业、组织或个体）要走出自身的固有封闭局限，拥抱新鲜事物和新的可能性，为主体自身的困境打开新的发展空间。当然这种所谓的“开放对接”有主动和被动之分，“被动型开放”意味着打开自身疆界，放弃自身的责任控制，但是所有的改革都要进行某种程度的开放（而不是绝对开放），而所有的开放都要服务于自身含有目的的改革。互联网时代是一个信息爆炸的时代，被动型开放的结果只能使主体自身陷入迷失，而这种状态下实现的事物、信息对接具有偶然、低效甚至是负效的结果。另外一种则是“主动型对接”，在对待海量的新鲜事物或信息时，主动基于自身改革目的进行选择和过滤，主动跨界、对接和融合优质的事物和信息。这种互联网技术和思维方式“打破了事物信息之间孤立封闭状态，实现了事物信息之间相互对接、相互交流的互联互通；也实现了事物信息相互交流的开放性状态。因此，开放性和对接性是互联网信息技术的本质特征，也是‘互联网+’的实践思维的重要特征。它深刻反映了唯物辩证法关于事物相互联系的发展观点。相互联系是事物变化发展的规律。事物是通过相互联系、相互作用的方式实现自身发展的”①。在教育改革当中，无论是学校改革，还是课程教学改革都应该秉持一种开放态度，摒弃故步自封、传统守旧的思维模式，主动对接有助于自身改革目的的新知识、新模式。

“互联网+”体现了一种跨界融合思维。从最显性的意义上来说，行业、组织抑或个体企图融入互联网技术的思维方式本身就是一种跨界尝试，如互联网加传统的摊点集市就成了“淘宝”，互联网加传统的百货商场就成了“京东”，互联网加传统民间借贷机构就成为网贷“P2P”……事实上，“互联网+”战略已经逐渐渗透进中国的各个行业并且逐步成熟，如互联网金融、互联网交通、互联网医疗、互联网教育等。如果撇开“互联网”本身，我们也已经步入一个“不断跨界”的时代。以知识学科为例，它经历了一个从混沌综合到高度分化，再到交叉融合辩证往复的过程，“‘分化’是‘小科学’时期科学发展的主要动力，‘交叉’则是‘大科学’时代科学发展的主要表征”②。随着人类所面对难题的日益复杂，高度分化的学科知识已经在某种程度上，阻碍了人类充分认识周围的自然与社会现象。另外计算机及互联网技术的飞速发展，为知识的多维度整合和学科交叉带来了便利条件，“20 世纪后半期，随着异质性、杂糅性、复合性、学科互涉等成为知识的显著特征，学术机构的‘显结构’（surface structure）与跨学科的‘隐结构’（shadow structure）之间的平衡正在发生变化”③。因此，我们正处在人类知识的“大科学”时代，“学科互涉，学科交叉”将成为科学发展的大趋势，这也要求学术界和教育界更多地做到“合作共享、协同创新”。但是，目前教育领域中“专业学科”或者“学科知识”教育仍然是主流，学校课程、教学结构、师资配备仍然是“小科学”时代的模式，这有悖于“大科学”时代“跨学科”和“通识性”教育的要求。所有这些知识结构和学科结构的调整是一个缓慢而艰苦的过程，我们需要做的是在这个转变过程中，提早转变思维方式，无论是教师，还是学生，要有意识地以现有分化学科教授结构为前提，努力提升割裂学科知识之间的“跨界融合”意识，找到正确的“切入口”，为课程教学的顺利转型做好思想准备。

“互联网+”体现了一种平台整合思维。传统行业一般采取的是资源或者产品的垂直价值产业链模式，如从原料采购到工厂加工，从产品包装到市场营销，从物流到客服，这是一个线性的、垂直的产业链。这也是前两次工业革命当中最常用的生产方式，整个产业链严重依赖规模化的物质和人力资源，生产成本非常高。而

① 刘为平.“互联网+”呼唤思维方式深刻变革[N]. 解放日报，2015-04-28（第 12 版）.

② 冯一潇. 诺贝尔奖为何青睐交叉学科[N]. 科学时报，2010-02-02（第 A3 版）.

③ 克莱恩 Z T. 跨越边界：知识・学科・学科互涉[M]. 蒋智芹译. 南京：南京大学出版社，2005：3.

“互联网+”则提供了一种崭新的产业模式，即建立一个多方参与、互利共赢的产业生态圈，这个新型平台将极大提升运营效率，调动各方优质资源，降低产业成本，再加上平台本身的规模基础，将使参与各方都获益。事实上，目前中国互联网三巨头“BAT”（百度、阿里巴巴和腾讯）都在整合多方资源，建立多层次的产业生态圈。传统的出租车市场，也在经历“滴滴快车”、优步（Uber）等互联网专车公司的强势冲击。传统社会，只有大企业拥有的资源能变成资本投入经营，但是在“互联网+”时代，任何资源主体只要能够提升客户服务体验，就能把多余的资源转化为生产性资本，这将极大调动全社会的资源利用率，使大家各取所需。当然，“互联网+教育”也将会充分调动学生与学生之间、学生与教师之间、家长与教师之间的各种教育资源，教育资源再也不能单独垄断在学校或者专职教师手中，学生体验的重要性，“以学生为中心”也才真正有了实践的平台基础。在线教育、自媒体型教育等新时期的教育平台，将会极大丰富传统民间教育资源，有效补充学校，尤其是公立学校教育的不足之处，真正使全民教育、优质教育进一步获得实现。这种“平台整合”的思维模式，也可以在微观课堂或者传统课程教学模式改造上获得发挥的空间，这种新型知识平台（knowledge platform）将会打破传统“教师到学生”的单一知识传播方式，有效挖掘每一个学生的智力资源，互利互助，共同学习新知。这种新型平台也可以叫作“分布型”知识平台。事实上，如果说互联网作为一种外在的勾连万物的“虚拟物质工具”，那么人在面对自己和周围这个世界的时候，想象力完全可以作为一种基于认知与情感的“虚拟心理工具”，可以勾连任何精神产品，形成“想象力+”。

二、能源民主与知识民主

如前文所述，第三次工业革命的一个重要基础就是建立一个“能源互联网”。这种能源互联网的建成，首先需要大力发展可再生能源，使其逐渐取代传统的“精英能源”，如石油、煤炭、天然气等；其次要使世界上的大部分个体建筑物都可以利用新型技术，改造升级为一种微型发电厂，从而实现能源的自产、自用、自销；最后就是利用氢能等储存技术和互联网技术，实现能源的储存、联网和共享。“由此，电力输送网络将会转变成信息能源网络，使数以百万计自助生产能源的人们，能够通过对等网络的方式分享彼此的剩余能源。这种智能型能源网络将与人们的日常生活息息相关。家庭、办公室、工厂、交通工具及物流等无时无刻不相互影响，分享信息资源。”①事实上，如果利用新型能源技术，使每个建筑物转化为发电厂，这种基础模式所代表的方向就是“能源民主化”。

---

① 里夫金 J. 第三次工业革命——新经济模式如何改变世界[M]. 张体伟，等译. 北京：中信出版社，2012：45-46.

“能源民主化”则意味着“人人开发能源，人人控制能源，人人享有能源，人人获益能源，人人成为能源的主人，这将是在当今全球能源治理的框架下，建立一个崭新能源秩序的契机，新的能源秩序的产生将减少对能源生产和分配的控制，形成水平分布和网络扩散式的合作性能源开发与使用架构，从而改变当今的世界经济格局，使其向扁平化的方向发展”①。第三次工业革命改变的将不仅仅是世界经济格局，而且是以经济格局为基础的上层建筑的整体转变，具有科恩范式意义上的革命效应。因此，可以说“能源民主”仅仅是第三次工业革命最显性的目标之一，而我们应该看到的是，在“能源民主”之外，第三次工业革命所引发的其他“民主化”趋势，也可以说是它的弦外之音，即“知识民主化”。每一次工业革命都意味着知识生产方式和传播方式的巨大转变，如同能源一样，我们的知识范式正在经历着一个从“知识精英化”到“知识大众化”的转变过程，这意味着在新型知识社会中，专业知识将得到普及，传统权威逐渐得以消解。通过完善的制度保障，知识将在更加民主化的环境中得以生产、传播和再生产。同时，在这个知识民主化的过程中，我们可能需要重新回答两个最重要的问题：什么知识最有价值；谁的知识最有价值？

首先是“什么知识最有价值”。培根最早提出了“知识就是力量”的命题，意在指出知识尤其是自然科学知识，是推动人类社会发展的重要力量。19 世纪，斯宾塞在此基础上，进一步提出了“科学知识最有价值”的口号，他认为“为了直接保全自己或者维护生命和健康，最重要的是科学。为了那个叫作谋生的间接保全自己，有最大价值的知识是科学，为了正当地完成父母的职责，正确指导的是科学……为了智慧、道德、宗教训练的目的，最有效的学习还是科学”②。这些口号为第一次工业革命，甚至是第二次工业革命注入了强大的精神力量。前两次工业革命都十分注重追求竞争与效率，因此对待知识的态度是“实用和功利”，因此自然科学知识占绝对上风，人文学科知识一度受到轻视，学校的课程设置、组织、实施、评价也倾向于科学知识。当然，我们应该看到以培根、斯宾塞为代表的学者们提出的这些口号，对改变当时社会古典学科只重虚饰、不重实用的陋习，是有巨大贡献的。它有助于科学知识的传播和科学技术普及，促使科学知识在知识结构及课程结构中获得自己应有的地位，尽管有矫枉过正之嫌。“科学知识最有价值”的判断，造成“科学理性主宰着人的精神，人们越来越离不开先进科技所带来的便利，也沉迷于科学技术所编织的网络之中，现代社会人们已经出现了各种‘科技病’，一切事物或者新产品都以‘科技含量’多少而衡量其价值，科学主导了人的生活，一切向科学看齐，从而导致了科学主义和科技理性的蔓延……科技理性消解了人

① 王璐，王仲颖. 能源民主化将改变世界经济格局[N]. 经济参考报，2012-06-28.
② 斯宾塞 H. 斯宾塞教育论著选[M]. 胡毅，王承绪译. 北京：人民教育出版社，1997：91.

性”[①]。作为一个完整的生命体，人类不是机器，不仅具有理性，而且具有意志、情感、欲望、想象力等，这也注定了人类不仅需要科技知识，不仅需要满足物质需求，更需要高于生存和安全之外的精神性、人文性知识。在信息大爆炸的今天，知识的获取日趋便利，人们在逐步满足温饱之后，自身需求也日趋多元化。“学好数理化，走遍天下都不怕”的豪言壮语在当下已经不再行得通。所以，可以说在“知识民主”时代，不断满足人们日益增长的物质与精神需要，是衡量知识价值的新标准。人类逐渐不会再为了生存而屈服于工具理性，现在是需要充分发掘自身想象力，认真了解人性、回归人性的时候了。

其次是“谁的知识最有价值”。这事实上是一个“知识与权力”的关系问题，福柯认为，“知识为权力规定范围，权力为知识确定形式，两者相互支撑，知识是无处不在的，权力也是无处不在的。”[②]这种权力不是显性的、宏观的、国家层面的权力，而是遍布我们生活的各个角落，甚至个体每根“毛细血管”的隐形的、微观的权力。这种权力造就了各种号称真理的、精英形式的知识，而客观、科学意义上的传统知识丧失了自身的价值定性，只有和权力在一起的知识才是合理、合法、合情，进而科学可信的知识。在这个意义上，个体的灵魂和身体都被这种“精英知识”所“规训”。这种“权力者”“精英”“规训者”延伸到教育领域就是政府、专家、教师及家长。这些课程知识的直接或间接的决策者，或多或少地会再加入自己的权力意志，因为政府需要意识形态的传输、专家需要精英知识的永恒传承、教师需要权威知识的教授，家长则更倾向于功利实用知识的获得，极端情况下，学生的灵魂与身体会沦为权力知识者们多方角力的主战场。但是极端化的权力知识所造就的大多就只能是“傀儡”。这在某种程度上，迎合了大工业时代的潜在需求，在规模与效率面前，在既定生产计划面前，时代需要的多是强有力的“执行者”，而不是“思考者”，“思考”只能是少数人和阶级的专利。知识民主时代：人人开发知识，人人控制知识，人人享有知识，人人获益知识，人人将成为知识的主人。而打破既有“知识权力桎梏”的工具就是想象力，想象力是自由意志的灵魂，它之所以比知识更重要，既因为它能超越既有知识框架，更因为它是权力最为畏惧的东西。想象力天然具有政治属性。

三、数字化制造与人才培养

所谓的数字化制造，指的是数字技术和制造技术的融合，完全尊重和依照客户的个性化需求，在网络虚拟、快速成型等数字技术的支持下，快速分析、规

---

① 陈铁成，熊梅. 什么知识最有价值——基于斯宾塞课程知识的思考[J]. 外国教育研究，2013，（5）：73-79.

② 张国清. 他者的权利问题——知识·权力的哲学批判[J]. 南京社会科学，2001，（10）：14-18.

划、重组传统产品资源信息，实现快速的原型设计，并利用新型能源或者新材料，最终生成符合客户需要的产品的新型制造技术。其中，3D打印技术无疑是典型代表。在2012年，中国上映了一部叫作《十二生肖》的电影，让人记忆深刻的是，“成龙饰演的主人公戴了一双特殊的手套，在抚摸铜兽首后，精确的三维数据模型便呈现在电脑上，一会儿工夫，形状、材质、模样完全相同的假铜兽首被机器一一炮制出来，这个神秘的机器就是3D打印机”①。目前人们已经可以打印出小到饼干、巧克力，大到汽车、飞机等多种类物品，随着新型材料、新型能源技术的进一步突破和打印机价格的逐渐降低，3D打印会逐渐渗透到生活的每个角落。那么，人类将首次实现通过个体而非工厂，把属于“自身的想象力”打印出来。虽然说受制于材料和物品规模的限制，个体还不能实现物品打印的自由选择，但是通过互联网，特殊群体可以因共同的兴趣与爱好而结成群体，共同筹集资金和资源，甚至是共享人才和创意。从而在此基础上，实现超越个体能力的打印需求。新工业革命下的人才培养模式必然也将随之发生巨大变化。

3D打印技术正在逐渐改变着我们传统的教育方式。它可以“实现虚拟世界和实体世界的有机结合，将使学生的创新能力和动手实践能力得到训练，将学生的创意、想象变为现实，将极大发展学生动手和动脑的能力，从而实现学校培养方式的变革”②。中国传统教育是应试教育，没有特别开设与创新或者创造力相关的课程与教学内容，重视的是理论性知识学习，并且注重分数评价体系，这使学生的思维模式僵化。一些在传统教育中失意的学生，完全可能是因为知识的理论性太强而缺乏学习兴趣，虽然有些学生因为死记硬背一些抽象难懂的概念性知识取得高分，通过了相应考试，但是考试过后很快就忘记了所学知识。这是很悲哀的一件事情。在前两次工业革命中，因为知识的储存和普及方式，记忆成为人们占有知识从而提高生产效率的重要能力和手段，但是随着互联网的普及和社交媒介的便利，记忆已经在人们的知识学习及理解过程中处于次要地位，如何快速地捕捉、理解、重组甚至再生知识，成为新时期人才培养的重要能力。基于3D打印技术的课堂，是一种侧重于“边学边做”的课程学习模式，在这个过程中，它不仅是一个把学生的创意从无到有的三维立体呈现过程，而且是一个经由学生的想象力，把知识部分或者完整再现的过程。学生的大脑不再只是一个简单的“储存罐”，而是一个针对人类既有知识进行深度整合及重新开发的“发动机”。互联网分担了学生的知识记忆压力，给学生腾出了更多利用想象力“玩”知识的时间，学习应该是一个愉快的过程，是一个每天把学到的东西不断“梦想成真”的过程。学生真正要开始掌握知识的主动权，重新体验知识还原及知识物化所带来

① 白云飞. 用3D打印机打印你的想象力[N]. 洛阳日报，2013-06-03（第9版）.

② 滕继濮. 3D打印进校园，能给教育带来什么[N]. 科技日报，2015-01-08（第7版）.

的心灵冲击。

数字制造技术不仅仅是为了满足不同个体的个性化物质需求，它还可以更多地实现人类多种多样的精神需求。斯蒂芬·乔布斯认为，只要给人类的基本能力提供适当的技术支持，人类就可以极大地扩展自身的能力范围，如计算机就是人类“大脑中的自行车”[①]。如果说人类以前的问题是“不能做到，所以不敢想象”，那么由于数字制造技术的出现，问题变成了“因为想象不到，所以做不到”。“想象力”在这个意义上，真正成为第三次工业革命，尤其是数字制造技术的唯一限制。目前世界范围内正在兴起一场创客运动，也就是指自己动手（do it yourself，DIY）创新的活动，“创客运动的一个伟大之处在于，利润不是核心动机。创客可以凭兴趣行事，可以承担创新的风险，因为他们不必对庞大的供应链、数千名员工和愤怒的股东等负责，也无须承担专业的设计师和制造商必须承担的巨大责任。创客运动的核心精神是社区、创造力、社会变革和解决问题”[②]。这种新时代的“创客精神”，实际上和中国目前正在推行的“大众创业，万众创新”的精神是相吻合的。3D 打印技术和 20 世纪 70 年代的计算机技术一样，将会逐渐占据未来几十年的工业格局，目前电脑几乎已经走上了每个人的桌面，3D 打印机的未来也将会和蒸汽机、电报、电话及电脑一样成为划时代的技术产品。中国虽然因为种种原因，错失了前两次工业革命，但是我们要看到世界发展的大趋势，积极进行教育改革，为未来培养适合第三次工业革命的创新性人才，从而实现自身的“后发优势”，实现对发达国家的“弯道超车”，至少不能再次被抛离新的工业革命之外。事实上，因为种种主观意愿和客观优势，杰里米·里夫金认为，最有可能在 21 世纪引领第三次工业革命的国家就是中国。

第二节　即将来临的“想象力时代”

近些年以来，除了“第三次工业革命”这个通行说法之外，世界主要国家相继提出了自己工业革命的新战略或者新口号。例如，美国的“再工业化”、德国的“工业 4.0”、中国的“中国制造 2025”。虽然名称不同，但是其实质都指向了“工业互联网”和“智能制造”，这也预示着世界主要工业形态及经济形态将发生巨大变化，而经济基础的变迁往往是时代变迁的重要推动力。与此同时，人类社会的每一次工业和经济形态的巨大变迁，都极大地解放了人的体力和脑力，

① 利普森 H，库曼 M. 3D 打印：从想象到现实[M]. 赛迪研究院专家组译. 北京：中信出版社，2013：259.

② 利普森 H，库曼 M. 3D 打印：从想象到现实[M]. 赛迪研究院专家组译. 北京：中信出版社，2013：57-58.

“从手工劳动到机器生产的飞跃将人类解放出来，从事其他活动。社会中生产食品、衣物和住房等纯粹必需品的人数越来越少，因此就有更多的人可以从事对文化发展至关重要的非必需品的生产，如创意、发明、学习、政治、艺术及创造……由能量刺激的创意可以解放时间，这样的时间可以用于产生更多能够解放更多时间的创意，这是一个正反馈循环”①。在这个大解放的过程中，一些传统行业和职业将逐渐消亡，当然一些新的发展空间也开始显现。时代对人的能力的要求也逐渐发生变化，这些新的能力要求也直接会反过来促进教育系统的大变革，如果教育系统无法回应时代变迁，那么培养出来的人将会在新时代迷失。

一、什么是想象力时代

想象力时代作为一个替代信息时代的崭新概念，事实上也经历了一个不断发展和不断丰富的过程。学者们紧紧抓住想象力这个时代发展的大方向，从不同的角度深入阐述了想象力时代来临的必要性与可能性。认真梳理这个宏大概念的发展历程，不仅有助于我们更好地理解“想象力”，而且同样会加深我们对所处新时代的思考。

（一）想象力时代：传播方式的角度

“想象力时代”一词最早出现于1993年，当时身为作家和设计师的查理·麦基（Charlie Magee）发表了一篇名为“想象力时代”（“The Age of Imagination：Coming Soon to a Civilization Near You”）的文章，他指出“通信传播方式”（communication）的变更分析，是评估人类文明进化的最佳方式，人类历史上最成功的群体都有一个共同点，即他们在同时期群体的竞争当中拥有最好的通信与传播系统。无论是部落、城邦，还是国家、民族或者公司，如果他们拥有最好的通信与传播机制，那么往往都具备以下几个条件：①群体中更多比例的人口有办法获取更高质量的信息；②这些人拥有更强的能力去把这些信息转化为相应的知识和行为；③这些人可以更自由地把这些新知识传播给群体内其他成员。在每一个文明进化的阶段，都有一个更优秀的传播工具被发明出来②。

如“书信工具”（writing）就比起初的“隔空喊话”（speaking）要更有助于信息的保存与远距离传输，“电报、电话”的出现则比书信更快捷地穿越时空的局限，而电脑在保留传播更优质的基础上，更突破了“点对点”的交流，加入了丰富的“社交”元素。信息的传播加快了人类的不断解放，如果说农业社会驯服并利用了（如马力代替人力）狩猎采集时代的“野生动物”，工业社会用“机

① 安德森 K. 创客——新工业革命[M]. 萧潇译. 北京：中信出版社，2012：47.

② Magee C. The Age of Imagination：Coming Soon to a Civilization Near You[C]. Second International Symposium：National Security & National Competitiveness：Open Source Solutions Proceedings，1993：95-98.

器”代替了农业社会的“马拉车”，那么信息社会则利用“程序自动化”逐渐控制了工业社会的“机器”。“计算机和通信技术也是力量放大器，对服务业产生的作用与当年自动化对制造业的贡献相同。信息技术放大的不是人类的体力，而是脑力，同样可以推动现有行业的生产力成果发展，并产生新的成果。凭借此类技术，我们能够以更快的速度完成已有工作，节省出时间从事新的工作”[①]。进一步推演可知，在信息时代之后，随着人体与计算机的不断融合，人类之间信息传播的方式和速度更加便捷，那么下一个时代，什么工具才能“替代或者控制”信息社会的这些无处不在的“信息”？查理很肯定地认为就是人类的想象力。当然，这个过程需要人类在纳米技术、人工智能、生物科技及虚拟现实等方面不断发展。而“互联网+”、“人工智能”及“资源共享”也正是第三次工业革命的方向所在。以想象力作为通信传播方式的时代，正在智能互联网技术的飞速发展中逐步实现。

（二）想象力时代：文化经济的角度

随着“想象力时代”概念的逐步扩散，不同于通信技术层面的革新，文化哲学家丽塔·J. 金（Rita J. King）对这个概念进行了文化经济层面的全新解读。她认为随着工业文明和现代化进程的推进，人类的文化认同将遭遇危机，这呼唤新时代的来临，而那些积极参与新时代（想象力时代）的人将会成为文化大使，他们将会向那些虚拟的陌生人（全球网民）介绍不熟悉或者与众不同的文化习俗、传统仪式及理想信仰，让这些人对陌生文化产生一种文化融合的归属感，在全人类这个多元文化体系中，能够理性独立地看待并享受这个丰富的文化系统。当然，不同文化的相互转化融合是一个持续的过程，如果坐视不管现代化所带来的认同危机，那么将会使人类陷入永无止境的暴力冲突，在这种情境之下，同质化不可避免地会横行无忌，逐渐削弱人类历史上形成的丰富多样的文明与文化系统[②]。这种跨文化的使者如果缺乏想象力，自然无法获得成功。

另外，根据马克思主义的观点，文化作为上层建筑，要想成立并获得发展需要建基于经济基础之上，因此“想象力经济”的概念得以被提出。工业时代中产生的新型的政治组织和伴随而来的新的文化形式（大众媒体、报纸及电影等），这些都在改变着人们的生活样式，为了适应工业化，人类要被训练去更多地识字，更加遵循时间规则，更加向城市聚拢。但是在想象力时代，以理性和逻辑思考为主要产出形式的经济模式，逐渐将被以直觉和创新性思考为产出形式的经济模式代替，而这种崭新的经济模式就是想象力经济。“想象力经济

① 安德森 K. 创客——新工业革命[M]. 萧潇译. 北京：中信出版社，2012：47.

② King R J. Our vision for sustainable culture in the imagination age[EB/OL]. http://www.theimaginationage.net/2008/02/our-vision-for-sustainable-culture-in.html，2009-09-10.

不同于注意力经济，注意力经济是以吸引消费者眼球为核心的，而想象力经济是以‘想象—— 想象模式化（创造可行的商业模式）—— 优选商业模式—— 商业模式落地实施’为核心流程的……在这个时代（想象力时代），创新产品加速古董化，市场中最具竞争力的将是那些最具想象力并将想象付诸实践的想象力企业，而非资源优势企业，企业和消费者都将处于‘异想天开的经济生活’之中，这就是想象力经济”[①]。达拉斯联邦储备银行首席经济学家麦克·考克斯（Michael Cox）认为在全球经济趋势演变过程中，创新型工种正在逐渐替代信息型工种，如出版业工作岗位越来越少，而那些设计、建筑师、演员与导演、摄影师等职位越来越多，这种创新型工种的增多就是想象力时代开始的标志[②]。他甚至极端地认为，人类存在才能等级（hierarchy of human talents），最下层的是粗放型体力（raw physical effort），其次是技术劳动力和信息能力，最后则是创造性推理能力和情感智力。随着才能的递进，人类创造出来的价值越来越高，目前人类经济正逐渐进入以想象力、社会和情感智力为主要能力的经济价值产出模式。

（三）想象力时代：思维方式的角度

丹尼尔·H. 平克（Daniel H. Pink）在2005年的专著《全新思维》（*A Whole New Mind*）中首次提出了“概念时代”（conceptual age），指出人类的经济和社会正在从类似计算机的以线性、逻辑能力为基础的信息时代向概念时代转变。概念时代跟信息时代不同，它建立在全局能力、共情能力和创造性思维的基础上。如果再向前追溯人类的历史，在过去的三百多年中，人类社会经历了巨大的时代变迁，如图 1.1 所示，横轴表示时间，纵轴表示人类的富裕度（abundance）、技术（technology）进步、全球化（globalization）（简称 ATG）愈发紧密联系，这三个要素形成一种推进力，推动人类不断进入新的时代。这和前文麦克·考克斯所提出的“才能等级”理论有某种相通性，从普通体力到技术劳动，再到逻辑分析能力，直至创新与共情能力。

事实上，平克所谓的概念时代就是想象力时代的另外一种说法。当然，想象力时代和概念时代在思维方式上也存在一些差异。如图 1.2 所示，平克认为左右脑分工各有不同[③]。在概念时代中，人们应具有六种重要能力，即“六感”（six senses），它们都属于右脑能力，我们更加需要这六种右脑能力来辅助左脑思维，这种高概念、高感性能力能够帮助人们发展新时代所需要的全新思维。但是

---

① 雷家骕. 迎接想象力经济扑面而来[J]. 中国青年科技，2008，（4）：1.

② Stephen J K. A new world means new realities for publishers[EB/OL]. http://sabatierconsulting.com/white-papers/uploads/A_New_World_Means_New_Realities_For_Publishers.doc，2010-08-02.

③ 平克 D. 全新思维[M]. 林娜译. 北京：北京师范大学出版社，2006：50.

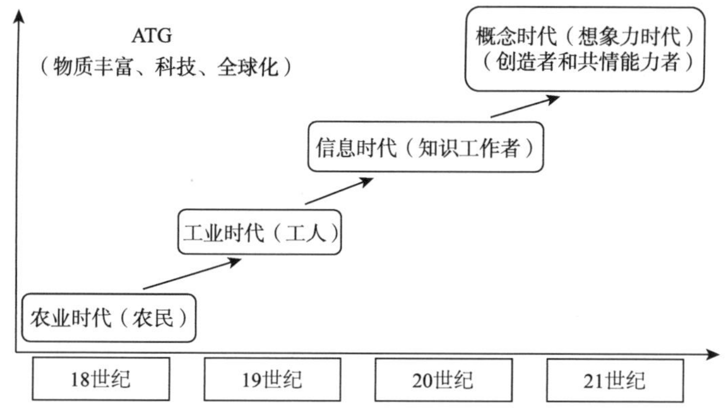

图 1.1 从农业时代到概念时代（想象力时代）

资料来源：平克 D. 全新思维[M]. 林娜译. 北京：北京师范大学出版社，2006：38

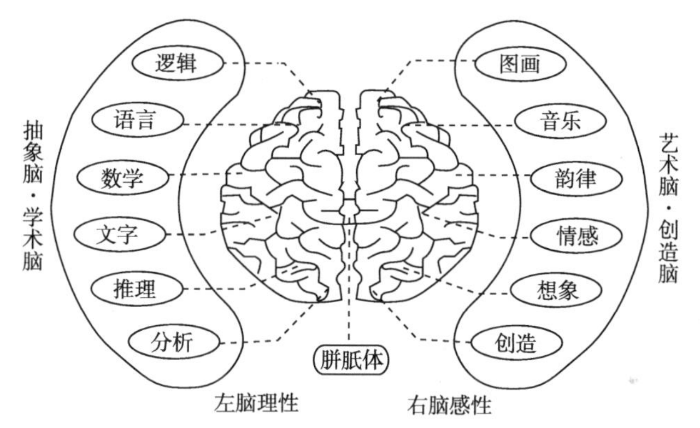

图 1.2 左右脑主导性功能示意图

想象力时代强调想象力在思维领域的协调与统和价值，所以重视的是在原来左脑思维的基础上，协调左右脑思维特长，而不是彼此代替。事实上，这种完全的替代性思维也是不现实的，想象力不仅仅属于右脑思维，在左脑理性方面也有自己的协调优势。不同于传统工业时代和信息时代，新时代我们需要的是“设计感、故事感、交响能力、共情能力、娱乐感和意义感”。这六种能力本质上都和想象力有密切关系。例如，“设计感”涉及“美学想象力”，传统的产品、服务等多注重功能实效性，但缺乏美感；“故事感”则涉及“叙事想象力”，新时代拥有大量的信息和数据，仅仅依靠这些已经无法打动别人，信息和数据需要故事包装，营造出高感性的传播方式；交响能力需要跨界想象力，传统工业社会和信息社会所强调的专业性越来越无法满足人们多样化的需求，跨界融合、边缘交叉已经不可避免；“共情能力”则和“情感和道德想象力”密切相关，随着信息社会的深入推进，各种信息分析工具和软件层出不穷，逻辑分析能力已经逐渐依靠技术外化，要想获得成功，就要懂得去移情理解别人的感受与动机，能够让自己和别人获得“感动”已经成为社会中越来越有价值的能力。至于“娱乐感”和“意义感”也都和人类的“情感想象力”密不可分。当然，想象力时代不是说过去几个时代不需要想象力，相反在每个时代，想象力都起到了重要作用，在即将到来的时代，我们更应该聚焦于想象力，更重视想象力。

二、大数据迷潮下的想象力时代[①]

我们在阐述想象力时代的同时，不得不面对当今社会的又一大热门概念：大数据。大数据似乎已经成为一种潮流，甚至是一种时尚。人们还没来得及知道它是什么，就已经置身其中并迷狂不已，更别提仔细思考为什么了。所以，用“迷潮”来形容一点也不为过。产业、金融、物流等各界人士摩拳擦掌、跃跃欲试，热烈讨论这种新技术和新资源所带来的巨大福利，生怕错过新时代疾驰而过的“幸福列车”。当然，这里绝不是要否定大数据本身的广阔前景，而是在正视大数据所带来的机遇的同时，针对大数据“迷潮现象”展开反思，并在这个意义上，呼吁重新审视想象力的重要性。因为随着信息采集、储存、转化技术的逐步提高，信息真正转化为可以获得广泛利用空间的数据，这些神奇的数据被赋予了某种魔力，宣称自己已经跳脱信息时代的束缚，迈进大数据时代。事实上，所谓的大数据时代只不过是信息社会的高级模式，如果我们不能充分正视大数据的信息属性，放弃人类自身的想象与质疑精神，把它吹捧成可以预测万物的“神”，那么我们对即将到来的时代的认知将会发生巨大偏差。

（一）我们为何痴迷大数据?

杜威在《确定性寻求》中认为，人生活在一个危险而又充满不确定性的世界，因而必然会去寻求安全。人寻求安全有两个途径：一种是试图与他周围决定他的命运的各种力量进行和解；一种是发明技艺，并借助技能来控制自然的力量，以建立一个秩序、正义和美的王国[②]。显然，无论是数字、字符，还是数据，“如常言说的一切皆有‘定数’、中国传统的易经八卦、西方早期的占星术、毕达哥拉斯‘一切皆数’的本体论主张及牛顿‘整个宇宙就是一口精确时钟’的机械论信念等”[③]，都是人类利用理性控制自然、对付各种不确定性以便获得安全感的利器。利用数据，人类掌握了时间与空间，并在此基础上获得了近乎控制自然的力量。但是人类的安全感似乎并没有增加多少，而且随着周围世界的人造因素逐渐增多，不确定性反而进一步加剧。目前，我们不仅仍要对抗自然的种种不可

① 张晓阳. 大数据迷潮下的教育研究及其想象力[J]. 基础教育，2015，（4）：49-55.
② 杜威 J. 民主·经验·教育[M]. 彭正梅译. 上海：上海人民出版社，2009：211-212.
③ 阎光才. 教育及社会科学研究中的数据[J]. 北京大学教育评论，2013，（4）：77-86.

抗力，还要面对由数字生成的知识、技术和社会系统带来的未知挑战。这是一个悖论：利用数字或数据来寻求确定性的结果是面对更大的不确定性。

曾几何时，条件限制下的“随机采样取得了巨大的成功，成为现代社会、现代测量领域的主心骨，但这只是一条捷径，是在不可收集和分析全部数据的情况下的选择，它本身存在许多固有的缺陷”①。人们依然认为，之所以出现困境，是因为记录、储存和分析数据的工具不够好，而在少量数据下得出的结论自然漏洞百出，随着人类拥有了能够收集和处理更大规模数据的能力以及大数据时代的到来，我们自然会逐渐抛弃小数据时代随机采样和抽样调查等“老古董”，转而寻求大数据带来的种种神奇。但是经过后现代主义、后结构主义及后实证主义的抨击，即使是大数据也逐渐放弃了其赖以生存的“精确性”，无奈地承认：“大数据不仅让我们不再期待精确性，也让我们无法实现精确性。……这是一个亟须我们去处理的现实问题，并且有可能长期存在。”②但是，明明知道大数据所具有的模糊性与混杂性，却依然奉其为圭臬，甚至顶礼膜拜，这就和自古以来的占卜和巫术几无差别了。原因无非是人们希望有一种超出自身的神奇力量，以便让自己掌控自身的卑微命运，哪怕这一切都是幻觉。当然，不能否认无论是小数据，还是大数据都确实给人的生产、生活带来了极大便利，所以人类愿意逐渐让渡出自己思考的权利，让“数据说话”。可以回溯历史，为了自身的确定性寻求，为了安全感的满足，我们曾经让“神说话”，让“君主说话”，让“专家说话”，但是现在大数据时代自负地宣称了“神”“君主”“专家”的消亡，数据才是新的“神”，新的“君主”，新的“专家”，能带领我们进入“秩序、正义和美的王国”。

（二）“大数据迷潮”的实质

虽然“自20世纪80年代以来，在后结构主义和后实证主义思潮的荡涤下，即使再严格和规范的社会科学实证研究，估计都不再敢于自信满满地视数据分析为洞穿事物本质、反映世界规律及获得确定性客观知识的利器”③。但是，人类对于确定性寻求的欲望绝对不会磨灭，因此可以说，这场“大数据迷潮”的实质是实证主义的极端化，是现代主义对后现代主义的绝地反击。但是，实证主义的这场反击是带有妥协性的。在小数据时代，由于技术限制，实证主义只能用最少的数据得到最多的信息，所以分类、分层等抽样检测尽可能要做到准

① 舍恩伯格 V M，库克耶 K. 大数据时代——生活、工作与思维的大变革[M]. 盛杨燕，周涛译. 杭州：浙江人民出版社，2013：34.

② 舍恩伯格 V M，库克耶 K. 大数据时代——生活、工作与思维的大变革[M]. 盛杨燕，周涛译. 杭州：浙江人民出版社，2013：56.

③ 阎光才. 教育及社会科学研究中的数据[J]. 北京大学教育评论，2013，（4）：77-86.

确。因为本来就是挂一漏万的方法，自然小心翼翼，小的错误会因为抽样而造成巨大的误差。但是随着测量技术、算法的不断演进，实证主义似乎终于实现了“一切皆数”的终极梦想，骄傲地宣称自己拥有了“全数据”模式，即“样本=总体”①。随之而来的则是大量低效或无效的数据，真相被深深掩盖，所谓的“预测”只能建立在“相关关系”上，更无法保证预测的精确性。所以，实证主义无奈地劝告人们，应该改变自己的思维方式，要允许不精确，要学会拥抱混乱，这显然和实证主义的初衷是相违背的，但是为了保住自己的地位，为新技术的出现争取时间，它也只能无奈地如此。我们可以大胆预测，如果测量技术进一步发展，实证主义一定会抛弃“混杂性思维”，重新展露出“精确测量与预测万事万物”的雄心壮志。

除此之外，工具主义、技术主义也是“大数据迷潮”的重要助力。大数据的拥趸者们认为，人类的判断力会逐渐被计算机系统所改变甚至取代。事实上，实证主义以前所认为的“所见、所闻、所感”要胜于“所想”的思维方式，就隐含着对“工具”（身体感官）和“技术”（怎么看、怎么听、怎么感受）的崇拜。只不过随着测量工具，尤其是现代计算机技术的突飞猛进，实证主义者已经抛弃了之前的落后工具（身体感官）与技术（感官的运用），转而寻求更加客观，更加外化、更加先进的工具与技术。所以，实证主义的历史充满了对人的怀疑，认为从人的观念到人的感官都是不可靠的。对工具与技术的崇拜是其一以贯之的信念，精确性与确定性也是其本质的追求。“语言”是人类最为本质的工具，逻辑实证主义者曾妄图将其转化为最精确的符号，以杜绝任何语意模糊问题，并认为哲学就是一种人类的语言疾病。所以，大数据迷们所提倡的“混杂性思维”事实上只是权宜之计。大数据的本质是实证主义的极端化，随着数据处理工具与技术的不断改进，真相会进一步显现。只要人类对确定性寻求的欲望不衰减，那么实证主义就会不断改换名目、卷土重来，当然它的每一次回归都以技术与工具的巨幅升级为前提。

但是我们应该清醒地认识到，人类除了对确定性的欲望之外，也有无限的好奇心与冒险精神，所以对未知的渴望也是难以磨灭的。相应地，人类对因果关系，对未知世界，对不可控之力量也会永远保持兴趣。正是在这个意义上，我们认为，大数据“迷潮”只不过是人类欲望之一的外在投射，人类思潮的汇聚支流之一罢了，既不能奢望杜绝它，更不能狂妄地让其改变甚至取代人类的思维。“大数据”智能作为一项技术工具进一步解放人的脑力，使人类更加释放自己的想象力，而不是取而代之，所以如果要用一种隐喻性图画来描述即将到来的时代

① 舍恩伯格 V M，库克耶 K. 大数据时代——生活、工作与思维的大变革[M]. 盛杨燕，周涛译. 杭州：浙江人民出版社，2013：37.

的话（图1.3），那么人类的未来似乎更应该被称为“艺术家”与“设计师”，而不是“大数据时代”所宣称的“数据分析专家”，只要人类“想象力”不死，那么“理论”也永远不会终结，“想象力时代”的拥趸者要比“大数据时代”的鼓吹者乐观得多，也客观得多。

图 1.3　人类进化与职业演化图

资料来源：平克 D. 全新思维[M]. 林娜译. 北京：北京师范大学出版社，2006：39

三、想象力时代的人才诉求

回顾历史确实可以发现，创新在成功经济体中所扮演的角色越来越重要。社会对主流职业人才的要求早已不仅仅是懂得怎么样和怎么做，而是要懂得去创造、分析和转化知识信息，懂得和别人有效地互动与合作。几乎每个世纪，人们都被要求具备不同的职业生存技巧，在21世纪，人类也同样要经历这种转换，因为我们即将进入高概念、高感性的概念时代或想象力时代，对人才的不同技能要求自然也发生了很大变化，如果不能敏锐地捕捉到这些转变，那么我们的“教育先行”将会成为一句空话，教育不仅不能为时代提供适合的人才，反而会成为阻碍社会快速前进的绊脚石。想象力时代是一个全新的时代，是一种范式意义上的改变。因此对应的人才培养模式也应该发生转变（表1.1）。

表 1.1　时代变迁与人才诉求

时代变迁 表现形式	工业时代	信息时代	想象力时代
主导时期	19 世纪	20 世纪	21 世纪
企业组织形式	工厂制	流水线、科层制、大型公司	扁平化、网络化、分布式结构
工作技能	熟练、守纪、规范	逻辑、理性、分析	创意、设计、沟通

续表

时代变迁 表现形式	工业时代	信息时代	想象力时代
主导职业身份	手工/制造业工人	知识工作者	创意工作者
工作文化	缺乏权力，严格服从组织权威和纪律	为组织和自身利益，员工会占有、质疑、竞争	具备责任感，关怀和分享意识，同事关系融洽
想象力经济价值	低	中	高
时代发展特征	经济增长、经济规模、生活标准提高	全球化、数字化	自动化、个性化、共享互联

首先是在人才理念方面，要改变传统的工业社会流水线式、批量化、标准化、固定化的培养模式，取而代之的应该是个性化、分散化、定制化的新型培养模式。同时，由于信息互联网的高度普及，分享经济的逐步拓展，人际沟通与情绪管理的价值也逐步凸现出来，也就是说我们在注重智商的同时，也应关注和培养人的情商。事实上，正如上文所述，第三次工业革命和想象力时代几乎是同步、同轨的，因此它们对人才的要求也存在相通之处。如果说前几次工业革命，或者农业时代、工业时代及信息时代更多的是关注技术进步的话，那么第三次工业革命和想象力时代则更关注技术进步所带来的人的高度解放，人的主体性从来没有像今天这样得到彰显，人的想象力逐渐开始取代技术成为主导经济社会发展的主要动力。因此，它们都以“人的综合素质的提升为核心，以云计算、云教育、大数据等新兴的交互式媒体的运用为方式，以新能源、新材料、新技术与互联网的融合创新为手段，注重人的个性化和差异化发展的因材施教，注重知识的学习和学习知识的能力并重，注重人才的创新意识、合作意识、发展意识、服务意识的培养，注重社会情绪能力的培养，注重人的同理心的唤醒，构建绿色的生态教育体系”①，从而为第三次工业革命和想象力时代培养所需要的高素质创新型人才。

其次是在能力培养方面，平克提出的“六感”（设计感、故事感、交响能力、共情能力、娱乐感和意义感）能力自然非常重要，它们涵盖了想象力的很多旨要，包括美学想象力、叙事想象力、道德与情感想象力等。随着人类不断地从繁重的、机械的、琐碎的及那些终将被智能机器或者其他技术代劳的事务中解放出来，所有那些独属人类的灵动性东西终将闪现。当然概念时代多强调的是右脑思维，所以更加着重的是高感性想象能力的培养。事实上，想象力在理性方面也具有非常重要的作用，想象力时代的人才应该是“高感性”与“高理性”的结合，而高理性及其所涉及的“理性想象力”也都是值得我们去细细探究的，“理性”和“想象

① 周洪宇，鲍成中. 第三次工业革命与人才培养模式变革[J]. 教育研究，2013，（10）：4-9.

力”一直以来都被视为完全相反的两种意识特质，但是想象力的“可能性思维”和“反事实思维”等认知思维模式，在很多方面都和“理性思维”具有共同之处[①]。如何找到两者的融合点，对“想象力”和“理性”来讲都是升级的最好方式，它们会蜕变成“高级想象力”和“高级理性”。这点会在后文予以论述。想象力作为新时代最重要的能力特质，能很好地整合和开发左右脑思维的优势，这才是平克所倡导的新时代所需要的“全新思维”。美国《纽约时报》专栏作家弗里德曼曾经撰文《真正的美国梦之队》，他认为富有想象力的人才是美国真正的竞争力所在，而且“今天最重要的经济竞赛已经不在于国家或公司之间，而在于你和你自己的想象力之间，因为你的孩子个人想象出的东西能够以比以往任何时候都更远、更快、更便宜的方式付诸实施，今天，几乎一切都可以成为商品，唯一例外的是想象力，迸发出新思想火花的能力……只有一样东西不可能，也永远不会成为商品，那就是思想的火花”[②]。只要美国打开大门，为这些人才提供充分展现自身想象力的体制和环境，那么美国将永远走在世界前面，拥有真正的“美国梦之队”。可见想象力已经成为21世纪人才必备的基本能力。

最后是人才的培养方式，想象力时代需要扁平化的组织架构，以及分散合作的组织模式。这种组织架构无论是在企业，还是在学校都是通用的。传统社会，教师对学生、企业领导对员工单方面灌输知识和工作指令，而学生与员工无非是机械地接受和忠实完成学习或者工作任务，这就是所谓的“科学管理运作程序”。也正是这种标准化线性管理促成了工业时代的成功。但是想象力时代，充分尊重个体，甚至是团体的知识主体地位，相信知识或者好的创意存在于个体与个体之间，充分调动他们的积极性，发挥他们的创造潜力；充分赋权学习小组或者工作小队；成员之间针对学习或工作主题，竭尽所能，分享刺激各自的创意，从而成功地对该主题有创造性贡献，所以成员之间不再是隐性的、各自为战的“资源占有”和“利益竞争”关系，取而代之的则是“分享与创造”关系，而且在这个过程中，成员在分布性认知当中获得了最大的收益。事实上，“互联网交互平台的分散合作学习，个性化、游戏化学习，打破了现有的班级授课制的批量生产的组织形式，未来的教育组织形式将向个性化、分散化、远程化的‘虚拟式’的组织形式转变……急需实现从‘以学科为中心’向‘以学习者为中心’转变，大力推行如交互式教学、混合式教学、探讨式教学、小组合作学习等以学生为主体的课堂教学”[③]。总之，新时代要求时代新人具有开放、互联、民主共

---

① Byrne R M. Précis of the rational imagination：how people create alternatives to reality [J]. Behavioral and Brain Sciences，2007，30（5~6）：439-480.

② 资中筠．“思想不是用钱可砸出来的”[EB/OL]. http://news.ifeng.com/a/20150319/43372934_0.shtml，2015-03-19.

③ 周洪宇，鲍成中. 第三次工业革命与人才培养模式变革[J]. 教育研究，2013，（10）：4-9.

享、创新、可持续、差异化、分散合作的精神。

第三节 中国教育危机的背后：想象力危机

我们处在或即将处在想象力时代，这是一个我们需要亟待体认的时代意识。对时代脉搏的把握，直接决定了我们在新时期的教育理念和教育实践。随着我国经济这30多年来的飞速发展，教育普及问题、资源不足问题都在极大程度上得到了缓解，虽然教育公平和均衡问题仍然比较严峻，地域、城乡、学校之间存在着较大差距，但这都不是我国教育的关键问题所在。换句通俗点的话来讲，“能用钱解决的问题，都不是问题，尤其是在你逐渐变得有钱的时候”，诚如上文弗里德曼所言，“唯有思想是不能用钱来买的”。当然，这不是说我们要抹杀改革开放以来所取得的巨大教育成果，无视中国教育培养出的一大批为国家发展做出贡献的人才，而是说中国教育体系是否还适应时代发展的要求，正是从这个角度来讲，笔者认为中国教育存在极大的理念危机，还没有充分认识到时代变迁所带来的巨大变化，教育理念和实践都还没有做出应有的回应，“教育先行”更多地沦为一句空话。当下的教育危机主要表现在四个方面：道德教育危机、课程教学危机、组织管理危机、评价方式危机。也就是说，教育目的、教育内容、教育方式、教育评价都存在一些问题，它们已经严重地不适应时代发展的需要，而这些教育危机背后，若隐若现反映的是中国教育的想象力危机。

一、道德危机与潜规则德育①

古今中外众多教育先贤把“道德”奉为教育的最高目的②。因此德育向来是教育的重中之重，所以这里所指的教育危机中的“道德危机”主要就是指“目的危机”。近 30 年以来，我国经历了极速的社会转型，人们物质生活水平显著提高。但是举目望去，从政界到商界，从文化圈到娱乐圈，从食品卫生行业到公共服务行业，道德堕落现象时有发生，甚至于有媒体惊呼，“中华民族到了最缺德的时候！”③然而，羞愧的背后，更应该理性地进行反思，虽然道德危机的形成是多方面的原因造成的，但是道德教育作为一项重要的社会教化工具，并没有起到其应有

---

① 张晓阳. 基于道德想象力的公德培育[J]. 上海教育科研，2016，（1）：18-22.

② 无论是传统教育学派的赫尔巴特，还是现代教育学派的杜威，无论是传统儒家学派的理想，还是近代教育大家蔡元培的“五育”教育思想，都把“道德”当作教育的首要目的，足可见其重要性。因为教育危机最先显露出来的危机便是道德危机，这不仅是德育的失效，更是整个教育体系需要深刻反思的地方。

③ 评论员. 中华民族向钱看，到了最缺德的时候[N]. 香港：东方日报，2011-04-19.

的作用。由此可见，传统德育不得不面对失效的种种质疑。关键在于要找出道德危机的实质，并找出造成道德危机的根源所在，然后方能对症下药，这不仅仅是为道德教育寻找出路，更是为缓解社会转型期下的道德危机而做出的努力尝试。

（一）道德危机的实质是公德危机

所谓的道德危机，是指无法凝聚道德共识，缺乏有效道德规则，进而导致道德大滑坡甚至大溃败。按照社会上的通俗说法，就是“普遍缺德”。表面上看，中华文明近代以来经过各种内忧外患，屡遭浩劫，但是毕竟有 5 000 年的文化积淀，不至于短短一百多年，就武断地说，“中华民族到了最缺德的时候！”所以，我们到底“缺的什么德”？这是一个值得深思的问题。“道德”笼统来讲，可以分为公德和私德。梁启超在《论公德》中有言，“人人独善其身者谓之私德，人人相善其群者谓之公德”，我国传统道德教化的重要文本，如《论语》《孟子》等书中，涉及“私德居十之九，而公德不及其一焉”。因此，他认为，“我国民所最缺者，公德其一端也”[①]。传统社会既是熟人社会，更是乡土社会，民众之间的流动性极小，所以私德伦理能够很好地调节家族、邻里、朋友、君臣、师生等社会关系，再加上不断的礼教灌输，逐渐形成了中国人特有的“差序格局”（费孝通语）的道德本能。因此，严格来讲，传统伦理中仅有的所谓公德，也是基于私德，按照“差序格局”外推而来，只能算是私德的延伸化，是以已为中心、由近及远的“小圈子”道德（文化）。

改革开放以来，国家公权力逐渐退出人们的私人生活和社会公共领域，这两大“道德真空”区域，迅速被人们残存的“道德（文化）本能”和各种“潜规则”取代。这种“潜规则化”的道德教育之所以能够逐渐横行，完全异化脱胎于中国传统的“小圈子文化”，“潜规则是人们私下认可的行为约束”，“这种行为的约束，依据当事双方的造福或损害能力，在社会行为主体的互动中自发生成，可以使互动双方的冲突减少，交易成本降低”[②]。打破潜规则意味着不再被某个“圈子利益体”所接纳甚至被集体报复，所以大家表面都在高喊谁也不信“高标宣言”，私下都心照不宣地遵循相互默许的“潜规则”，并试图“近亲”相传。当然，这也只能算是“道德乏力”，还不足以造成中国的“道德危机”，因为“道德本能”尽管微弱而不可靠，“潜规则”虽然可耻而见不得光，也可勉强算是除却法律之外的“道德”共识。这种异化了的私德及其延展而来的“圈子道德”，还可以勉强维持熟人社会的局面。

但是，随着法制和市场经济逐步完善，人口迁徙和城镇化过程不断加快，互联网和社交新媒体迅速普及，人们的物理公共空间和虚拟公共空间都在扩大，依

---

① 梁启超. 新民说[M]. 沈阳：辽宁人民出版社，1994：176-177.

② 吴思. 潜规则[M]. 上海：复旦大学出版社，2009：193-194.

靠道德本能和各种潜规则苦心经营的“小圈子”道德（文化）教育已经不可持续，矛盾越来越多，这才是道德危机的开始。我们已经步入陌生人社会，大量涌现的公共空间，充斥于我们的生活当中。面对陌生的公共利益和抽象的公共人群，熟人社会的私德伦理已经不再适用。毕竟公共空间不是农耕文化中的“无主荒地”，“谁开垦，谁占有”。但这也恰恰可以解释，为什么很多人在家是个谦谦君子，面对公共财物，心态是“不拿白不拿，先下手为强”，还自以为这是“勤劳为家”的表现，而遵守公德的人在他们眼里则成了“傻子”。因此，“当前中国道德危机主要还不是发生在‘私德’领域，而是发生在公共利益、公共秩序、公共安全、公共卫生等‘公共’领域，发生在作为社会公共道德即社会性道德的‘公德’领域”①，也即现在我们最缺的是“公德”，道德危机的实质是公德危机。

（二）公德危机的实质是“道德想象力”的危机

客观上讲，随着社会的加速转型，人们公德素养的提高速度和公共空间领域的扩张速度相比，明显是一场距离越拉越大的赛跑活动，“潜规则化”的道德教育显然无法应对社会转型出现的新状况，所以，社会在公共领域出现“道德失调”也就在所难免。那么，公德素养的提高为什么这么难呢？问题的关键是要依据道德失调的“病症”，找到“病因”。首先是病症问题，具体表现为“道德冷漠”与“道德焦虑”的恶性循环。大家习惯了熟人社会，突然面对陌生人社会，无所适从的焦虑感促使人们要处处设防，互不信任。出于自保及保护自己关心的人的需要，依据私德本能，在仅存的“小圈子”中相互暗示，抱团取暖，认为圈子外处处充满凶险，“事不关己，就要高高挂起”，如我们经常教导孩子们不要与陌生人讲话，不吃陌生人给的糖果一样，这种道德冷漠，导致一系列丑恶道德事件的发生，如“小悦悦事件”。但值得注意的是，这些“道德冷漠”的背后，不一定代表人们麻木不仁和缺乏最起码的道德认知和判断能力，而是因为在陌生人社会初期，公德行为及背后的社会信任成本可能会十分高昂，如各种恶劣的“讹诈”行为，这种道德冷漠更多的是一种针对圈外人与事的“选择性”与“回避性”冷漠。越来越多的冷漠行为，反过来又进一步加剧了人们的社会不信任和道德焦虑感。其次是病因问题，面对大量出现的“道德冷漠”与“道德焦虑”现象，我们的应对办法除了以暴（法律或者拳头）制暴（缺德或违法现象）之外，似乎乏善可陈。“以暴制暴”表面看起来，似乎是成本最小的方式。很多人认为，面对各种缺德现象，完全可以学习新加坡严刑峻法的方式，以法治伦理来促进或取代道德伦理；或者在法制不太

① 陈立旭. 我们缺的是什么德[J]. 探索与争鸣，2012，（6）：47-50.

完善的情况下，可以默许或纵容各种公愤之下的“拳头”，如“瓜子哥”和“项链姐”被打，网上一片叫好声。但无论是加重“合法暴力”，还是纵容“非法暴力”都会加重社会戾气，加剧社会不信任，并且由此造成无法想象的执法和违法成本。多数缺德现象的发生，当事人往往是“知德缺德，知法犯法”，所以他们的问题不是道德认知的问题，而是要突破自我，通过“移情想象”考虑别人的道德感受，通过“情景想象”创生更多的道德可能。也就是说，我们面对道德情境，能不能体会到对方的感受，然后除了以暴制暴外，能不能想象一种合乎情理的处理方法。

说到底，无论公德，还是私德，道德之所以能够维系，无非“情（心）理”二字，也就是所谓的“人同此心（情），心同此理”。大家之所以愿意遵守一些道德规则和法律，是因为能够“移情”和“动心”，并在此基础上形成小圈子内的“私理”和公共领域的“公理”，“通情”方能“达理”，而这些“理”会逐渐形成道德与法律。问题在于，时间一长，人们把道德与法律当成了外在于人的冷漠律条和高大上的空洞道理。所以，“公德危机”的实质不在于大家对“公理不明”，而在于我们不再“动心”，不再“移情”。道德从不外在于主体，是主体与主体间的“同心同德”；主体也从来脱离不开道德，作为群体性动物，如果接受不到主体之外的“情感电波”，注定会形成存在意义上的“道德焦虑”。然而，培养“道德主体”和“主体道德”，找回“道德想象力”是关键所在。因为，我们需要仔细思考两个问题：在道德情境中，面对“道德冷漠”，我们能不能及愿不愿通过情感投射，设身处地地感受到情境所涉及的每个人的处境；面对“道德焦虑”，我们能不能及愿不愿通过创新性思考，跳出道德情境中的各种两难判断，以寻求新的道德可能性。只有解决这两个问题，才能真正破除道德冷漠与道德焦虑所带来的症结，而所谓的“公德危机”抑或“道德危机”也才会迎刃而解。笔者认为，这两大问题，前者涉及的关键词是“道德同情”，后者涉及的关键词是“道德可能”，而它们的核心都是“道德想象力”。决定我们这个时代道德风貌的不仅仅是制度法规，“个体的道德想象，及由此形成的道德选择，同样决定着我们社会的道德风貌，许多时候正因为某些机制不够合理，源自个体的道德努力才显得格外珍贵，唯有借助这种想象的力量，我们才能及时填补制度的价值真空。……在这样一个个体化、陌生化的时代，消除冷漠孤独的社会症候，纾解现代人的道德焦虑，培育现代社会的信任机制，良好道德想象力的培养是这一切的基础，这已经为历史所证明”①。

---

① 人民日报评论部. 我们需要怎样的“道德想象”[N]. 人民日报，2012-01-12（第16版）.

二、课程教学危机与唯知识教育

进入学校接受教育，自然是要学习文化知识，成为一个有文化、有知识的人。宏观来讲，这种传统绵延千年，古今中外都概莫能外。无论是远古时期的“生存知识”，还是古典时期的“道德知识”，抑或是现代以来的“科技知识”，虽然每个历史时期知识在主导类型方面各有差别，但是没有人会否认知识学习对于人类的重要性。微观来说，知识更是学校课程教学的核心所在。因为知识是人类聪明才智所浓缩的精华，知识的保存与传承使人类得以受益于先贤的优秀经验，在最短的时间内体验并掌握它们，从而不断使自己获得体力和脑力的解放，以便探索这个世界的更多可能性。但是随着科技的不断发展，人们的物质生活日新月异，知识的限定范围也变得越来越狭窄，越来越浅薄，越来越功利。人们的知识开始被分割得支离破碎，人们对更加“完整的知识”越来越没有兴趣。同时，由于社会与生活节奏的逐渐加快，我们的教育对知识的“完整还原”越来越缺乏耐心，这些本来代表人类最具活力才情的“活知识”变成了“死知识”。因此，我们的教育逐渐沦为“残缺”的教育和“死”的教育。

（一）知识与想象力：教育的双重变奏

关于知识与想象力的关系，最著名的论述莫过于爱因斯坦。他认为“想象力比知识更重要，因为知识是有限的，而想象力概括着世界的一切，推动着进步，并且是知识进化的源泉。严格地说，想象力是科学研究中的实在因素”[①]。虽然爱因斯坦肯定了想象力的优势地位，但是不代表知识是不重要的，相反，“知识”和“想象力”恰恰是人类社会不断前行的一对翅膀，两者相辅相成、缺一不可。甚至从某种程度上来说，知识是“凝固”了的想象力，想象力是“流动的”或“能动的”知识[②]。知识代表以往人们通过想象及在想象指导下的实践中获得的经验，而想象代表人们通过知识面向未来的无限可能性。“（远古时代）可能是人类最有想象力的时代，大致属于摩尔根所说的‘蒙昧时代’（德勒兹称之为‘符码化’时代）。如果我们不是为了批判现在而去赞美过去的话，那么人与自然浑然一体的、具有丰富想象力的原始状况，并不是什么值得庆幸的事情，因为人类的进步，首先就是通过‘分类学’（知性活动），将自己从自然中分离出来”[③]。“知性活动”所积累起来的知性知识越来越多，人类所积存的知识也越来越多。而原始生活中口耳相传的“生活式”教育，自然无法有效传递如此丰富的知识。困难在于这些“脱离生活”的知识传递何以可能？答案就是想象力。生

---

① 爱因斯坦 A. 爱因斯坦文集（第一卷）[M]. 许良英，范岱年译. 上海：商务印书馆，1976：284.

② 赵鑫珊. 哲学与当代世界[M]. 北京：人民出版社，1986：290.

③ 张柠. 想象力考古[J]. 东方杂志，2003，（11）：45-50.

动的、凝聚着人类所有情感与理性的源初知识被抽象剥离成一片片“压缩饼干”，“战地口粮”（书本知识）虽然有营养，简便易携带，但是味道往往不尽如人意。而想象力不仅帮助人类从大自然和生活中抽取出所谓的知识精华，还可以帮助人类从干巴巴的“压缩饼干”中还原出生动活泼的生活世界和大自然。正是因为想象力，教师和学生在校园中针对浩瀚书海一起进行探索才成为可能。在教师的引导和启发下，枯燥的“战地口粮”逐渐在学生的头脑中如烟花般绽放，能够快速地还原这些“源初知识”中包含的情境。

乔姆斯基在谈到“知识”的时候，曾提过要关注两个问题：“首先是‘柏拉图问题’，即‘为什么我们拥有的材料如此之少而产生的知识却如此之多’；另一个是‘奥威尔问题’，即‘为什么我们拥有的材料如此之多而拥有的知识却如此之少’。”①事实上，两个问题的答案还是“想象力”，前者在于人类善用了自身所拥有的想象力（先验想象力）这一独特才能，使得超越经验性知识获得普遍认识成为可能，同时也使人类的认识超越经验世界；而后者则是因为人类面对既有知识材料，没有充分发挥想象力的魔力，所以使很多知识材料仅仅停留在既有层面，甚至成为人类进一步追求新知的绊脚石。教育所能传递的只能是“有限知识”，所谓“我生也有涯，而知也无涯”，如果人类不能通过这些有限的知识，努力促成更广泛意义上的对全体知识的趋向性理解，那么教育便是失败的教育。但是要想达成更广泛意义上的理解，离开想象力是无法实现的。因为，真正的“理解从来就不是一个完全静止的精神王国，它总是呈现出一种洞察——不完全和部分的——过程的特点……知识的可能性揭示了它同已知事物的未被探索的各方面关系，任何有限知识都总是包含着对无限的关系”②。事实上，想象力就是这里所谓理解的“洞察”。不止于此，通过这些大量的知识材料的想象力还原，学生们能在短暂的学制时间内，快速体验超越时间和空间的生活与自然世界，并且在这些知识养分的基础上解放大脑，进一步激发想象力，探索原有知识边界和新的可能性。知识与想象本来就是教育的双重变奏，如果协调配合，自然能够使个体与人类获得持续发展的不竭动力。不过如果一方过于强势，势必会打破这种平衡，教育如果两翼失衡，自然无法展翅翱翔，要么会无法起飞，原地挣扎；要么会在高空失去控制，重重摔落。爱因斯坦之所以说想象力比知识重要，自然不是为了贬损知识，而是他已经看到了“知识霸权”所带来的危害，试图矫正罢了。

（二）“知识人”与“唯知识”教育

“引起当今学校教育重重危机的决不在于它承担了传授知识的任务，而在于它致力于塑造一种知识人，在学校教育的视界中，知识被看成是人的唯一规定性

① Chomsky N. Knowledge of Language：It’s Nature，Origin and Use [M]. New York：Praege，1986：14.

② 怀特海 A N. 思维方式[M]. 黄龙保，等译. 天津：天津教育出版社，1989：57-58.

和人之本质。学生是用一片一片知识搭建起来的，充塞于学生心灵的唯一就是知识。学生的存在要由他所拥有的知识来确证，当他们不具有可以被确认为存在的知识时，他们也将失去学生的资格……知识被扩充为人性的全部，人性中的其他部分，如伦理道德、审美情操等都被虚无化。教育的任务就是要实现学生的知识人化”①。这段话很好地描述了当下的教育危机，以及何谓“知识人”和“唯知识”教育。学校的课程和教学都围绕着这些“知识”来进行，学生作为一个具有态度、情感、意见、愿望等主观能动性的主体完全被忽略，甚至这些主观能动性大多往往被视为有效获取“知识”的威胁而必须加以打压。学生被异化成了冲锋的战士，丧失自由意志的机器人，要做的就是坚决服从老师给予的“战斗”指令，不惜一切代价占领某“知识高地”，至于为什么“占领”，此“知识高地”的战术意义与战略意义是什么？这不是一个冲锋的士兵（学生）该问和该知道的问题，因为“时间紧迫”，“一切行动听指挥”才能赢得“战争”的胜利。这场“战斗”无疑就是以“高考”为代表的学生生涯中的一场场考试。问题在于，知识的内化与生成从来都不是简单的一劳永逸的“战斗”。

另外，我们需要注意的是，“知识原本是人之生命活动的产物，人在进行知识生产时不仅投入他的智力，同样也寄予自己的热情、期待、理想，投射自己的生活目标，这也即是说，人们在他们所建构的知识中必将自己的需要、本质和一切生命活动对象化于其中，知识中所表现的不仅是认识的对象，同样也现实地复现了人自身，作为人之精神成果的知识只能是人全部生命的结晶，它不可能只是单独由智力和理性结出的果实”①。而“知识人”与“唯知识”教育所强调的“知识”恰恰是“残缺的知识”和“死的知识”。这些知识不仅范围狭窄，不能反映知识的全貌，而且还更加无法还原人类创造这些知识的过程。在传统社会，因为知识储存、传播和更新的速度受到技术的限制，所以对于“纯粹知识”的占有是成功的必备基础，这也是“知识人”一度大行其道的原因所在，但是随着信息社会的深入发展，以“知识信息”为主导的发展形态已经逐渐走入末路。如图 1.4 所示，虽然说从原始社会的“生存人”，到古典时代的“道德人”，再到近现代以来的“知识人”是一种历史的进步，但是，“知识人”及“知识人教育”显然已经不能适应新时代对于人才的要求。在当代社会，人由“知识型生存”转向“智慧型生存”，由“技术性生存”转向“艺术性生存”，这是一个转“识”成“智”的过程。无论是“智慧型生存”，还是“艺术性生存”，都蕴含着人类无尽的想象力、情感、态度等。这意味着“知识人”应该逐渐淡出历史，“智慧人”应该登场，“唯知识”教育在人类想象力的冲击下也将必然发生剧烈变革。

---

① 鲁洁. 一个值得反思的教育信条：塑造知识人[J]. 教育研究，2004，（6）：3-7.

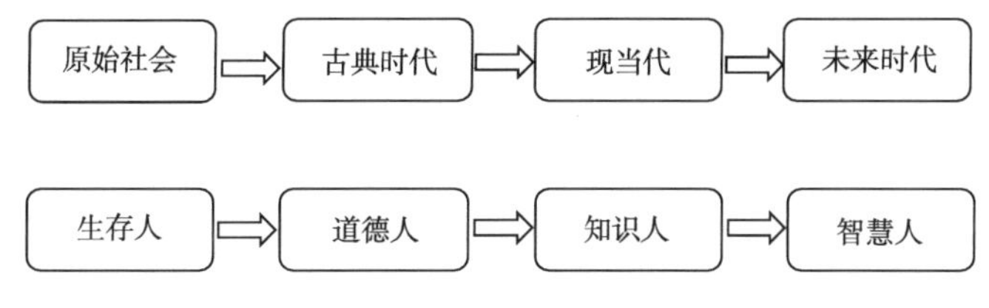

图 1.4　时代与人格特征的变迁

三、组织管理危机与工厂化教育

工业革命以来，先进机器与先进生产工具的发明，都极大地把人从繁重的体力劳动中解放出来。本来意在使人们拥有更多的闲暇时间去做一些更具乐趣的事情。但是，“在竞争、效率的催促下，技术思维也在改造着人，把人朝工具的方向改造，改造成生产效率更高的工具，于是工人成了生产产品的工具，个人成了国家机器的工具”①。大工业时代中，批量生产的不只是千篇一律的机器和大宗商品，而且还有源源不断地从“工厂化学校”被批量生产出来的熟练“机器人”，这些“机器人”的大好青春作为“原材料”，被“封闭”进这个名叫“学校”的巨大“车床”反复打磨，直到成为“油光锃亮”的标准化“机器人”，然后被送进真正的社会化“大工厂”，进行循环往复的“流水线”作业。这就是学校组织管理的最大危机——学校的“工厂化”。

（一）“标准化”的组织管理理念

“标准化管理”本来是指工厂、企业等组织在技术、经营、管理等领域，针对实际或者可能存在的各种问题制定一整套行之有效的规则体系，以保证顺利实现组织目标的管理模式。随着我国信息化、工业化水平的不断提高，“标准化”管理作为一套高效的管理理念风靡社会的各行各业，教育领域自然也不能例外。学校标准化管理是指“在教学实践和学校管理的活动中，通过对学校具体事物、工作环节、构成要素、状态等方面明确提出定量化和定性化的实施标准，引导和控制学校的管理目标、行为标向、教学质量、设施效用和服务社会方式等统一于所限定的约束范围和应遵循的规范准则之中，使之定向地获得最佳的运行状态、工作效率和社会服务效益的良性转化的过程”②。和工厂、企业组织一样，学校标准化管理中主要包括三个步骤：确定“产品标准”（学生分数、升学率、就业率等）；开发以“产品”为核心的标准体系（管理模式、课程设置、教学方式、后勤保障等）；要促进“标准体系”更新的“标准化”（为了产品标准，持续开

① 李彬．“全景监狱”与“高考工厂”[EB/OL]．凤凰网：http://culture.ifeng.com/a/20150422/43607002_0.shtml，2015-04-21.

② 蒋文君，朱成堂，卢寿云．试论学校标准化管理[J]．教学与管理，1997，（11）：9-22.

发支持标准）。简单地讲，标准化管理下的学校教育已经完全“工厂化”，学生的个性化发展本身已经被遗忘出组织目标，逐渐沦为同质的“原材料”，“组织利益”大于“个体利益”，“组织目标”大于“个体目标”，为了“产品标准”，学校会尽量打磨学生的各种“棱角”，实在不行，就只能成为“残次品”。学校所有的活动都会尽量向“产品标准”靠拢，并尽量使之“模式化”“标准化”，逐渐形成了一整套标准体系，并且只要新的“活动”证明更有效果，标准体系会自动容纳更新。例如，有学者针对两个闻名全中国的“高考工厂”发出以下感叹。

> 有人称衡水中学是“高考工厂”，而“毛坦厂中学”则被称为“亚洲最大的高考工厂”。这两个学校的目的就是把学生培养成机器，这“机器”专门生产一种叫分数的产品。衡水中学对“机器”的管理精确到分钟。“机器”在课间吸收点原料（水果）也会被“停产”，然后赶回家反省。至于一台“机器”看上另一台“机器”并想摩擦点初恋火花什么的，那更是重大违纪。一位2011年毕业于衡水中学的女生保存了从高一到高三所做过的卷子，摞起来有2.41米。衡水中学还提倡“激情教育”，时常举行各类“誓师大会”或“冲刺大会”，学生代表与班级集体均发言表态、并相互比拼激励。这种“洗脑术”正是通过控制灵魂来控制肉体，将学生的肉体完全改造成一台只会疯狂运转的机器。①

（二）“封闭式”的组织管理形式

“封闭式管理最初只是私立学校的一种特色管理形式，主要指学生除周末外，学习与生活都要被限制在校园的一种封闭化管理模式。此模式慢慢地由私立学校扩展到公立学校，且主要是在公立中学尤其是普通高中出现，但近年来开始慢慢向小学和大学蔓延，封闭式管理的封闭领域也从最初的空间封闭，扩展到了时间封闭，最终达到‘心理封闭’的极端”②。所以学校封闭式管理不仅仅指的是“形式上”的封闭，如学校四周树立高高的围墙，未经允许不得随意进出，而是说由此引申出的一整套形式，这种表现形式可以表现为外在的空间或者时间封闭，严格规定学生在特定的时间必须出现在特定的地点，在特定的地点必须学习特定的课程或参加特定的活动。同时，也可以表现为一种封闭形式的“内化”，即心理封闭。学生们逐渐放弃独立思考和独立意志，高度服从和严格遵守学校和教师给予的各项指令，最后即使外部封闭条件已经丧失，但是这种“封闭形式”

---

① 李彬．“全景监狱”与“高考工厂”[EB/OL]．凤凰网：http://culture.ifeng.com/a/20150422/43607002_0.shtml，2015-04-21.

② 张晓阳．学校封闭式管理的“制度德性”考察[J]．教育导刊，2011，（9）：11-13.

已经内化为“封闭心理”，“活人”逐渐异化成为一个高度自动化的“机器人”。这也是福柯《规训与惩罚》当中“畅景监狱”即使没有警察看守，犯人也高度自律的原因。所以，可怕的不是“封闭”形式本身，而是把这种思维高度内化并认同，形成“封闭式思维”，学生变得循规蹈矩、善于服从，那么就离我们所说的“创造力”人才培养越来越远，“想象力”更是被“工厂”挤压殆尽。这种极端的“封闭式管理”方法完全是借鉴自大工业时代的“工厂”，如果说“标准化管理”中举的两个例子是中学的话，我们列举一个著名代工厂的例子，可以看出两者的相似性是何其大：

> 所有的员工都被作为一个标准化的“零件”整合到生产体系中。工人们不需要思考，只需严格地执行管理部门的指示，机械地重复几个简单的操作。……在整个调查过程中，“我们就是一部机器”“我们比机器还快”“工作枯燥、单调、无聊”这样的语言被工人反复使用。……每工作两小时休息十分钟。只有在这十分钟内才能去洗手间。十分钟之后会有一个预备铃，这时员工要穿好厂服，准备好工具什么的，站在位子前面，不准说话。然后响正式铃，就开始坐下正式开始工作。……上厕所超过 10 分钟会被口头警告；工作时聊天会被书面警告；消极怠工和罢工将会被开除……实行全面的封闭式管理和监视，工厂被围墙所封闭，有的围墙上甚至装有铁丝网。①

无论是“高考工厂”，还是代工厂，都会严格控制学生或员工的时间与空间，都会为了最终的“产品”，努力使学生或员工消除多余的独立思考，“服从”被不停灌输到他们头脑当中，最终他们因为看起来的“共同利益”而逐步丧失自我以及伴随的想象力和创新潜力。“世界教育出现了开放化、远程化、网络化、在线化等特点，注重个性化、游戏化学习，打破了现有的班级授课制的批量生产的组织形式。我们的教育组织形式要尽快向个性化、分散化、远程化的教育组织形式转变”②。如果我们还是固守封闭、集中、同质化的教育组织形式，那么无疑会被甩到时代潮流之外。

四、评价体系危机与唯分数教育

我国在二十多年前，就针对“标准化”“流水线”“应试教育”的种种弊端，提出要大力搞“素质教育”。但是几十年过去了，历史与现状却是“轰轰烈烈搞素质教育，扎扎实实搞应试教育”，这无疑是让人痛心的。素质教育改革之

---

① “两岸三地”高校富士康调研组. 高校富士康调研总报告[EB/OL]. 网易科技：http://tech.163.com/10/1009/15/6IIHU0KT000915BD.html，2010-10-09.

② 周洪宇. 教育如何应对第三次工业革命[N]. 中国教育报，2013-03-07（第 3 版）.

所以举步维艰，是因为难以撼动“应试教育”已经形成的顽固利益链条，在这条利益链条的操纵之下，中国教育差不多已经沦为有着高效“产出”的“流水线”教育。“总体看来，造成流水线教育的，是我国教育的管理制度和评价制度，在教育管理方面，学校千校一面，缺少个性和特色——用统编教材，相同的教学模式，追求一样的教育目标：考试分数。而在教育评价方面，目前的评价体系，主要还是围着学生的升学进行，分数是学生的‘命根’，升学率是学校的‘命根’。整个流水线的‘质量’标准，就是分数”①。在前面提到的课程教学危机中，之所以会形成“唯知识教育”，主要还是因为那些狭隘的、不完整的、残缺的知识容易量化成为“分数”，而“工厂化”组织管理体系的“工厂化”教育，又能最大限度地保证这些“知识”获得“分数转化”。所以“唯知识”教育、“工厂化”教育和“唯分数”教育并不矛盾，它们只是体现在学校教育的不同侧面，但最终都是以“分数”和“升学率”为目标的单一评价体系。当然这也是我国教育目前所面临的巨大危机所在。

（一）“教育GDP”和“教育污染”

事实上，“唯分数”教育是应试教育在教育评价当中的延伸性表现，“一些地方政府、学校和家长只看重升学率，看重考分，破坏孩子自身学习的兴趣和创造力，不顾孩子终身可持续的发展；片面追求升学率是不是可以说是教育领域的‘GDP观’；过去我们搞工业，追求GDP，结果污染了环境，现在治理起来要付出很大的代价；如今，以追求‘教育GDP’而产生对儿童的危害，是不是也可以称之为‘教育污染’？它破坏了学生学习本真的快乐和创造力的发挥，影响了教育培养人、发展人的基本功能，使教育不断异化，如若不及时治理，未来我们的民族，我们的后代恐怕会付出更大的代价”②。中国时常可见的“雾霾”现象不仅仅出现在不再湛蓝的天空，而且也盘踞于孩子们不再“纯净”的心灵和大脑。教育污染和环境污染一样，都需要集全社会之力，从观念到行动都做出改变。“救救孩子”绝不是一句危言耸听的话语，正如我们不能竭泽而渔，不停地向环境索求无度一样，也不能为了“升学率”和所谓的“分数”，不停地“向45分钟要效率”。孩子们的想象力、情感及各种充满活力的特质，正如我们大自然当中清澈灵动的水流，茂密无际的森林，没有大自然的人类文明只能沦为“抽象无趣”的“现代荒漠”。同样，孩子们以丧失想象力为代价而获取的所谓的“知识”，将会成为一种操纵人体的“病毒源代码”，把人变成机器人、行尸走肉和傀儡。

我国在以经济建设为中心，大搞工业化的过程中，教育领域不自觉地会受到

① 熊丙奇. 改变“流水线”教育需全方位变革[N]. 南方日报，2015-03-10（第A22版）.

② 顾明远. 全社会来共同治理“教育污染”[N]. 中国教育报，2015-09-15（第4版）.

其“生产观”和“考核观”的影响。当然，“多出人才”“快出人才”作为特定时期的需要也是可以理解的，但是如果一直延续这种“批量化”低端人才的培养模式，虽然会给我国发展初期提供强大的劳动力支撑，但是当经济产生规模效应之后，“流水线”“批量化”的人才培养模式将难以为继，因为融入世界高强度竞争的只能是“高端人才”“创新性人才”。而且这也是我国各项事业可持续发展的有力保障。所以“出好人才”成为新时期教育的要求。遗憾的是，正如在早期“唯 GDP”观指导下的工业走了“先污染，后治理”的资本主义国家老路一样，我们的教育也不幸受到了“唯分数”观指导，走了“先污染，后治理”的路子。当然也有人说，“唯分数”和“唯 GDP”一样都是非常有效的评价观，能够快速有效地提高考试成绩。例如，南京曾经进行素质教育尝试，结果高考成绩反而不如以前理想，因此推行应试教育的“县中模式”获得全面胜利①。但是，我们需要针对“有效性”这个概念进行重新思考，“有效性”可以分为三类：有效果、有效率和有效益，有效果意指在“多大程度上实现了目标”；有效率指产出大于投入；有效益指目标达成度（效果）对于更高目标的有益程度②。然而，有效果却不意味着就有效益。举个例子：应试教育虽然有助于提高学生的考试分数，并且可以说具有很好的效果，但是因为它无助于提升我国整个民族的素养，所以就不能称之为有效益的教育③。

（二）超越“唯分数”评价体系

单一的“唯分数”评价体系，是许多积重难返的教育问题的关键原因所在。学生、教师、家长、学校等各方都盯着分数和升学率，教育难免会因此而畸形。中国教育的危机虽然不能说完全是由评价体制造成的，但是把其归结为主要因素之一是不为过的。因此，多年来，社会各界呼吁以“素质教育”代替“应试教育”，不断为学生减负。因为教育评价的初衷是促进学生的发展，但是它已经完全异化成为残酷的“淘汰与筛选”机制，因为评价标准的单一，“以考试分数作为排队依据，是学校教学管理中最直观、最简单的评价方式。公布分数排队，目的在于激发竞争、鼓动竞争，让学生和学生竞争、教师和教师竞争、家长和家长竞争、学校和学校竞争、区域和区域竞争。这样的评价方式，顺应了功利性的现实追求，确有立竿见影的效果”④。这种竞争导致了无休无止的“军备竞赛”，学生们的空间、时间、精力甚至是行为都被各种形式加以利用和挖掘，投入这场

① 原春琳. 高考刺痛南京之后[N]. 中国青年报，2007-06-26（第 6 版）.

② 杜时忠，杨炎轩，卢旭. 社会变迁与德育实效——转型期中小学德育实效报告[M]. 北京：教育科学出版社，2009：2.

③ 严从根. 在正当与有效之间—— 社会转型期的道德教育[D]. 南京师范大学博士学位论文，2011：7.

④ 程红兵. 摒弃分数排名，让评价回归原点[J]. 人民教育，2014，（6）：8.

“绞肉机”战场上面，“战场上”到处是“灵魂的尸体”，幸存者也是伤痕累累，对学习的兴趣大打折扣。

我国教育界已经意识到这个问题的严重性，2013 年，教育部开始推进中小学教育质量综合评价改革，借鉴经济发展绿色 GDP 的概念，提出要用一套更加多元的“绿色评价体系”代替原来的“唯分数论”，“绿色评价指标体系包括学生品德发展水平、学业发展水平、身心发展水平、兴趣特长养成、学业负担状况等 5 个方面 20 个关键性指标。其中，‘兴趣特长养成’针对促进学生个性发展，提出了包括好奇心求知欲、爱好特长、潜能发展 3 个关键性指标，主要目的是尊重学生个体差异、因材施教，使学生活泼发展”①。绿色评价体系的出台和推行将会逐步改变人们的认知观念，“考高分”就是好学生，“升学率高”就是好学校也许会从此成为历史。但是，在绿色评价体系当中，只提到了“好奇心求知欲”，并没有提到想象力，但是这不代表想象力不重要。“在现代教育评价的理论研究与实践操作中，想象力一直没有得到足够的尊重，甚至还被视为标准化测验的绊脚石。……尽管没有人怀疑想象力作为教育评价导向的积极作用，但对于在评价与测试技术上如何解决想象力评价的问题却心存疑虑和担忧。确实如此，对于人们已经习惯了的标准化测试而言，想象力几乎就是一匹难以驯服的野马”②。所以一般的“指标体系中”会故意回避想象力或者对其加以剔除。事实上，这样的顾虑和理由并不充足，以往的学习目标当中，我们照样引入了“情感、态度和价值观”，因此想象力不能量化的理由并不充分。笔者相信没有人会认为与以上这些指标相比“想象力”并不重要，想象力甚至是沟通“知识与能力”“过程与方法”“情感、态度、价值观”三维课程目标的关键点。时代在不断发展，正如绿色指标体系的诞生一样，“想象力”终究会成为教育评价的新尺度，因为即使“绿色评价指标”也是“绿色 GDP”的思维模式，但是在想象力时代，即使是“GDP”这个历史概念也会受到重新审视和批判，因此持续反思和改进我们的教育评价体系是一个不会间断的过程。如何重新理解想象力，并把其纳入可操作的教育评价指标当中，这同样需要想象力！

---

① 李莉. 教育部推行中小学“绿色评价体系”[N]. 北京晚报，2013-06-18.

② 潘庆玉. 想象力的教育危机与哲学思考（下）[J]. 当代教育科学，2010，（17）：3-7.

第二章
教育视域中的想象理论

想象力虽然是保持人类个体与社会持续发展的原始基因，但是它在漫长的人类历史上，似乎没有得到其应有的地位，也没有得到公正的对待。究其原因，除了对其理解本身充满争议之外，更因为其拥有巨大的魔力，即使是它的主人（人类）都对其忌惮三分，它不仅在冲击着人类既有的“知识体系”，更会挑战业已形成的各种“权力格局”。所以，它能带给人类种种惊喜，但是它也带来迷惑、质疑甚至是恐惧。于是，它像一头人类无法驯服的猛兽，被小心翼翼地关在意识深处的“理性牢笼”当中，同时被关押的还有人类最原始的“希望、恐惧与热情”。像在动物园中的动物一样，它被人们远距离隔着笼子观瞻，有人会鄙夷地说“看它多么凶残，多么愚蠢！”又有人会夸耀地说“看它多么强壮，多么可爱！”在争议中，它如困兽般偶尔发出几声哀号！这种以隐喻来描述“想象力”的方式再合适不过。千百年来，“想象力”这头被时常封存的“猛兽”，流传出了一些传说，这些传说构成了复杂的想象理论，想象理论之所以复杂，并不是相关研究汗牛充栋，而是因为这些研究充满太多争议和不明晰的地方。从数量上看，也是寥寥可数、零星散落在历史长河当中。

以“想象力”作为一个“理想型”分析概念来认知时代和介入教育，无论从哪个角度讲，似乎都是一件吃力不讨好的事情。不仅仅因为时代的多变与教育的庞杂，更因为“想象力”本身就是一个“飘忽不定”的概念，由此生发的想象理论自然也杂乱纷纷。如何利用“奥卡姆剃刀”和“教育之眼”透过重重的“理论迷雾”从而找到所需的答案，是“想象力”得以在“教育场域”中被准确定位的关键。既然是“理想型”概念，“想象力”自然不仅仅是教育中一种有待被培育的“学生能力”，或是在“想象力时代”所需要的一种“人才素质”，我们要深入发掘“想象力”的内涵，找出其自身所具有的教育意蕴，换句话说，我们不仅需要“想象力的教育”，而且也需要“教育的想象力”。在众多想象力基础理论中，探索并简化出与教育相融合的想象教育理论，通过想象教育理论，既能提升教师和学生的想象力，又能改进我们的传统教育教学模式。

第一节 复杂迷人的想象理论

“讨论‘想象力’问题必须首先使之进入‘理论’的范畴”①。这是个很好的忠告，因为不确定范畴与维度，就根本无法进行“想象力”的相关讨论。因此沃尔顿才会无奈地说，“想象是什么？我们探索了大量的研究维度，不同维度都可以得出不同的关于想象的定义，那么我们能不能找出这些不同维度定义的共同点呢？如果我们有能力的话，当然可以，但是恕我无能为力”②。当然，即使是进入所谓的“理论范畴”又谈何容易，“想象力”的理论范畴存在同样多的争论。这种争论跟其自身坎坷的命运密切相关，无论是中国还是西方历史上，想象力都经历了一个尴尬的历程。即使这样，我们仍然要努力在历史迷雾中，在复杂的想象理论中，探寻想象力的内涵。

一、中国历史中的想象力

2015 年，凭借《三体》获第 73 届世界科幻大会颁发的雨果奖最佳长篇小说奖的首位亚洲作家刘慈欣认为，“中国人从来不缺乏想象力。在蒙昧时代，尽管对宇宙、存在、生命的了解还非常有限，但是我们的先人就把当时人类的智慧发挥到极致。盘古开天辟地就是我们的先人关于宇宙生成、生命出现的最早、最浪漫的想象。中国浩繁的远古神话及历代典籍，都展示了我们的祖先心怀天下的胸襟，神游八极的气度，感动万物的情操及过人的智慧，并且预示了我们这个具有瑰丽想象力的民族是多么的富有创造力、生命力以及美好的未来”③。但是“蒙昧时代”或者说“神话时代”的东西方都一样，是人类最具有想象力的时代，但是这种想象力是一种“原初想象力”，人与周围的大自然浑然一体。随着人类“分类学”的不断发展，理性与理智能力逐渐代替想象力成为人类解释自然、摆脱自然的主要能力。想象力在这个时候也逐渐被少数人掌握和垄断。这些少数人包括“部落巫师”、“部落首领”及拥有超凡魅力的“王”④。

春秋战国后，治理风格由“王权”向“霸权”转变，政治人物大多数时候需要的是军事武力强权，不需要想象力。所以中国人的想象力逐渐沦落为“知识分子”的专利，而且中国的知识分子大多是人文学者，所以中国人的想象力大多集

---

① 张柠. 想象力考古[J]. 东方杂志，2003，（11）：45-50.

② Walton K. Mimesis as Make-Believe[M]. Cambridge：Harvard University Press，1990：19.

③ 刘慈欣. 展现伟大时代的瑰丽想象[N]. 光明日报，2015-10-21（第 10 版）.

④ 这些才能和想象力又使这些领袖带有“光环”和“克里斯玛”（charisma）魔力，让众人拜服。

中在“文学领域”，在科技领域并无太多想象力发挥的余地，因为“奇技淫巧”向来是被主流文化所压制的。随着时代变迁，到了当代社会，想象力已经被市场攻陷，即使是乡村社会保留的“原初想象力”，也被包装成市场上明码标价的“商品”[①]。因此，在某种程度上来讲，我们所说的中国历史上的“想象力”更多的是指“文学领域的想象力”。应该明确说明的是，中华民族并非缺乏想象力，而是想象力在历史当中的“发展空间”遭受了太大的压制，“想象力”既是一种能力，也是一种权利。当然这涉及“想象力”的“权利与权力”问题，我们会在后文予以阐述。中国传统文学中没有专门对应西方“imagination”（想象或想象力）的主题研究。但是有相近或者相似的研究术语，如“意象”与“神思”等，这也多体现在文论及美学领域。而在现当代，国内学者开始逐渐意识到“想象”的重要性，纷纷开展了各项“想象”理论与实践研究。

（一）神思与想象

神思与想象的探源。神思是中国古典文艺学及美学的一个重要范畴，有学者认为作为一个完整的概念，它最早出现于曹植的《宝刀赋》。神思是一个思维层面的问题，充满了神性色彩，意思是说由“神启”而来的思绪。“思”意指思维的深刻性，就是“容”。这样，“神思”就连在一起，形成了崭新的内涵。它是“神妙的、精微的、飘忽的、深刻的、准确的，在神妙、精微和飘忽之中又蕴含着强烈的超越现实时空的直觉因素，渐渐地铸就了神思的思维品性”[②]。还有论者避开术语探源，而是直接深入其内在根源，深入探讨了“神思”与“神话”的关系，意图从内在源流上弄清楚“神思”的含义，认为神话思维的符号形式是“语言意象”，它是“介于以动作和心理表象进行思维的前语言象征思维阶段和以概念判断推理进行思维的理论思维阶段的过渡形式”。神思的思维方式是在神话思维的基础上，吸取神话思维的优点而发展演变成的“艺术思维”。神思与神话思维一样依凭形象进行思维[③]。但从某种程度上来说，关于“神思”的文艺理论则是经过陆机、刘勰等的努力才完成的。其次是想象，战国时期，《韩非子·解老》篇中，明确地提出了“意想”一词：“人希见生象也，而得死象之骨，案其图以想其生也。故诸人之所以意想者皆谓之象也。”这里的“意想”已经初步含有“想象”的意思了，只不过可能更多的是一种大脑中的“意象还原”或者康德意义上的“复制性想象力”。“想象”一词，可能是屈原首次提出来的，他在《楚辞·远游》中说：“思故旧以想象兮，长太息以掩涕。”另外，大才子曹植也在他的《洛神赋》中提到了“想象”：“于是背下陵高，足往神留，

---

① 张柠. 想象力考古[J]. 东方杂志，2003，（11）：45-50.

② 李建，薛燕. “神思”述源[J]. 江淮论坛，2006，（1）：154-158.

③ 荆云波. 神思与神话[J]. 郑州大学学报（哲学社会科学版），2007，（4）：15-18.

遗情想象，顾望怀愁。”这里提出的“遗情想象”，突出了想象中的情感因素，或者我们现在所言的“情感想象力”①。

神思与想象的联系与区别。有论者认为，想象与神思虽然都是一种比较活跃的思维方式，但是“因彼此的思维模式、认知背景、承递习惯、表达方式的侧重点不同，其内涵所指、阐释角度和演变轨迹等均有所不同”。首先，西方文化多是一种直线式的逻辑性概括，如“想象力是一种……思维方式或心理能力”。而中国传统思维本质上是一种隐喻类推式、经验表述式思维。例如，刘勰在《文心雕龙·神思》中就认为，“形在江海之上，心存魏阙之下，神思之谓也。”其次，两个概念的使用范围不同，“想象”在西方多用在形象思维范畴，而神思的使用范围大于想象。再次，两个概念内涵的历史发展轨迹不同，西方想象发展历程分类精细，“概念的外延因递减而渐渐明晰，内涵逐步丰富详备”。而“神思”则缺乏明显的认识上的发展承递的线索。最后，两个概念在发展过程中的认知背景不同。西方“想象”的发展与“理性主义、古典主义、浪漫主义、表现主义、实用主义”等都有关系，所以基于各种理论流派也有不同的解释视角。但是中国的“神思”论在思维模式及认识发展上，显得单一呆滞②。除了上述差异之外，也有论者补充认为，神思与想象的区别还体现在“主客观关系”的处理方式上，西方在“想象”方面多注重主客二分，而中国的“神思”则强调“主客融合”，天人合一③。总体看来，中国使用的“神思”概念，更加笼统、单一，更多地停留在文学才情上面，没有随着时代发展延展其内涵。

（二）意象与想象

意象与想象密切相关。在英文中，“image”可以被译作“形象、意象、心象与图像”，其与“imagination”具有本源的词根联系，属于同质词，而所谓的“imagination”就是对“image”的心理运用④。中国历史上，“意象”和“神思”在文学领域具有一样重要的作用。值得注意的是，在20世纪二三十年代，西方意象主义（imagism）运动对当时中国新诗运动影响巨大，所以当时很多学者认为“意象”（image）是一个外来词。事实上，中国古典文论及美学理论对“意象”早就有许多论述⑤。“想象”或者说“神思”也与“意象”密切相关，如刘勰就在《文心雕龙·神思》中提到过“独照之匠，窥意象而运千斤”，把“意象”提升到“驭文之首术，谋篇之大端”的重要地位，这里的“窥意象”在

① 刘伟林. 神思论[J]. 华南师范大学学报（社会科学版），2011，（4）：44-48.

② 吕露，钱英. 论想象与神思[J]. 安徽大学学报（哲学社会科学版），1997，（5）：33-37.

③ 邵秀芳. 想象与神思[J]. 黑龙江高教研究，2011，（4）：175-177.

④ 张法. 西方文化和文论中的Image[J]. 河北学刊，2012，（1）：16-19.

⑤ 敏泽. 中国古典意象论[J]. 文艺评论，1983，（3）：54-62.

某种程度上讲就是“想象”的意思。我国现代学者也针对“意象”进行了研究。首先是意象的来源，因为我国传统文化是“尚象”的文化，而“意象”则有一个从“动物之象”到“神话之象”，再到“易象”，直至“意象”的过程。“意象”经过发展，形成一套独特的“言象互动”的符号系统与结构[①]。从“意象”变化过程也可以看出，中国古典“想象”经历了一个从“具象表征”到“概念表征”的变化过程，这种历史变化也可以在个体发展的历程当中体现出来，有点类似于某种文化“复演论”。“意象也可以理解为对一类事物的相似特征、典型特征或共同特征的抽象与概括，同时也包括通过想象所创造出来的新的形象，人类正是通过头脑中的意象系统来形象、具体地反映丰富多彩的客观世界与人类生活的，意象既适用于文学艺术领域、心理学领域，又适用于科学技术领域，意象是联想与想象的前提与基础，没有意象就不可能进行联想与想象”[②]。按照这种解释，事实上想象就是一种“意象的运作”，而“意象”基本可以分为“具象意象”和“概念意象”，人类利用这种“认知工具”可以更好地理解和改造他们的“生活世界”和“可能世界”。

另外，有学者从东西方文化比较的视角对 image（意象）进行了研究。中国一直有“重象轻形”的传统，而且这种“象”一般是“由物而象”，经由客观世界的“物象”和主观世界的“意象”的互动，而达到事物的“本质之象”，进而又可以达到与事物“本质之象”浑然一体的宇宙“无形大象”。这一系列过程需要有主体“想象”的参与，但是这种主体意象与客体物象的互动，只是一种由“形”而“象”，通向本质的工具，在到达本质之后，要去工具，也就是要得“象”忘“形”，得“意”忘“言”。所以，“与西方文化强调通过想象为自然立法不同，中国文化想象的最高境界则是要强调以物观物，主体心中的意象要与事物及宇宙的客观性的内在一致和浑然一体”。西方文化通过“意象与想象”，在主观与客观之间硬生生地加入了一个所谓的“形象世界、工具世界和符号世界”，并通过这个“工具世界”研究、改造和征服“自然世界”为“理想世界”[③]。而中国传统文化自始至终致力于去掉中间的“工具”，使“人与客体世界有一种本真的交流与互动，从而达致天人合一的境界”[④]。虽然中国历史上的“想象”，多停留在古典文学与美学的领域，没有发展出近现代所需的“科技想象力”，但它所贡献出来的是一套非常适合未来社会的“哲学观念”，我们断不可妄自菲薄。

---

① 汪裕雄. 意象探源[M]. 北京：人民出版社，2013：1-3.

② 黄顺基，苏越，黄展骥. 逻辑与知识创新[M]. 北京：中国人民大学出版社，2002：430-431.

③ 这里自然指的是西方历史观念，随着西方物质生活的富裕和全球自然环境的逐步恶化，西方社会已经意识到保护自然、和自然和谐共处的重要性。反倒是中国，已基本遗失了传统的“天人哲学”，走了西方的老路，中国的自然环境也变得越来越糟糕，这是值得警醒的。

④ 张法. 中国文化中的“象”[J]. 河北学刊，2012，（2）：14-16.

二、西方历史中的想象力

西方文明主要有两大来源：希伯来文化和古希腊文化。在这两大文化的神话故事中，关于“想象力”却有着相似的描述和角色定位[①]。在希伯来圣经中，人类遭受了魔鬼撒旦的引诱，逐渐变得堕落，利用自己的智慧和“想象力”试图僭越上帝，建造了巴别塔，结果遭受惩罚，被变乱语言，流散各地。而希腊神话中，人类的老师“普罗米修斯”从太阳神阿波罗那里盗取了“天火”，从而使人类变得强大起来，而他却因忤逆了天神宙斯的意志，被绑缚在高加索山上，每天风吹日晒，饥寒交迫，还要遭受鹰啄之痛。“撒旦”和“上帝”，“普罗米修斯”和“宙斯”，“巴别塔”和“天火”，虽然来自两个不同的文化和神话系统，但是他们都似乎代表了“人性与神性”“权利与权力”“想象力与束缚”“背叛与惩罚”的永恒冲突，这一点东西方皆然。

当然，这只是神话传说，但是神话传说却能反映出大时代中人类的文化心理。中国古代神话也有类似“反抗强权”的形象“孙悟空”，但是与“撒旦”和“普罗米修斯”坚持不悔罪而反抗到底不同，孙悟空最后因为受到儒、释、道等传统文化的制约而选择了“顺服”[②]。如果进一步探究其他“文学反抗形象”，你还会发现“被招安”的“宋江和梁山好汉们”。他们都反映出东西方文化中“想象力”的坎坷命运，但不同的是，西方“想象力”虽受到“打压”，但是“百折不挠”，终于发展出一套内容更加丰富的“想象力系统”，而中华民族的“想象力”，大多数虽然也有反抗，但终究逃脱不出“被招安”和“被驯服”的命运。

（一）欺骗谎言与文学虚构——被“轻视”的想象力

如果说早期神话故事带有虚幻的成分，那么真实西方历史中“想象力”是什么样的？柏拉图在其代表作《理想国》里就论述过“想象”，其在著名的“洞穴之喻”中，把人的认识分为想象（影像）、信仰、思维及理智四个阶段，所谓的想象（影像）只是实物的影子，而实物又是理念世界的影子，所以想象则是影子的影子，其缘于人的感受和幻觉，处于人的认识水平的最低级阶段[③]。另外，“描绘想象力是对理想国的威胁，柏拉图认为，生为具有想象能力的实体，我们特别容易受骗，无论真实性如何，我们易于相信所接受的故事。对于柏拉图而言，即使是真实的故事和图像也是可疑的，因为当我们只看到事情的表面时，它却让我们觉得真相

---

① 潘庆玉. 想象力的教育危机与哲学思考（上）[J]. 当代教育科学，2010，（15）：3-6.

② 甄艳华，胡莹莹. 撒旦与悟空反叛的文学意义[J]. 哈尔滨学院学报，2010，（11）：88-90.

③ 秦丹丹，孙胜忠. 影像·信念·理性[J]. 安徽师范大学学报（人文社会科学版），2008，（1）：81-85.

已经得到了理解”①。柏拉图认为“理想国”（理性）中的诗人（代表了想象力）及其作品，如果是“消遣的、悦耳”的诗歌，并且“能够证明它在一个管理良好的城邦里有存在的理由，那么我们非常乐意接纳它”②；但是如果“要背弃我们相信是真理的东西总是不虔诚的”，就要区别对待这些诗人，“请他们”到其他城邦去。因为，这些诗人的所谓“诗歌”（想象力）无非是对“真理”的“影子”的模仿，连“表象”都不算，充其量可以当作“赞颂真理”或者“愉悦大众”的“消遣品”或“装饰品”而已，有与没有都没有太大损失。但危险在于，这些“诗歌”（想象力）具有极大的“欺骗性”与“煽动性”，一旦脱离“理想国”（理性）的控制，就会“编造故事”以便“哗众取宠”，激起人们心中的“非理性”或者“激情”部分，逐渐脱离“真理”的范围。

因此，他认为要为诗歌（想象力）立法，“必须先对编故事的人进行审查，接受好故事，拒绝坏故事”。最好的方式是把这些“编故事”的权利收归“哲人王”。因为在柏拉图看来，这种“虚构的故事”其实只是一种异于真理的“谎言”而已，谎言分为三种：“真实的谎言”、“言辞的谎言”及“高贵的谎言”。“真实的谎言”就是那些激起人们邪恶激情的“邪恶诗人”的“诗歌”，这是“人神共愤”，注定要被驱逐的；“言辞的谎言”就是那些赞美“真理”的，可以作为消遣的、“真理”的不幸的模板，愉悦大众，无伤大雅；而“高贵”的谎言，指的就是“哲人王”或者“君主”、“编故事”或创作“诗歌”的特权（想象力），“医生对病人说谎是对病人好，病人则绝对不能对医生说谎，因为这样就是对自己不负责任”③。这些言论表明，在柏拉图看来，“想象力”只不过是一种“编造故事”的能力，仅仅是一种可有可无的“消遣品”，它如果不受到“理性”（哲人王或理想国）的控制或者审查，就是危险的，很可能会威胁城邦的安全。富有想象力的柏拉图（哲人王）自然不会不明白想象力的惊人威力，只不过正因为他明白，所以他恐惧。

总之，柏拉图的“理性至上”可谓影响深远。同时，文化人类学家沃尔夫冈·伊瑟尔（Wolfgang Iser）认为，从亚里士多德一直到现代初期，想象一直被认为是一种低级“能力”④。例如，亚里士多德虽然也肯定了想象力独特的价值，但是他认为“想象是一种微弱的感觉”⑤。霍布斯在《利维坦》中也认为，

① 希金斯 K. 修改想象力基本概念的审慎开端[A]//布伦金索普 S. 想象力教育[C]. 林心茹译. 台北：台湾远流出版事业股份有限公司，2013：22.

② 柏拉图. 柏拉图全集[M]. 第2卷. 王晓朝译. 北京：人民出版社，2003：630.

③ 张晓阳. 论教师信念伦理的模式转换[J]. 当代教育科学，2011，（11）：28-30.

④ 伊瑟尔 W. 虚构与想象：文学人类学的疆界[M]. 陈定家，汪正龙，等译. 长春：吉林人民出版社，2003：229.

⑤ 亚里斯多德. 修辞学[M]. 罗念生译. 上海：上海世纪出版集团，2006：53.

想象不过是一种“渐次衰退的感觉”[①]。这两种定义都把想象定义为一种甚至不如感觉可靠的“类感觉”（弱感觉）能力，通过感官尽力形成复制实物的影像。帕斯卡尔则干脆直接否定其“类感觉”能力，认为“想象——它是人生中最有欺骗的那部分，是谬误和虚妄的主人；而它又并不总是在欺骗人，这就越发欺骗人了”[②]。在这里，帕斯卡尔和柏拉图的看法一致，认为想象力是一种特别容易引诱人类良知的“谎言”，虽然有一些可取之处，但是也正因为如此，对真理更具威胁，对人类更具欺骗性。

至于在欧洲文学史上，想象力也一度被认为是一种“文学虚构”，虽然它超越了“谎言”与“威胁”这种“价值性”判断，试图纯粹客观地描述想象力的本真特征，人们认为因想象力而产出的作品是“虚构”（imaginary）的，而“虚构文学”的定位是和“现实”对立起来的，没有人会去追究“虚构想象力”和“现在真实”（不包括未来真实的可能性）的内在联系，人们关心的是这些文学作品可以带领我们远离这个现实世界，朝向“如果”世界（as-if world），而不是可以通过想象力增进我们与这个世界的错综复杂性的接触能力[③]。这种“想象=虚构=非现实”的对立思想，显然是没有道理的。“说来理由很简单，那就是这种对立需要一个先验的立场，以使我们能够断言何谓虚构、何谓现实。然而实际上根本就不存在这样一个可以据以做出这些论断的第三维度。更进一步说，人类的生活渗透了各种各样的虚构，它们绝对不是‘真实’和‘真诚’的对立面。对于我们所有的行动来说，虚构都是不可或缺的预料，它们是科学研究中的假设，是建立世界图式的创始性构想”[④]。无论是带有价值色彩的“谎言”，还是不带价值判断的“虚构”，都反映了一种对“想象力”的“轻视”态度，认为想象力是一种“非理性”的感觉或者类感觉，完全不能作为一种可靠的认知能力，反而要加以警惕。

（二）“先验能力”与“替代理性”——走向另一个极端

“想象力”在西方历史上，经历了一个从“被压抑”到“被解放”，从“被轻视”到“被重视”的戏剧性大转折。而促成这一大转变的首要功臣当属大哲学家康德。针对当时严重对立的“唯理论”和“经验论”，康德试图以“先验想象力”为工具进行调和，他认为，“想象力作为一种即使对象不在场也能具有的直观能力，要么是创制的，这是本源地表现对象的能力，因而这种表现是先于经验

---

① 霍布斯 T. 利维坦[M]. 黎思复，黎廷弼译. 北京：商务印书馆，1997：7.

② 帕斯卡尔 B. 思想录[M]. 何兆武译. 北京：商务印书馆，1997：41-42.

③ 希金斯 K. 修改想象力基本概念的审慎开端[A]//布伦金索普 S. 想象力教育[C]. 林心茹译. 台北：台湾远流出版事业股份有限公司，2013：22-23.

④ 伊瑟尔 W. 虚构与想象：文学人类学的疆界[M]. 陈定家，汪正龙，等译. 长春：吉林人民出版社，2003：6.

而发生的；要么就是复制的，即派生地表现对象的能力，这种表现把一个先前已有的感性直观带回到心灵中来”[①]。前者可以叫作“创制想象力”、“生产性想象力”或者“先验想象力”，后者叫作“复制性想象力”、“再生性想象力”或者“经验想象力”。康德在自己的三大批判体系中更多地使用前一种想象力，即“先验想象力”。

所谓的“先验想象力”在这里彻底跳出了“感性”和“非理性”的泥淖，以超越“感性”和“知性”的角色出现，先验想象力通过先验“图型”衔接“知性”与“感性”，并且只有通过“先验图型”，知性与感性才能在“先验逻辑”中获得统一，从而获得“创造性知识”[②]。当然“知性”与“感性”也可以通过“经验想象力”的“经验图像”，在“经验逻辑”或者“形式逻辑”中获得统一，从而获得“经验性知识”。但是根据“先验图型”获得的知识显然更具有普遍性与必然性。这里也给我们一个教育领域的启示，在人类和个体发展的过程中，似乎也存在着这样一种趋势，即由“经验知识”到“普遍知识”，从“经验逻辑”到“先验逻辑”，从“经验图像”到“先验图型”的认知发展过程。认识不是经验论者所说的完全是一个被动接受的过程，也不是唯理论者所说的完全靠人的自在理性所得，认识是一个借由人的想象力统摄感性与知性，得以把握“感性杂多”的经验材料而获得普遍知识的过程。从这个意义上来说，康德通过想象力尤其是先验想象力，实现了认识论的革命，肯定了人的主体性，不是“主体适应认识对象”，而是“认识对象适应主体”。

康德之后的世界，“想象力”的地位在哲学、文学等领域都变得越来越重要。首先是在哲学领域，费希特、谢林、黑格尔更加突出了“先验想象力”中的主体能动性，延伸出一套精密的“唯心主义”体系，后面的胡塞尔、海德格尔、萨特等更是对想象力的作用推崇备至。萨特甚至专门撰写了一本探讨想象的著作《想象心理学》。其次是18世纪以文学为主导力量的浪漫主义运动，这场运动虽然肇始于对西方理性主义传统的反抗，却演变成无限制推高“想象力”的地位，以至于形成“想象力”“替代理性”的尴尬局面，虽然这对想象力在西方历史中地位的提升具有极大的正面作用，但因为夸大事实，反而不利于人们对“想象力”形成正确的认识，偏离了康德的道路。例如，代表人物英国诗人华兹华斯就把“想象力归纳为三个方面的功能：①赋予、抽象和修改的功能；②造型和创造的功能；③加重、联合、唤起和合并的功能”[③]。他甚至认为，“想象”是处于

① 康德 I. 实用人类学[M]. 邓晓芒译，重庆：重庆出版社，1987：49.

② 王建斌. 先验想象力：“感性”与“知性”共同的根[J]. 中南大学学报（社会科学版），2013，（2）：39-43.

③ 苑辉. 想象与浪漫主义[J]. 辽宁工学院学报，2000，（6）：20-23.

最有效状态下的“理性”[①]。当然还有其他一些类似的论调：“想象力和理性是一体的”，“是所有知识基本的且必不可少的先决条件。世上所有事情除非先由想象力的综合力量所预先形成，并且由其转化才得以被认识”[②]。这里值得警醒的问题在于，这种对于“想象力”的浪漫主义推崇，使人们误以为“想象力”是无所不能、无处不在的，“先验自我”不仅统和人的内在一切感官，更似乎是世间万物得以被认识的总根源，“假使想象力概念是如此的话，那么要谈论谁比较缺乏或具有比较丰富的想象力，或是谈论如何培养想象力，就不具有任何的意义了”[③]。因此，想象力的作用与价值虽然应该得到重视，但是不意味着它就要非得去作为“一种万金油”或者说作为“替代理性出现”，这就又走向另外一个极端了。

当然，想象力在西方的历史中的“认知”绝不是只有这两种截然不同的观点。除了康德试图利用“想象力”超越并且调和“感性”与“理性”之外，自然有许多其他学者进行了这一方面的尝试，这也是“想象力”多种分类的理论动机之一。并且最终在这些分类基础上，形成了一套纷繁复杂的“想象力理论系统”，从人的官能来说，有认知想象力、情感想象力、理性想象力等；从学科划分就更加无法计数，如社会学想象力、政治学想象力等。事实上，西方历史上想象力的两个“极端”流派，也为“想象力”的后续发展提供了无穷的理论张力。

三、多学科背景下的想象力

首先要区分两个概念：“学科背景下的想象力”和“学科想象力”。“学科想象力”可以说是符合学科独特气质的“学科之眼”，利用学科内和学科外一切资源，既能省察学科自身，又能关照学科外纷繁万象，它反映的是学科从业者的一种独特心智品质和视角转换能力。学科想象力最著名的代表，无疑当属米尔斯的“社会学想象力”。米尔斯认为，所谓的社会学想象力“是一种心智品质，这种品质可帮助他们利用信息增进理性，从而使他们能看清世事，以及或许就发生在他们之间的事情的清晰全貌”[④]。学科想象力有一种魔力，“原来思维活动只局限于狭小范围的人们会突然对所置身的狭小空间产生新奇的感觉，而他们原本以为自己对此早已熟悉。……对他们来说，原先似乎正确的决定现在却显得只是大脑莫名其妙的愚钝的产物。他们好奇的能力重又焕发。他们获得了新的思维方

① Wordsworth W. The Prelude [M]. Cambridge：Cambridge University Press，1991：192.

② Kearney R. The Wake of Imagination：Towards a Postmodern Culture [M]. Minneapolis：University of Minnesota Press，1988：157，177.

③ 希金斯 K. 修改想象力基本概念的审慎开端[A]//布伦金索普 S. 想象力教育[C]. 林心茹译. 台北：台湾远流出版事业股份有限公司，2013：25.

④ 米尔斯 C W. 社会学的想象力[M]. 陈强，张永强译. 北京：生活·读书·新知三联书店，2005：3.

式，经历了价值的再评估”[①]。学科想象力指的是以“学科”为根基的开放型思维方式，它着眼的是学科自身的可持续发展。“学科背景下”的想象力与此不同，它虽然也是以学科为根基，但它是一种以“想象力”为核心目标的学科探寻，着眼的是扩展“想象力”的理论空间。在当代学界，针对想象力的研究五花八门，本节主要以哲学心理学、伦理学及政治学为例。

（一）作为官能的想象力——哲学心理学的视角

事实上，前文在梳理西方历史上的“想象力”时，已经从哲学视角多次涉及了作为心理官能的想象力。无论是古典时期的“感觉”或者“类感觉”，还是康德时期的“先验官能”与“经验官能”[②]，即“创造性想象力”和“复制性想象力”，抑或是浪漫运动时期的“替代理性”，都是从哲学层面做的“类心理学”探讨。现代心理学中，普遍把“想象”看作“人脑在对已有表象进行加工改造的基础上创造出新形象的过程”。所谓的“想象力”无非是个体拥有此意识过程的一种官能能力。想象又可以根据自身的有无目的性及自觉性，分为“无意想象”和“有意想象”。“无意想象”不需要做出意志努力，听别人讲个故事就自然在大脑中显现出一种形象，极端的案例就是“做梦”。“有意想象”指的是“有预定的目的，在想象的过程中，需要做出意志努力”。而且在这个意志活动中，根据思维过程中内容的新奇或新颖程度，在借鉴康德“想象力”概念的基础上，又把想象力划分为“再造型想象”和“创造型想象”[③]。“再造型想象”更多地表现为“经验性”把先前已有的感性直观带到心理中来，而“创造型想象”则可以对头脑中的意象进行配置组合，后者直接在头脑中形成崭新的形象。

除了普通心理学之外，荣格从精神分析心理学的角度来研究想象（积极想象）并揭示了其心理发现和治疗的作用。所谓的“积极想象”主要是指“如何接触和感受无意识的问题”，也可以说是“一种睁着眼睛做梦的过程”[④]。在荣格看来，想象是一种“有目的”的创造，能够产生丰富的意象，而这些意象拥有自己独立的生命，并且有着自己的发展逻辑。当“积极想象”时，只要我们不加干预“意象”的进程，它会发展出一整套完整的思维过程，使“无意识”进入“意识领域”，“使我们有机会与无意识的这些力量或形象展开谈判并逐步与之达成妥协。”荣格及其心理学派正是通过“积极想象”这种方法，使人们的潜意识残片在意象演化中获得完整与统一，进而实现“心灵的愈合”。这有点类似于东方

① 米尔斯 C W. 社会学的想象力[M]. 陈强，张永强译. 北京：生活·读书·新知三联书店，2005：6.

② 在现代心理学出现之前，哲学家已经针对想象力做出了大量的类心理学探讨，如柏拉图、亚里士多德、休谟、康德等哲学家都有相关的研究与论述。

③ 郑雪. 心理学[M]. 第2版. 北京：高等教育出版社，2006：83.

④ 冯建国. 积极想象方法的理论与应用研究[D]. 东北师范大学硕士学位论文，2010：7.

的冥想、禅修与瑜伽。荣格的“积极想象”虽然用在心理治疗领域，但是它的方法与过程跟“创造型想象”有异曲同工之妙，它不仅有助于自身心理创伤的治疗，更有利于自身内在智慧的重新发现，很多方法甚至可以迁移到“创造型想象”的培养当中。并且因为其与东方哲学具有内在的共同性，所以非常值得深入挖掘。

（二）作为德行的想象力[①]——道德伦理学的视角

在伦理学研究中，有一个非常重要的概念即“道德想象力”，并由此可以引发出两个需要解决的问题：道德想象力是否是道德的？想象力本身是否是道德的？在探究这两个问题之前，有必要介绍一下道德想象力。“道德想象力是当代伦理学研究中的一个新的理论生长点，至今尚未引起国内学界的足够重视。”它的规定性特征是：“要设身处地地为情境所涉及的每个人的处境着想；洞察情境中所有可采取的行为方式和行为倾向，并尝试对其未来行为结果进行富有远见的预示；当道德困境处于一筹莫展或非此即彼时，仍继续寻求新的行为选择的可能性”。[②]仅从它的规定性来看，想象力是价值中立的，道德主体在道德情境当中权衡利弊，然后做出价值选择，想象力无非是协助创设了丰富的道德情境，移情他人，并提供了更多的道德可能性，并没有促使主体选择什么道德行为。仔细探究可以发现，如果主体针对单一的道德情境，依据既有的道德准则（规范德育论）或者自身的价值理性（理性德育论）非常快速地做出了道德选择，那么这种“行为”就是道德的吗？反过头来，道德想象力使主体在面临道德选择时更加审慎，不仅考虑自己，而且考虑他人，不仅考虑现时的道德情境，而且考虑未来的道德后果。所以，“道德想象力是‘道德’的，是由于它参与了各种可能性利害结果的评估”[③]。换句话说，“道德想象力”中的“想象力”本身并不具有“道德性”，说它是“道德的”，是因为它是“关乎道德”的[④]。但是面对多元社会日益复杂的道德情境，义务论者和功利主义便捷的道德准则似乎不负责任和有“抄近道”之嫌，道德中的“想象力”从这个角度讲，又似乎不仅仅是“关乎道

---

① 这里所探讨是一种在道德情境中的想象力，而不是纯粹的想象力的道德性。因此，想象力本身的价值导向问题不在这个部分的讨论范围之列。事实上，即使脱离开道德情境，笔者也并不认为想象力的“价值导向”或者“道德争议”问题有很大的讨论空间。因为在笔者看来，想象力从狭义上来讲，类似于一种物质性技术，技术本身似乎无罪，关键是人们怎么利用技术，这涉及一个技术伦理问题，并且至今没有定论。而且，我们不可能培养符合道德的想象力，压抑甚至打击不符合道德的想象力，这显然听起来有点可笑。因此关于想象力的限度与道德问题也许是个伪问题。当然我们可以说在德育的过程中适当引导学生把想象力多应用在正确的事情上面，这显然是合情合理的。

② 杨慧民，王前. 道德想象力：一个新的理论生长点[J]. 江海学刊，2013，（5）：60-65.

③ Kekes J. The Morality of Pluralism [M]. New Jersey：Princeton University Press，1993：101.

④ 杨慧民，王前. 道德想象力：含义、价值与培育途径[J]. 哲学研究，2014，（5）：104-109.

德”而已。

事实上，学界不仅从“道德”的角度来谈想象力的“道德性”，而且也从“想象力”自身入手进行了“道德性”探讨，并且认为把“想象力”作为一种“德行”（virtue）具有可行性与必要性。想象力从语言学角度可以分为三种形式：作为名词性实词（substantive noun），即一种想象能力；作为动词，强调想象行为过程（to imagine）；作为形容词，即富有想象力（imaginative）。如果作为一种想象能力而言，容易发生这样的误会，即把“想象力”本身夸大为主体自身固有的一种心智能力。例如，一部具有丰富想象力的著作，可能因为时间缘故、自身的内容或者由此带来的诸多意象而变得富有魅力，作者本身反倒可能只是忠实记录了自己的所见而已，但是我们往往会把“想象力”错误地会意到作者身上。如果把想象力作为一个动词来看，即“以心智之眼图像化事物”，“我们必须再费心将想象与梦想（dreaming）及幻觉（hallucinating）区分开来。”而如果把想象力作为一种德行，就如我们说某人具有勇气和智慧一样，可以“让我们了解有些人是更富有想象力这一事实（或那个人在生命中的某个领域或某时刻，比他在其他领域或其他时刻更具有想象力）；而且它保留了想象力是可被教育、养成的可能性”①。无论是道德想象力，还是想象力，都天然具有“德行”的属性，这对于学校德育是非常具有启发意义的。传统的道德哲学家们要么注重德行规范的灌输，要么强调道德主体的理智启蒙，“却总是忽略了想象力，这必然导致麻木迟钝，一种复兴的伦理学要求聚焦于想象性探究”②，所以，道德想象力的研究恰逢其时。虽然其在国内学界还没有得到应有的重视，但“它是德行伦理学和规范伦理学研究得到充分发展之后出现的新动向，既是多元伦理学体系交融并存的时代境遇的映射，又符合现代道德价值精神的发展方向”③。

（三）作为权利的想象力④——政治哲学的视角

想象力不仅仅是一种能力，而且是一种权利（right）和权力（power）。柏拉图在《理想国》中通过对诗人与诗歌的审查，向世人宣告“想象力”是危险的，一旦失控，就会危及城邦的利益，所以“谁”有权想象是一个事关“政治”

① 希金斯 K. 修改想象力基本概念的审慎开端[A]//布伦金索普 S. 想象力教育[C]. 林心茹译. 台北：台湾远流出版事业股份有限公司，2013：25-30.

② 费什米尔 S. 杜威与道德想象力[M]. 徐鹏，马如俊译. 北京：北京大学出版社，2010：190.

③ Strawson P F. Imagination and perception[A]//Foster L，Swanson J W. Experience and Theory[C]. Amherst：University of Massachusetts Press，1970：31-54.

④ 本书的理论预设之一就是承认人人都有想象力并有想象的权利。想象力作为一种人人都有的心理能力（除特定生理和心理疾病），如果用一种隐喻性的说法，也可以算是一种主体资源，主体既有占有权，又有使用权。但是往往因为种种外部强制性因素，主体的占有权被欺骗性剥夺（被告知没有想象力），而使用权则被强制性剥夺（不允许想象）。在这个意义上，无论是想象还是想象力，都属于人的一种权利。

的大问题。因此，把“想象力”引发的“种种猜想”统统斥为“谎言”，这些猜想可以分为：“真实的谎言”（未经审查的诗人的想象力）；“言辞的谎言”（经过审查的诗人的想象力）；“高贵的谎言”（君主和哲人王的想象力）。“真实的谎言”注定要被“惩罚”和“驱逐”，因为它们“蛊惑人心”。“言辞的谎言”因为已经被“招安”，专注于歌颂“政体”和“君王”，所以可以允许被存在。而高贵的谎言一向是“君主”或者“国师”的专利，这是“权力”的象征，即使少部分人或者阶层可以拥有这项神奇的魔力，也必须在有效的监管之下，“想象力的空间”受到严格控制。上文在梳理中国历史上的想象力时，也提到中国存在类似的情况，“想象力”自古以来似乎都是社会中少数精英分子的特权，可以是“部落首领”与“巫师”，也可以是“君王”与“御用文人”，这就是“想象力”的政治，想象力作为一种“权力”和“权利”的政治哲学。当然人类也可以保留“权力”与“权利”之外的想象力。因为远离权力系统，所以民间能够一直保持想象力的最为原始的魅力，并且这些想象力始终保持着与土地、植物、动物的天然联系①。除此之外，还有隐居世外的“闲云野鹤”和“落魄精英”们，他们依然可以拥有自己“野蛮的想象力”。

随着时代的发展，政治和商业的力量无孔不入，已经深入人类生活的方方面面，非洲及东南亚古老部落尚不能抵挡现代文明的侵袭，更遑论现代国家的民间了，“原始想象力”早已被打包成“有价”的“原始风情”。“闲云野鹤”们也早已学得聪明起来，保持沉默。普罗大众更多的是被“规训”为社会化“大生产车间”中的“人力（人才）资源”，教育领域自然是“规训”的主战场。反过来想一想，教育领域尤其是学校，是“解放”的主战场，当然这种“解放”不是肆无忌惮地释放出儿童心中如“撒旦”般可怕的“想象力”，而是需要“教化的想象力”。这种想象力既能激起社会可持续发展的改良活力，又不至于引发永无休止的野蛮革命。这就是杜威意义上的“民主主义与教育”或者说“公民教育”，将被“教化”而不是被“归化”的想象力作为一种权利还给孩子。虽然说“想象力”不是一项显性的“法定权利”，也不是一项隐性的“道德权利”，但是在福柯“权力规训”意义上，作为“权利”的“想象力”，不仅仅具有经济、文化、科技等这些显性价值，更可以唤醒大众公民意识，促进公民教育，因为“想象是一种个人的政治的解放力量”②，它可以“监督、制衡和改良”各种“权力机制”，以促进社会更加“民主”的政治价值，开启“民智”往往是从“想象力”开始的。

---

① 张柠. 想象力考古[J]. 东方杂志，2003，（11）：45-50.

② 伊根 K. 跳出盒子的教与学[M]. 王攀峰，张天宝译. 上海：华东师范大学出版社，2010：42.

第二节 简约的想象理论何以可能？

关于想象力，我们有来自太多学科方面的研究，这对于教育领域来说，实在是一种“甜蜜的忧伤”。说它“甜蜜”是因为教育拥有众多的理论资源可以借鉴，“忧伤”的是多学科视角下的想象理论研究存在大量重叠，甚至是“相悖”的部分，教育工作者往往需要做出抉择。“倘若人们需要在简单的做事方法和复杂的做事方法之间进行选择，我们中的大部分人都会选择那个复杂的方法。如果没有什么复杂的方法可以利用的话，那么有些人甚至会花时间去发明出来……人们似乎有把事情想多或弄复杂的习惯性偏好”[①]。因此，面对纷繁复杂的想象理论，我们可能需要一双“教育之眼”及一把“奥卡姆剃刀”[②]。把“想象力”导入教育领域，不仅仅是要提升教师和学生的想象力，而且也意在通过“想象力”的某些特质，来改善我们的教育教学。在这个总目的和总前提下，我们需要建立一种“简约”的原则，从而经历一个去“粗”存精的“理论萃取”过程，当然这里的“粗”肯定不代表被舍弃的相关研究就是不好的研究成果，而是说需要一个更简单、更易于操作的理论模式。然后还存在一个和教育领域匹配度的问题，这就需要通过“教育之眼”对“想象理论”进行一步一步的“抽丝剥茧”。

一、想象理论的“奥卡姆剃刀”

伦科（Mark A. Runco）在论述创造力研究领域的时候认为，“（我们）有太多关于创造力的信息。关于创造性的过程有不同的角度的研究，反而很难将重点集中起来。其中的许多差异可以用‘创造力是一种综合征’这个说法来解释，这样的说法受到了很多不同的学派的影响。此外，创作者的年龄和学科领域不同，表现形式也会不同。年龄和学科领域，在创造力教育方面显得尤其重要”[③]。例如，不同年龄阶段和不同学习专业（音乐、数学等）的青少年儿童在“创造力”培养方面侧重点是不同的。所以，在他看来，太多的理论，太多的建议，反而很难对怎样是最好的创造力的教育做出定位，因为这些研究成果在许多方面具有冲突。不仅仅是“创造力”面临这样的窘境，它的“近亲”——想象力也遇到了相

---

① 罗耶. 奥卡姆剃刀[M]. 北京：中国民航出版社，2005：21.

②“奥卡姆剃刀”又称奥卡姆剃刀定律（Occam's Razor），是由14世纪逻辑学家、“圣方济各会”修士、英格兰萨里郡奥卡姆的威廉（William of Occam，约 1285—1349 年）提出的。这个原理称为“如无必要，勿增实体”，即“简单有效原理”。

③ 伦科 M A. 基于简约的创造力理论基础上的教育[A]//贝格托 R A，考夫曼 J C. 培养学生的创造力[C]. 陈菲，周晔晗，李娴译. 上海：华东师范大学出版社，2013：217.

似的麻烦。如果你去查阅了“想象力”方面的相关研究，你会毫不犹豫地得出一个结论：“想象力是复杂的”。这几乎已经成为学界的一个基本共识和观点假设。这也难怪学者沃尔顿会发出“恕我无能为力”的感叹。

如果我们想要简化想象力理论，首先要质疑这个假设，通过逆向思维认为：想象力是简单的。“简约”虽然是科学方法的最为核心原则之一，但是“简约”并不是衡量良好科学的唯一标准[①]。所以我们的“简约”需要符合“奥卡姆剃刀定律”：“①如果你有两个原理，它们都能解释观测到的事实，那么你应该适用简单的那个，直到发现更多的证据；②对于现象最简单的解释往往比复杂的解释更正确；③如果你有两个类似的解决方案，选择最简单的；④需要最少假设的解释最有可能是正确的。”[②]事实上，探究“想象力”（imagination）的定义，从来都不只是探究“想象”或“想象力”两个概念，而是探索一个概念家族（concept family），并且是一个类型多样而又支离破碎的家族[③]。它们会包括：表象或意象（presentation）、梦（dream）、幻想（fancy）、理想（ideal）、想象等。当然，在家族外部，想象力也有自己的“近亲家族”，如创造力（creation）、变革（innovation）、感性、理性（rationality）、情感（emotion）等。这些“家族概念”和“近亲家族概念”在我们理解和应用想象力时会发生相应的语义困扰，所以有必要依据一定的原则进行概念及理论辨析，以保留想象概念与理论的纯粹性。

（一）家族概念辨析

在中文语境下，“想象力”和“想象”都可以做名词，大多数时候是可以相互通用的，表示在知觉材料的基础上，经过新的配合而创造出新形象的“过程”或者“能力”。例如，“这幅画作充满想象（力）”。而“想象”（imagine）作为动词时，表示的则是一种意识行为，推想出不在眼前的事物的具体形象或发展结果，如“我们可以想象有一棵树……”。对“想象”和“想像”也要加以区分，“象”指自然界、人或物的形态、样子；“像”指用模仿、比照等方法制成的人或物的形象，也包括光线经反射、折射而形成的与原物相同或相似的图景。“想象”与“想像”它们属于全等异形词，但是为了统一文字应用规范，全国科学技术名词审定委员会和国家语言文字工作委员会根据“通用型”（词频使用分析）、“理据性”（古今考据）、“系统性”（语

① 伦科 M A. 基于简约的创造力理论基础上的教育[A]//贝格托 R A，考夫曼 J C. 培养学生的创造力[C]. 陈菲，周晔晗，李婀译. 上海：华东师范大学出版社，2013：218.

② 罗耶. 奥卡姆剃刀[M]. 北京：中国民航出版社，2005：20.

③ Strawson P F. Imagination and perception[A]//Foster L，Swanson J W. Experience and Theory[C]. Amherst：University of Massachusetts Press，1970：31-54.

义系统）的异形词整理三原则，已确定“想象”为推荐词形[①]。况且根据“奥卡姆剃刀”第一原则：如果出现两个相似的概念，它们都能解释观测到的事实，那么你应该使用简单的那个原则，直到发现更多的证据表明简单的原则不正确为止。因此，想象与想像两者之中以使用前者“想象”为宜，而“想象力”的使用也就顺理成章了。

表象或者意象是“想象”的根基。在某种程度上讲，“想象”就是表象或意象的运作过程。所谓的“表象”是形成“头脑中的图像”这一相对特殊的活动，也指积极回忆或操纵空间表征这种更一般的非言语思维过程的结果[②]。也有学者认为，表象是在物体没有呈现的情况下头脑中所出现的该物体的形象[③]。表象的种类有很多，可以分为个别表象和一般表象，记忆表象和想象表象。个别表象和一般表象，笼统来讲即指“具象”与“抽象”，“记忆表象与想象表象的区别，不是它们所运用的表象材料有什么不同，而是由于人们活动的目标、需要不同，因而对表象加工、运用的方式也不同，在人们活动中，有些需要记忆表象，有些需要想象表象，总的来说，记忆表象是想象表象的基础”[④]。因此，可以说“表象”或者说“意象”是想象的基础性材料，而“想象”则是表象的运作过程或者运作方式。其次是“梦”，我们平常会把“梦”，尤其是“白日梦”、“意识流”和“想象”混为一谈。心理学界普遍把“梦”归类为“无意想象”的极端形式，也就是说是一种没有特定目的、不自觉的、低级形式的想象。因为“梦”包括那些心理学层面的“意识流”现象，更像是“意象”自身的自主流动，至于这些“意象”形成的“新意象”更多的是“意象”的自由组合，是无意识对意识领域的冲击、占领与改造，体现的是主体自身的“本我”意志，所以更准确地来说，它们应该叫“象”想，而“想”象则是意识对意识领域和无意识领域中材料的统摄、整合及改造行为，更加能够体现主体自身的“自我”意志。最后是“幻想”，幻想通常被归类为“有意想象”中“创造型想象”的极端形式，“幻想是指向未来，并与个人愿望相联系的想象，不立即体现在人们的实际活动中，而带有向往、寄托的性质，并且这种“想象未来”的方式往往不依据事物发展的客观规律，依据规律的叫作“理想”，具有实现的可能性，当然也有不依据事物发展规律，甚至违背事物发展规律的形式：“空想”[⑤]。

---

① 2001年10月18日，在中国科学院，全国科技名词审定委员会和国家语言文字工作委员会召开了“‘象’与‘像’用法研讨会”。委员会与相关专家已确定“想象”为推荐词形。考虑到其学术依据和委员会的权威性，本书在全文也统一将“想象”作为专有名词。

② 加扎尼加 M S. 认知神经科学[M]. 沈政，等译. 上海：上海教育出版社，1998：646.

③ 彭聃龄，等. 认知心理学[M]. 哈尔滨：黑龙江教育出版社，1990：193.

④ 宋丽波. 表象的心理学研究与想象力训练[M]. 北京：北京科学技术出版社，2006：27.

⑤ 彭聃龄. 普通心理学[M]. 修订版. 北京：北京师范大学出版社，2001：251.

（二）近亲家族概念辨析

“想象力”近亲家族中，首先需要辨析的便是想象、创新或者创造力及变革三个概念。日常生活中，我们经常会说“这个人充满想象力”，潜台词是“这个人充满创造力”。维果斯基认为，人类创造任何新事物都是一种创新性行为，不管这些新事物是物质的、精神的抑或是只有他知道的生活当中的情绪性建构①。这当然是一个广义上“创新”或“创造力”的概念，既包括物质层面，又包括精神层面。在某种程度，他把“创造力”等同于“创新型想象”。但是从学理上来讲，“创造力”和“想象力”是两个不同的概念，创造力或者创新一般诉诸一种具有特定目的的实际行为（action），“他们均涉及原创性和有效性，但是后者（创新）强调客观意义上的有效性。例如，一个孩子可能在游戏中表演自己的充满丰富创造性和想象力的表达……虽然可能缺乏有效性，但是他仍然可以具有原创性，这样的表现也许没有资格被称为创新，因为从社会的角度（通常是工业的角度），它不是高度客观有效的”②。但是相比于想象力，创造力虽然没有创新那么强调客观效果，但是一定程度上的有效性还是十分重要的。至于变革则强调一种有用性（useful），一般认为事物的“变革”（物质、精神）具有某种精神或者物质层面的功用性，而想象力和创造力在头脑中的新形象则不一定具有这种功用性。“例如，如果一个孩子想象一种十英尺③高的花，那么她是在练习她的想象。如果她坐下来并且真正开始画这株花，那么她在练习创造。但是只有当这幅画在花的绘画形式中有某种进步时，我们才能说它是一种变革”④。所以，想象力是“创造力”和“变革”的根基，是三个元素中必不可少的部分，“没有一个健康的、有充足供养的想象，就没有创造和变革”④。

其次还有感性、理性及情感。在上文梳理西方历史上的想象力时，已经提到了想象力与感性、知性的关系，这里不再赘述。历史上，想象力往往被当成“非理性”，甚至于被误认为是与理性对立的概念。事实上，想象力跟理性密切相关，学界针对两者的关系的研究主要分为温和派和激进派。一是温和派的观点。例如，加拿大教育家基兰·伊根，虽然他不同意把想象等同于理性，但他认为“想象是把事物看作可能性存在的能力，确认这一点当然并不意味着想象与理性存在冲突。在一定程度上，记住可供选择的概念及对它们的充分性或适当性进行

① Vygotsky L S. Imagination and creativity in childhood[J]. Journal of Russian and East European Psychology, 2004, 42（1）: 7-97.

② 伦科 M A. 基于简约的创造力理论基础上的教育[A]//贝格托 R A，考夫曼 J C. 培养学生的创造力[C]. 陈菲，周晔晗，李娴译. 上海：华东师范大学出版社，2013：221.

③ 1 英尺=0.3048 米。

④ Liu E，Noppe-Brandon S. 想象力第一[M]. 王蕾译. 上海：华东师范大学出版社，2013：20.

评价的能力，似乎是任何精细的理性活动的一个必要组成部分”[①]。二是激进派，他们研究了理性与想象力之间的关系，并提出“理性想象力”的概念，认为想象和理性不仅不是两个截然相对的概念，相反，想象和理性拥有很多共同的思维基础，甚至想象思维比很多科学家们认为的更加富有理性色彩，他们论证的根基是“反事实思维”，“反事实思维”是想象思维的重要组成部分，也是“理性想象力”的关键所在。这种“反事实想象”之所以是理性的，要取决于以下三个条件：①人具有理性能力；②他们通过可能性思维进行推理判断；③和理性思维一样，他们的“反事实思维”要建基于可能性思维之上[②]。无论是温和派，还是激进派，都证明了想象力自身不仅具有感性色彩，而且也同样具有理性色彩。

二、想象理论的“教育之眼”

针对想象理论，除了使用“奥卡姆剃刀”进行概念辨析以外，我们还要依据“教育之眼”进行分析和甄别。教育视野中的想象理论自然要符合教育及人的发展规律：它需要承认人人都有想象力并且想象力是可教的；这种教授是适合教育教学的并且这种想象力的培养是可以评价的；这种想象理论的引入是有利于提高想象力和改进教育教学的。上文在梳理东西方历史上的想象力时候提到过，相当长一段时期想象力被贬低，被蔑视甚至敌视。在那个时期，想象力自然不可能被提倡教授，因为它看起来会“迷乱心智”，但是这只是一个想象力的“权利”问题。随着时代的发展，想象力的地位越来越重要，想象力作为人性的最卓越的品质之一，越来越受到重视。它不仅仅是少数政治文化精英的特权，而且还是所有人在新时代所应具备的基本特质之一，如果缺乏这种特质，影响的不仅仅是生活品质（个性化需求），而且还可能是生存空间（职业需求等）。因此，我们这里展开讨论的前提是：人类都应该具有想象的权利，它应该成为人类的基本人权之一，而这一点往往是被忽视的。

首先，人人都具备想象力并且想象力是可教的。要么有、要么完全没有想象力这可能是最为普遍、最有危害的谎言。这个观点所蕴含的内在假设是：有些人压根就没有想象力（排除生理缺陷造成的想象力缺失），而且拥有想象力的人所具有的想象力是永恒不变的。上述两种假设显然是错误的[③]。这种观点使想象力的培养成为不可能也没必要的事情。但是，想象力是人类最原始的一种能力，它远比现在流行的科学理性更具有“属人性”。“人类可以运用一种原生意象，即用远比人类历史古老的象征法来思考；这些意象早在史前史以前就已深植于人类

① Egan K. Imagination in teaching and learning [M]. Chicago：University of Chicago Press，1992：42.

② Byrne R M. Précis of the rational imagination：how people create alternatives to reality[J]. Behavioral and Brain Sciences，2007，30（5~6）：439-453.

③ Liu E，Noppe-Brandon S. 想象力第一[M]. 王蕾译. 上海：华东师范大学出版社，2013：22.

心中，历经世代，自始至终，都是人类心灵的基础。科学与这些象征物是无法相比较的。它们是想象力不可缺少的条件，虽然它们是最原始的资料，但不是科学可以随随便便否定其适应性和存在性的材料”[①]。所以，人人都具有想象力，它是人之为人的根本特性之一。“想象力”具有典型的物种“复演”倾向，它有一个从最开始的“具身式”的“低感性、低理性想象力”到“辩证审美式”的“高感性、高理性想象力”的发展过程，具有明显的年龄发展特点，当然这种人类及人类个体想象力的时间阶段的思维发展路线，不代表各个发展阶段“思维品质”本身的高低。这种依据文化复演现象进行的想象理论探讨，在加拿大基兰·伊根教授的“富有想象力的教育”理论中有明显的体现。既然人人都需要和具备想象力，但还是不代表想象力一定可教，如福禄贝尔高度评价了想象力和创造力，但是他的想象力和创造力概念是蕴含在将自行生长的人性之中的天性的象征，而不用借助诸如教学这种人为的手段来培养（如同一粒种子只要在一个适宜的环境下就可以长成一朵花）。他把想象力或创造力理解为人类中神性种子的展现，它在童年是最活跃的[②]。这可以说是“想象力”的“人性”与“神性”之争。但是即使按照福禄贝尔的观点来看，想象力也仅仅只是“神性种子”而已，所谓“适宜的环境”，肯定不是纯天然的自然环境。否则“狼孩儿”就是想象力最丰富的人了，这个环境肯定和“人类文明”“教育教学”密不可分。从这个角度，我们才能说“想象力可教”具有自身的可能性和必要性。

其次，“想象力的可教”是适合教育教学并且是可以评价的。值得说明的是，“想象力可教”，不意味着所有的想象技术或者能力都可以引入教育教学领域。我们需要利用“教育之眼”恰当评估其技术难度和伦理维度。在心理学视野的想象理论中，“想象力”在某种程度上也是可“教”的[③]，但是它更多地掺杂了“无意识”领域的东西。例如，弗洛伊德和荣格的精神分析理论，针对各种“病理意象”，虽然都涉及了“梦”和“想象”的部分，但是弗洛伊德更多的是以“心理医生”的“理性的逻辑”来试图解释“患者”的“原始的逻辑”，而荣格却试图让“心理医生”直接利用“意象对话”，以“原始逻辑”来了解“患者”的“原始逻辑”，或者干脆直接让病人熟练使用“主动想象”的技术，使自身的“意识”与“无意识”实现独自的交流[④]。当然，无论是弗洛伊德的“释梦”，还是荣

---

① 荣格 C G. 人、艺术和文学中的精神[M]. 卢晓晨译. 北京：工人出版社，1988：17.

② 伊根 K. 走出盒子的教与学[M]. 王攀峰，张天宝译. 上海：华东师范大学出版社，2010：38.

③ 这里想象力的可教性，更多体现在心理治疗层面，如医生需要掌握意象对话技术，病人则需要在医生的不断引导和激励下，逐渐掌握主动想象等技术，或者病人经过多次培训，可以在没有医生的情况下，利用主动想象技术，实现自主治疗，甚至是摆脱病理领域的自我人格完善。在这种意义上，它和马斯洛的人本心理学及积极心理学有异曲同工之妙。

④ 朱建军. 意象对话临床技术汇总[M]. 北京：北京师范大学出版社，2013：38.

格的“意象分析”，都需要非常专业的治疗师和技术技巧，虽然中间有许多可以借鉴的东西，但是在没有经过理论转化的情况下，不宜直接引介到教育教学当中。即使是在经过理论转化的情况下，我们还需要考虑一个伦理性的问题，因为这种来源于心理治疗的想象技术很多涉及个人隐私，因此在限定“想象领域”方面也值得商榷。另外，这种想象力的可教性必须是可以评价的，其实这也是很多教育者在面对想象力时感到无助的地方，认为想象力虚无缥缈，不具有可评价性，这样一来，教学效果便无法得到正确评估，那么后续的教学改善便无从谈起。所以，想象理论在教育领域中的应用，必须要考虑的一个因素便是“可评价性”。

最后，便是想象力在教育教学中的应用要达到两个目的：能够提升教育教学参与者的想象力和改善教育教学。这两个目的缺一不可，如果教育视野中的“想象理论”不能提升想象力，那么，便和其他理论在教育中的应用没有分别。同样，如果理论的引入不能改善教育教学，那么也就失去了引入本身的意义。在教育领域中，这是经常会遇到的疑问——“我们经常会摆出争夺有限资源的样子：连学习基本内容的时间都几乎不够，你还想让我们再进行想象学习吗？虽然你总是奢谈想象并想培养学生的创造力，但是儿童连基本的东西都学不会”[①]。想象力绝不是一个“有则更好，无则遗憾”的“奢侈品”，教育视野中的想象理论必须使我们的教师、学生和校长们充分应用自己的想象力，让我们的学校生活变得更有活力，真正实现这样一个目标：“教育质量，取决于教育当中想象力的参与程度。要想使想象力参与其中，就要不停地使用想象力。”[②]想象力必须成为教育教学中最重要的目标和最有效的工具之一。正是在这样的教育视野下，我们要重新厘定、选择、整合及改造我们的想象理论，以使它们符合教育教学尤其是中国教育教学的需要。因此，教育领域中的想象理论，也就是“想象教育论”，便呼之欲出！

第三节　方兴未艾的想象教育论

随着第三次工业革命浪潮和想象力时代的到来，“想象力”及以想象力为根基的创新与变革，已经悄然成为时代发展的最主要动力和方向所在。“教育先行”不只是一句口号，而应成为一种切切实实的行动思维。把想象力引入教育领域，重塑其在教育中应有的地位，是大势所趋。可喜的是，在世界范围内，教育学人们已经纷纷展开了相关的理论与实践探索。我们这里选取加拿大、美国以及

---

① Liu E，Noppe-Brandon S. 想象力第一[M]. 王蕾译. 上海：华东师范大学出版社，2013：32-33.

② Warnock M. Towards a definition of quality in education[A]//Peters R S. The Philosophy of Education[C]. Oxford：Oxford University Press，1973：121.

中国台湾地区作为典型案例加以探讨，以期借鉴它们的有益经验。

一、富有想象力的教育——加拿大的回应

“富有想象力的教育”既是一种想象教育理论，又是一套教育实践模式。它的提出和创建者为加拿大皇家学会院士基兰·伊根教授。伊根教授于 20 世纪 80 年代便开始系统地研究想象力及想象力在教育中的应用问题，并在此基础上逐渐形成了这套完整和富有创新精神的教育理论，而且还设计了一系列基于认知工具的充满想象力和创造力的教育模式和方法。“富有想象力的教育”在世界范围内形成广泛的影响，除了基兰·伊根教授之外，全世界还有很多其他国家的专业研究人员参与了该项目，如美国、日本、中国、巴西、法国、西班牙等，其中中国学者、山东师范大学潘庆玉教授作为 IERG 副主席，也深度参与了相关项目。目前有 20 多个国家或地区（包括中国在内）的实验学校都在实践着“富有想象力的教育”理论。

“富有想象力的教育”建立在两个理论基础之上。第一个理论基础是文化工具的重新归纳理论。基兰·伊根在《受过教育的心灵》一书中对这个理论进行了详尽的论述[①]。“富有想象力的教育”对我们的祖先在文化历史过程中发明的那些思维工具或者认知工具进行了重新归纳和阐释，其研究方法具有某种“文化复演论”倾向[②]，认为学生个体的发展规律在某种程度复演了人类在文化方面的发展历程，因此学生可以通过学习这些“认知工具”来提高他们的思维能力，尤其是想象力。这个理论指出，不管是在文化历史过程中发明这些认知工具，还是从教育中获得它们，都需要丰富的想象力。第二个理论基础是俄国心理学家维果斯基提出的社会文化理论，区别于生物学化的心理学，维果斯基强调了人的“文化性”，并提出了以“心理工具”（尤其是语言工具）为核心的文化心理学，指出了人的高级心理机能（区别于动物的低级条件反射）在人类发展过程中的重要价值。伊根接受了维果斯基“心理工具”的基本观点，但是他超越维果斯基主要以语言符号的性质来进行心理工具分类的思路，提出了远比“语言”更为复杂和完善的“认知工具”或者“心理工具”系统。伊根认为，“在现代社会，个体从出生时的混沌懵懂到长大成人的成熟理性，其想象

---

① Egan K. The Educated Mind：How Cognitive Tools Shape Our Understanding[M]. Chicago：University of Chicago Press，1997.

② 这里的“文化复演论”倾向不同于霍尔的“生物复演说”，霍尔的复演论以生理复演为基础，强调个体在心理发展与活动方式两方面对人类历史的复演。而伊根的复演论，尽管没有抛弃心理复演论的观点，但更强调个体对人类发明的文化工具的历史复演。其区别在于，生理的复演是自然的过程，心理的复演是社会性的过程，而文化工具的复演则与教育活动密切相关，是选择性的、相对性的价值活动过程。引自潘庆玉. 富有想象力的教学设计[M]. 广州：广东教育出版社，2014：86.

力先后要经历一系列的历史文化性转换，潜伏在转换过程背后的驱动力量，源自我们对文化策略的持续掌握。通过运用这些文化策略，我们可以富有想象力地参与到我们周围的现实世界和社会生活当中”[①]。伊根教授把这些文化策略叫作“认知工具”。所谓的认知工具系统如表 2.1 所示。

表 2.1　基兰·伊根认知系统工具表

身体认知（0~3 岁）	神话认知（3~7 岁）	浪漫认知（7~14 岁、15 岁）	哲学认知（15~19 岁、20 岁）	批判认知（20 岁以上）
1. 身体感知 2. 情感反应和联系 3. 韵律和乐感 4. 姿势和交流 5. 参照 6. 意向	1. 故事 2. 比喻、暗喻 3. 二元对立的抽象范畴 4. 押韵、估算和建模 5. 笑话和幽默 6. 成像 7. 神秘感 8. 游戏、戏剧等	1. 现实感 2. 现实的极限 3. 英雄主义 4. 好奇心 5. 意义的人化 6. 收集和爱好 7. 反叛和理想主义 8. 情境变化和角色扮演	1. 寻求普遍性 2. 过程步骤 3. 追求确定性 4. 基本概念和异常现象 5. 理论的灵活性 6. 对权威和真理的追求	1. 理论的局限性 2. 自反性和个性 3. 联合聚结特殊性 4. 怀疑基本知识

资料来源：潘庆玉. 认知工具：“富有想象力”的教育策略和方法[J]. 教育研究，2009，（8）：63-68

这五大认知系统工具不是相互割裂的，而是符合人类心灵发展的规律。伊根继承和发展了维果斯基的按照语言性质划分的认知系统，并且也借鉴了皮亚杰的关于儿童的认知发展理论[②]。但是伊根的认知工具系统显然更加丰富和完善，并且极具操作性和指导性。撇开更强调身体“感知运动”训练的婴幼儿时期，其他四个阶段很好地对应了学校教育系统的几大阶段：幼儿园（神话认知）、小学和初中（浪漫认知）、高中（哲学认知）、大学（批判认知）。这里以“神话认知”和“浪漫认知”为例。首先，“神话认知”阶段（3~7 岁），有点类似于皮亚杰的前运算阶段，儿童还处于“自我中心”阶段，没有清晰的“客体化”或者说“他者”意识。儿童还没有形成理性和逻辑感，他们会具有浓重的情感与道德色彩，追求绝对意义和绝对安全感，因此喜欢对世界进行非此即彼、二元对立的绝对化解释，这个阶段的儿童喜欢利用好与坏、安全与害怕、勇敢与懦弱、爱与恨、大与小等对立性概念范畴，去判断事物，从而获取意义[③]。因此教师在组织课程知识和教学时，要多利用一些戏剧化的故事（如童话故事），制造一些情节冲突，充分调动儿童的情绪与道德感。否则，脱离了情绪与道德感调动，任何知

---

① 潘庆玉. 富有想象力的教学设计[M]. 广州：广东教育出版社，2014：84.

② 维果斯基关于语言的发展阶段大概分为：非言语阶段、口语阶段、书面语阶段、科学语言阶段及反思语言阶段。皮亚杰关于儿童的认知发展阶段分为：感知运动阶段（0~2 岁）、前运算阶段（2~7 岁）、具体运算阶段（7~11 岁）、形式运算阶段（11 岁开始，不迟于 15~20 岁）。

③ Egan K. Individual Development and the Curriculum [M]. London：Century Hutchinson Ltd，1986：11-13.

识灌输都是徒劳的。

其次，在“浪漫认知”阶段（7~14 岁、15 岁），儿童的“他者”意识开始觉醒，开始探求这个丰富的世界，但是会发现这个世界并不由自己的意愿支配和控制，甚至充满威胁，所以希望通过和那些“伟大人物”和“伟大事物”建立情感上的联结，并以此来获得心理上的安全感。这个阶段的儿童倾向于体验各种各样的知识，尤其是那些与众不同，比较新奇并能带来极端化体验的知识，但是对于这些琐碎知识的深层次逻辑关系并不是充满兴趣。因此在教学策略上，要注重建立学生们的“浪漫联结”，加强学习的有效性①。在五个认知阶段的发展过程中，人类想象力的范围和能力也在不断得到扩展，并且利用这些不断丰富的想象力，人类能更加灵活多样地运用各种认知工具，以便更好地认识和改造我们自己及周围的世界。这是一个良性循环的过程。“伊根的研究表明，个体思维的发展，经历了从绝对思维到相对思维、从简单思维到复杂思维、从主观思维到客观思维，从具体到抽象再回到具体、从特殊到一般再回到特殊的发展路径。这种路径，既与现代心理学关于儿童心理发展的实证研究相符合，也合乎哲学上讲的逻辑，可以说，伊根的理论很好地做到了‘心理’和‘逻辑’的统一”②。

虽然伊根的“富有想象力的教育”理论强调了想象力在教育中的重要作用，并且提出认知工具系统能够促进想象力的逐步提高，但是在认知系统和想象力的具体关系方面并没有给予太多的阐述。所以，后来马克·菲特（Mark Fettes）博士针对伊根的五大认知系统中认知工具的纵向发展问题进行了深入系统的研究。他认为伊根教授的认知系统中的各种认知工具事实上存在某种内在的逻辑发展顺序，可以建立某种内在的联系。马克把这种内在认知工具之间的内在逻辑叫作“基础想象力”，他一共提出了八种基础想象力，在伊根横向认知工具的基础上组成了“纵向认知工具”：掌握规律，捕捉细节，洞悉构成（前三种针对“静止的世界”）；洞察可能性，抓住矛盾，理解指数（中间三种针对“变化世界”或“可能世界”）；把握整体，悦纳冲突（知识整合）③。但是这种“基础想象力”是严格按照伊根的认知工具系统进行划分的，虽然阐明了这些相互分散的认知工具的内在联系，但是仍有生硬机械之嫌。针对伊根的认知工具系统，如何进一步突出想象力，进一步阐明其内涵的“想象力”发展价值仍是一项有待推进的研究工作。否则，难免让人把其理论和普通的“认知发展”教育混为一谈。当然，“富有想象力的教育”理论如何进行本土转化也是非常重要的研究主题。

---

① 潘庆玉. 富有想象力的教学设计[M]. 广州：广东教育出版社，2014：92-95.

② 夏正江. 个体发展的节律和因序而教[J]. 教育研究与实验，2007，（3）：14-20.

③ 潘庆玉. 富有想象力的教学设计[M]. 广州：广东教育出版社，2014：100-110.

二、想象学习能力清单——美国的回应

创造学的鼻祖奥斯本认为，想象力奠定了美国诞生的基础，也是由于想象力和创新性思维，美国才能成为今天首屈一指的发达国家①。美国前总统杜鲁门更是直言不讳：美国是建立在勇气、想象力和对工作尽职尽责的决心之上的②。至今，美国仍然是诺贝尔奖获得人数最多的国家。因此，美国对想象力与创新素养一向十分重视，教育界更是可想而知。美国的林肯艺术中心一直以来注重想象力在教育领域的角色和应用。它成立于1975年，主要通过有指导性地接触视觉和表演艺术来发展想象技巧，并且是这个领域的领军机构。机构的理念认为，想象是一门重要的认知技能，可以也应该被教授。因为，想象思维和学习在当今全球社会中非常重要，不仅在课堂里重要，在工作中也同样重要。林肯艺术中心致力于传播一种想象学习的方法或者说“想象学习能力”（capacities for imaginative learning），其源于林肯中心学院常驻哲学家Maxine Greene及无数在林肯中心学院中的艺术家和教育家的理论研究与教育实践（如Madeleine Holzer、Cathryn Williams等）③。“想象学习能力”背后的行动理论是：近距离接触一件艺术品或者任何研究的目标——不管是一首诗还是哥白尼的假说——解放学生思考的能力，并让他们能够表达出新的东西和可能。这种学习能力在应用于课堂时拥有自己的一套独特的能力清单以供教学参考④。

（1）观/深观（noticing deeply）——通过与研究目标之间持续的互动来识别并指出层次的细节。

（2）感（embodying）——通过你的感官和情绪来体验一件作品，并且将这种体验用身体表达出来。

（3）问（questioning）——通过你的探索来问“为什么”和“如果什么，将会怎样”。

（4）识/识别模式（identifying patterns）——找出你注意到的细节之间的关系，并把它们归为各种模式。

（5）联/建立联系（making connections）——将你发现的模式与（你自己及他人）之前的知识和经验联系起来。

（6）情/表达同情（exhibiting empathy）——理解并尊重他人的经验。

（7）意/创造意义（creating meaning）——对你遇到的事情进行解释，并且

---

① 奥斯本 A F. 创造性想象[M]. 王明利，等译. 广州：广东人民出版社，1987：3-5.

② 周培芬. 美国教育中的想象力培养[J]. 外国中小学教育，2011，（5）：59-62.

③ 想象学习能力（capacities for imaginative learning）并不是Maxine Greene教授提出来的，而是林肯艺术中心的研究团队根据多年的想象教育理论与实践集体总结而来。

④ Liu E，Noppe-Brandon S. 想象力第一[M]. 王蕾译. 上海：华东师范大学出版社，2013：39-41.

将你的解释与他人的观点进行综合。

（8）行/采取行动（taking action）——在整合的基础上，通过一个项目或一个行动来表达你学到的内容。

（9）思/反思和评估（reflecting and assessing）——回头看看你学到的内容，找出那些仍有挑战的部分并开始新的学习。

上述这些想象学习能力的清单，最初是专门为艺术教育设计的。但是随着这些学习实践逐步取得成功，它的应用范围逐步拓展到社会工作的很多领域。对于想象在普通教育、艺术教育、美学、文学及社会与多元文化大背景下的角色问题，Maxine Greene 在其著作《释放想象力：教育、艺术与社会变革论文集》（*Releasing the Imagination：Essays on Education，the Arts，and Social Change*）中有更加详细的论述，她认为我们的学校应该被重新建构，学校应该成为学生寻求意义的地方，成为让那些以前沉默和未被倾听的人发出自己的声音的地方，她号召人们通过运用想象力和艺术来培养自身的愿景，她特别注重艺术及想象在打开人类意识和经验可能性方面的重要作用，认为其能有效矫正目前教育突出一致性方面的弊端。林肯中心还采取了很多其他重要措施，如每年把想象力奖（The Imagination Award）奖励给纽约市一所"通过课程把艺术和想象整合起来教授和学习"的最佳实践公立学校。此项举措一直被华盛顿州所采用。同样来自林肯中心学院的 Scott 教授，也积极倡导将"想象和艺术融入教育"，并且在全美国组织经常性的"想象对话项目"（imagination conversation events）。这些对话项目将不同学科、技术产业的专家聚集在一起，探讨想象之于工作和生活的作用，并积极探索如何把支持想象教育的实践充分地应用到课堂当中[①]。利用艺术教育作为突破口，把想象引入教育当中，确实可以说是林肯艺术中心"想象学习能力清单"的一大特色。虽然这种想象教育理论模式早已突破艺术教育领域，延伸到了更为广阔的普通教育及商业领域，其"艺术色彩"依然浓厚，如想象学习能力清单在调动"感性与情绪"想象力方面更加具有优势，但是在"逻辑与理性"想象方面，较之伊根教授的"认知工具系统"显然略显薄弱。这在某种程度上限制了想象学习能力清单的应用范围，尤其是在像中国这种"艺术教育"比较薄弱的国家进行推广时，难免会遇到水土不服的状况。

三、未来想象与创意人才培育计划——台湾的回应[②]

台湾为应对未来世界复杂挑战，根据台湾行政主管部门第八次科技会议建议，推动了未来想象的研究与教育计划，台湾教育主管部门顾问室（现为资讯及科技教育司）自 2011 年启动"未来想象与创意人才培育计划"，力图使学习

① Liu E，Noppe-Brandon S. 想象力第一[M]. 王蕾译. 上海：华东师范大学出版社，2013：6-7.

② 詹志禹. 未来想象教育在台湾[M]. 台北：台湾未来想象与创意人才培育总计划办公室，2013：5-43.

者以各种形式想象与描绘可能的未来，经由理性思考、伦理辩证与价值澄清选择未来，并以知识与行动创造期望的未来。希望透过未来想象与创意思考开启崭新的学习之眼，改变以“过去—现在”为主轴的学习模式，带入未来的时间观，引导学生看见世界变化的样子，以想象力与创造力探索、想象、选择并创建未来。这样的战略行动计划，主要围绕三个核心概念演化而来，分别是“想象力”、“创造力”和“未来思考”。三者相互交叉重叠部分即为未来想象与创意人才的核心培养区域。同时，依据这些核心理念，该计划还设定了七大议题融入课程，如表 2.2 所示。

表 2.2　台湾“未来想象与创意人才培育计划”七大议题

七大议题	主要目标	概念内涵
未来家园	让当地学生有机会参与自己未来家园的重建，促使小区得以永续发展，并从行动参与中发展想象力、创造力与未来思考力等相关素养	综合包含小区工作、环境设计、村落设计、产业重建、教育重建、文化重建、公民参与、小区总体营造等
未来产业	让中/小学师生对未来产业产生具体而有创意的想象，反省必备的素养，并引发大学生及成人学习者开展创业思维、计划与行动	职业、企业、产业、创业、经济形态等
未来文化	让学习者探索未来文化可能的内涵、面貌与发展方向	①艺术：音乐、美术、表演艺术、综合艺术、数字艺术等 ②符号：语言、文字、音符等 ③思想：价值观、习俗、宗教等
未来科技	让学习者创作正面启示及负面启示的作品，引发更多人对于未来科技的想象与讨论，提出前瞻性的科学思考，探索科技进步的潜能，模拟科技发展的风险与冲击	①科学：物理、化学、生物等 ②技术：工程、信息、传播等 ③科普、科幻、科学、技术与社会
未来社会	让学习者创作正面启示及负面启示的作品，引发更多人对于未来社会的想象与讨论，产生理想社会的追求、社会问题的解决、危险制度的拒斥、与不幸社会的避免	①政治：民主制度与生活方式、政府结构与法令体制等 ②社会结构：家庭/人口/族群结构、人际社群/国际关系等 ③社会问题：贫穷、犯罪等 ④第三部门：非营利组织等
未来环境	启发学习者的生态思考，引发环境关怀，促发环保行动，参与解决当地环境的问题与全球生态体系的困境	气候变迁、物种保育、资源耗竭、都市发展、建筑设计等
未来教育	启发教师与教育行政人员想象未来教育、未来学习与未来人才培育的情境与做法	①未来学习的科技、管道、方式、特性等 ②未来教室的教育目标、媒体、情境、课程设计、师生关系等 ③未来学校的校园环境、理念哲学、领导经营、另类学校等 ④未来教育系统的行政体制、教育阶段、升学选才、家庭教育、社会教育、终身教育等

这七大议题内容参考了联合国最关心的主要议题，并且力图整合台湾各阶段教育教学内容，以免脱离一线教育实践，所以，七大议题和中小学课程领域也具有一定的对应性，具体如表 2.3 所示。

表 2.3 “未来想象计划”七大议题与国民中小学课程及国际关系议题对照

七大议题	国民中小学七大学习领域	联合国最关心的议题
未来家园	（跨领域统整）	特殊情境国家
未来产业	社会自然	国际贸易、宏观经济与财政
未来文化	语文、艺术	文化差异
未来科技	自然、数学、健康与体育	科学/技术与生产部门、统计
未来社会	社会	社会发展、女权、人口、治理与体制建构
未来环境	自然、社会、综合活动	永续发展、人类定居与能源
未来教育	社会	未来教育

该计划还通过台湾教育主管部门支持及各级各段试点学校的实践推动，不断征求教育实践者的智慧建议，吸引学校资源的投入，展开教学实验与行动研究，善用正式课程、非正式课程与潜在课程的设计，来培育人才；透过评量工具的研发与选才制度的检讨与设计，来改善制度；透过师生共创的历程（作为一种教与学的历程），来产生作品。这一系列举措在学生、教师、学校、议题及作品等方面都产生了良好的预期效果。目前这项计划仍在进行，这无疑对大陆地区的想象教育活动具有极大的启发意义。当然也应该看到，未来想象与创意人才培育计划注重的是“创新性想象力”，也即更多的是指向未来的想象力，一切以未来复杂世界为涉入前提。即便如此，因为文化与种族的相似性，台湾自身独具特色的想象教育理论与实践，仍然可以说是大陆地区借鉴经验的绝佳选择之一。

第三章
想象教育的理论基础与预设

每一种成熟的教育理论都有属于自身的理论基础与预设，想象教育自然也不能例外。例如，对人性的假设，“古今中外，不管是教育理论的建构，还是教育实践的具体行为，都会有意识或无意识地在某种人性假设的基础上，把对人性的思考和看法作为教育的预设前提或逻辑起点，对人性的不同看法，往往导致不同的教育主张和教育行动”①。不同时期的不同教育流派都有不同的看法，由此得出不同的教育理解及在此基础上形成的教育模式。因此教育理论的基础与预设是理论形成的前提与根基所在。那么想象教育的前提预设是什么呢？它的理论基础又是什么？在这里，笔者不分开阐述，而是将这两个问题融合起来进行回答。事实上，任何的理论基础在某种程度上都蕴含在其教育假设中，而任何教育假设也都需要给出一套完整而且令人信服的理论基础，以此对自身进行更深层次的论证。想象教育也有自己的理论预设，并且以此为前提，形成了一套理论基础。如前文所述，笔者针对已经形成的几个重要的想象教育理论已经进行了分析，这里提出一些它们共通的、潜在的理论预设②，并且重点以基兰·伊根教授的认知工具理论为原型，试图对想象教育理论基础做进一步扩展与探索，以期尽到自己的绵薄之力。

第一节　人人都有想象力并有想象的权利③

“人人都具有想象能力，尽管这种想象力强弱不均。而我们所要研究的是能否通过适当的训练使这种想象能力得到发展……人类文明史正是由人们依靠创造

① 文雪，扈中平. 人性假设与教育意谓[J]. 高等教育研究，2004，（5）：11-15.

② 无论是基兰·伊根教授的认知工具理论，还是林肯中心的想象力学习清单，抑或是中国台湾的未来想象教育计划，虽然都没有明确或者完整地提出自己的一整套理论预设（想象力学习清单提出了一些自己关于想象力的预设，但是并没有完整地予以论述。参见 Liu E，Noppe-Brandon S. 想象力第一[M]. 王蕾译. 上海：华东师范大学出版社）。但是如果仔细分析他们的理论架构，都遵循笔者这里所提出的几条关于想象力的理论假设。

③ 本书所指的“人人”实质是指与“精英”相对的一个概念，泛指普罗大众，而非生物意义上的个体，因为一些人类个体因为先天或者后天的身体残障，完全或者部分丧失想象力。

力实现的辉煌成就构成的。想象力是人类能力的试金石，作为动物，人类之所以得以生存繁衍，毫无疑问是依靠想象力”[①]。创造力专家奥斯本在这里提到了一个根本性问题，即“人人都具有想象力”。上文我们已经探讨过，无论是在东方，还是西方，人类中的一群野心家总喜欢“操弄”大众的“常识”，这也是启蒙必要性所在。中国语境下，我们需要一场关于“想象力”的启蒙。这场启蒙要使人们意识到：不仅仅是少数精英拥有想象力，而是人人都拥有想象力；不仅仅是少数人具有想象的权利，而是人人都具有想象的权利，并且在任何场合，只要不妨碍他人的正当权利，都可以公开运用并表达自己的想象力。“想象力”和“自由”及“理性”具有同等重要的地位，这也是历史上历次“启蒙运动”的应有之义[②]。启蒙需要想象力，想象力也需要启蒙，这是在中国语境下的必然逻辑。没有想象力的“自由”会异化为悲惨的“奴隶的自由”，缺乏想象力的“理性”迟早会堕落为僵化的“工具理性”。在日常的生活和教育过程中，我们经常会听到大众评价一个学生“有或者没有”想象力，这种评价往往有以下三种情形的偏见：①认为想象力是一种“稀有”天赋，要么有，要么没有；②想象力专指“创新性”想象力，而“复制性”“再生性”“经验性”想象力只是一种记忆性优势，不算想象力；③想象力是一种稳定的、通用性能力，适用于任何领域，任何时间。这三种偏见非常容易让学生对自己的“想象力”产生怀疑，我们要加以批判。

一、想象力是稀有天赋吗?

需要承认的是，想象力确实是人的一种天赋，但那是相对于动物而言的。对于人来说，它绝对不是稀有天赋，更非一种天生的、稳定的、不可改变的天赋，除却生理上不可抗拒的原因，一些人的想象力表现之所以显得明显或者不明显，首先是有没有勇气想象或者是否努力去想象或学习想象。换句话说，这可能不是一个稀有天赋问题，而是一个关于勇气与努力的问题。康德在论述“启蒙运动”的时候，严厉批评了未被启蒙或者拒绝被启蒙的人的三大缺陷：无知、怯懦及懒惰。无知源于一些“野心人士”及他们的“执行者”的“愚民政策”。在《什么是启蒙运动》一文中，康德论述到，“懒惰和怯懦乃是何以有如此大量的人，大自然早已把他们（拒绝被启蒙的人）从外界的引导之下释放出来以后时，却仍然

① 奥斯本 A F. 创造性想象[M]. 王明利，等译. 广州：广东人民出版社，1987：1.

② 历史上，无论是西方的启蒙运动，还是中国的两次未完成的启蒙运动，无论是标榜科学与民主，还是自由与理性，都蕴含着一个潜在的预设，即想象力，想象力是人类冲破一切固有思想枷锁的必由之路，也是历次启蒙运动的应有之义。没有想象力的人，我们无法奢谈他会运用自己的理性，成为一个负责任的主体性公民。但是，因为想象力与理性或者创新、变革等思维模式相比，更具隐性价值。它在历次启蒙运动中并没有得到其应有的尊重与重视。所以，提出启蒙的想象力价值和想象力的启蒙价值是一件很有意义的事情。

愿意终身处于不成熟状态之中，以及别人何以那么轻而易举地就俨然以他们的保护人自居的原因所在，处于不成熟状态是那么安逸……只要能对我合算，我就无须去思想[①]，自有别人会替我去做这类伤脑筋的事”[②]。所以，如何让学生认识到自己拥有想象力并且有勇气及努力去学习想象力是一件非常重要的事情。

既然人人通过勇气和努力都可以拥有想象力，那么为什么我们的常识却告诉我们，有的人就是明显的“想象力丰富”呢？是不是想象力确实是一种稀有天赋呢？事实上，仅仅意识到自己有想象的权利是不够的，这只是一种权利意识，我们还要把自己的权利化为切实的能力，这不仅需要自身的努力，更需要周围的环境给予支持。这也是除了勇气和努力的第三个因素。“权利”要得到“权力”的承认才能被称为权利，否则只是一种形式性权利。“权力者”泛指一种权力环境，它可以指抽象的权力体制，也可以指具体的家长、教师等权力主体，承认并尊重权力受众的想象力权利，是权力者应尽的责任与义务，也是权力本身的合法性所在。从历史上来看，权力对想象力一直保持警惕，权力对秩序有着一种天然的迷恋，而想象力似乎在某种程度上意味着对秩序的质疑与开放性态度。在微观政治学看来，权力渗透人的每一根毛细血管（福柯语），如果权力对想象力保持敌意的话，即使主体保持勇气与努力，也难以获得持续或更高程度的发展。因此，想象力也就难免沦落为一种稀有的、带有运气成分的“后天禀赋”了。事实上，这就涉及想象力的政治学考察了。因此，全社会形成一种宽容、民主的氛围，是想象力得以蓬勃发展的前提所在。

二、被误解的复制性想象力

复制想象力按照康德的定义，是指把先前的感性直观带到头脑中的想象力，正因为人有这种能力，人类文明的传承与理解才得以可能，学校教育才能在经过简化、净化的小社会中顺利进行，正因为有复制性想象力，学生们可以想象课本当中的古代文明与科技、可以想象古人的情感、伦理与审美，才可以生动再造、还原那些原初的“知识场景”，体会知识背后人类的欲望、恐惧与希望，而不仅仅是机械地记忆那些“呆滞的知识”。我们往往关注创造性想象力所带来的新鲜事物，赞叹那些富有创造性想象力的人群，而对于能够生动地理解并还原“历史”知识的神奇的“复制性想象力”不屑一顾，甚至把它们和机械的记忆等同起来，这是十分不应该的，人们尤其是教育界的人们应该改变狭隘观念，正视复制

---

① 这里康德论述的虽然是运用理性的重要性，但是也同样适用于想象力，这些未被启蒙或者拒绝被启蒙的人，因为贪图安逸，总是希望获得外人的保护，希望别人替他思考，替他思想或者想象。他们认为理性或者想象是一件劳累的事情，自己并没有这个天赋或者不愿意，亦或者没有勇气去运用自己的理性和想象力。这也是为什么想象力和理性一样，需要一场启蒙运动。

② 康德 I. 历史理性批判文集[M]. 何兆武译. 上海：商务印书馆，1991：22-24.

性想象力的重要地位。毕竟，学生在学校的大部分时间都需要传承人类所积累的文明，如何深度理解和掌握固有知识是十分重要的。当然这不同于强调机械记忆的“应试教育”和“唯知识教育”。

另外值得一提的是，复制性想象力不仅仅只能还原过去，而且还具有未来意义。例如，“反事实思维”（counterfactual thinking）就和复制性想象力密切相关。“反事实思维”是指对过去已经发生过的事件，之后进行判断和决策的一种心理模拟（mental simulation）[①]。所谓的“反事实”，指的是对过去发生的事实，进行其他可能性的替代性虚拟，它本质上也是一种可能性思维，但是尤指过去未发生的、模拟指向未来的可能性思维[②]。我们在通过复制性想象力，把知识场景通过原型模拟带回到脑中时，进行假设性的、“反事实”的可能性想象。例如，我们传统的历史课程，往往强调基于文本的绝对真实性，从而对过往事实进行记忆与分析。但是，历史教材内容本身的真实性有多重含义，基本可以分为生活的真实、逻辑的真实及情感的真实[③]。要想充分地还原离不开丰富的历史学想象力，这种还原不仅仅是对生活及认知层面的还原，可能还包括对情感层面的还原。因此，除了依据绝对史料，感受真实发生的历史以外，我们还可以依据残缺的史料，针对“历史断点”，在逻辑层面和情感层面进行“事实”（可能曾发生的史实）和“反事实”（未曾发生的可能史实）的可能性想象。虽然在反事实思维当中，不可避免地包含创造性想象的部分。但是，这两者都因循着过去的历史场景，因此都跟复制性想象力密切相关。另外，在深度学习当中，复制性想象力更加不可或缺，它是学生加深知识深度和扩充知识广度的重要工具。总之，创造性想象力多指向未来，指向未知事物，但是就如知识与想象力的关系一样，复制性想象力是创造性想象力的根基所在。我们在想象力的培养当中，绝不能厚此薄彼。

三、想象力是稳定和通用的吗?

在日常生活中，如果我们发现一个人充满想象力，会想当然地认为想象力既然是一种能力，那么这种能力就能在拥有之后，通用于任何领域，并且是稳定的。这实际上是一种偏见，因为这样我们可能会排除掉大量在部分领域或部分时间拥有想象力的人。我们不能因为看到一个人在某一领域（如文学领域、绘画领域或者其他领域）富有想象力，就说他在任何领域都是一个富有想象力的人。想象力的发挥和发展与一个人的知识储备，以及早前的生活阅历密切相关。例如，

---

① 陈俊，贺晓玲，张积家. 反事实思维两大理论：范例说和目标-指向说[J]. 心理科学进展，2007，15（3）：416-422.

② 张晓阳. 大数据迷潮下的教育研究及其想象力[J]. 基础教育，2015，（4）：49-55.

③ 张晓阳. 论教育历史的真实叙事[J]. 湖南师范大学教育科学学报，2014，（6）：80-83.

我们不能因为凡·高在科学领域没有突出想象力和创造力，就否认凡·高是一个具有想象力的人。虽然想象力强调知识的跨学科、跨领域融通与融合，但是这对“想象力”发展水平及相伴随的思维水平具有更高的要求。想象力和人的心理状态及外界环境，具有密切关系，如情绪的波动。所以个体的想象力不是每时每刻都保持在平稳水平。因此，我们不能据此武断地认为某人的想象力在任何领域、任何时间都是通用的，也不能因为发展水平原因，否认一个人在某些领域和某段时间是富有想象力的。我们在评价想象力的时候应该把这些个体因素和环境因素考虑在内。

如果想象力是稳定的的话，那么，显然教育的作用是值得怀疑的。撇开教育不提，即便从常识角度来讲，儿童期的想象力似乎随着年龄的变化而发生了很大的转变。我们在生活中经常会遇到这样的说法：一个孩子小时候想象力丰富，慢慢长大了，想象力便消失了。事实上，不是孩子的想象力消失了，而是他的想象力形式，随着情感模式与思维模式发生了巨大转变，这和儿童不再想象圣诞老人及圣诞老人的世界是一样的道理，这不代表这个孩子丧失了想象力，而是他的想象力以另外一种形式存在。同时，想象力在某种程度上，作为一种情感模式与思维方式的灵活性，可以在不同领域之间实现迁移，但是这种迁移要以知识阅历作为根基，如果没有广博的知识，思维与情感便没有载体。事实上，脱离了知识的想象力会成为一种“胡思乱想”或者说“臆想”，这跟原始混沌状态下的初级想象力十分相似。所以，想象力的通用是有条件的，它要以相关知识为载体。

对以上三种偏见的纠正，有助于我们认识到“人人都有想象力”这一理论预设的实际状况：通过努力和勇气，我们人人都可以拥有想象力，且想象是每个人应该享有的神圣权利；想象力既重视未来，也不忽视过去，复制性想象力和创造性想象力都应该获得同等的重视；想象力是一种不断变化的能力，且它只有在严格的限定条件下才能成为一种通用性能力。只有不断加深对想象力的认识，我们才能更好地提高我们的权利意识，并且把这种权利意识变为切切实实的不断发展的想象能力，同时也可以更好地理解和捍卫我们想象的权利。

第二节　想象力是个不断发展的过程

正如奥斯本所说，人人都有想象力，但是想象力却有强弱之分。这里的“强弱之分”意指想象力是否获得了充分的发展。但是这种观点，却总是被一些人误解或者歪曲，就此认为想象力源于人的先天禀赋，禀赋强的话想象力就强，禀赋差则想象力就差。当然，我们不能否认想象力和智能一样有一定的先天因素，因为想象力也属于人类智能的一种功能形式①。但是，想象力和智能一样，在很大程度上也受到后天环境和教育的影响，是一个逐步发展的过程。现实生活中人的想象力千差万别，除了生理原因外，基本都跟个人的生活阅历和教育背景有着很大关系。比起想象力的先天禀赋论，还有一种更极端的偏见，虽然承认想象力会随着外部环境和教育而发生变化，但是这种变化却不是积极的变化，而是消极地倒退甚至完全消失。例如，“童话大王”郑渊洁认为，想象力和知识是一对天敌，因为知识的本质是科学，符合逻辑思维，而想象力无章可循，特征是荒诞，所以儿童的想象力是最发达的，而一旦接受学校教育，学习了知识之后，就会丧失想象力而成为只会重复前人知识的人②。当然，肯定会有人把这种现象当成教育中的“反智主义”加以批判，但这不是重点所在。笔者关注的是，想象力到底是一个发展的过程，还是一个倒退的过程。

一、纵向递进：初级想象力与高级想象力

心理学家高普尼克（Alison Gopnik）认为，现代认知科学对人类想象力的相关研究表明，“想象力来源于知识，正是理解了事物之间的因果关系知识以后，儿童的想象力才成为可能”③。显然高普尼克所论述的想象力，属于一种更为高级的想象力类型。但是儿童的想象力属于“初级的想象力”或者说“原始的想象力”，类似于远古时期人类的“原始思维”、“隐喻思维”或者说“象征性思维”，伊根教授把这种想象力界定为“神话认知”阶段的想象力。这是儿童理解世界的一种方式，恰恰因为没有因果关系的束缚，无视各种客观规律，所以显现得天马行空、无限自由，但是仅靠这种“初级想象力”，人类是无法向前发展的。随着人类认知水平的逐步提高，人类的想象力不是逐渐消失，而是变换形式，开始变成拥有特定目的、符合特定条件的想象力，这种想象力虽然不再那么自由，但是它表现为更高级形式的想象力，或者叫“高级想象力”。这可能也是科学、科幻或者认真的魔幻作品与普通童话故事的差别所在。“一个理论物理学家可能每天都有无数个怪异的想法，真正的困难不是产生‘怪异’的想法，而是产生‘对’的想法”④。俄国心理学家维果斯基建议把高级心理活动看成是中介活动的功能，而最重要的中介者就是心理工具，这些心理工具会随着人类认知水平的

① 人的智能可简单地归纳为：吸收能力，即观察和运用注意力的能力；记忆力，即记忆和回忆的能力；推理能力，即分析和判断的能力；创造能力，即想象、预见和提出见解的能力。但是目前电脑只拥有前三种能力，这也可以从侧面说明，想象力是人类智能的重要组成部分，它使人类的智能变得可靠和显著。引自奥斯本 A F. 创造性想象[M]. 王明利，等译. 广州：广东人民出版社，1987：3-5.

② 郑渊洁. 请让孩子输在起跑线上[N]. 北京晚报，2009-09-11（第43版）.

③ 高普尼克 A. 宝宝也是哲学家：学习与思考的惊奇发现[M]. 杨彦捷译. 杭州：浙江人民出版社，2014：1-3.

④ 万维钢. 最高级的想象力是不自由的[J]. 青年博览，2014，（6）：56-57.

发展而逐步升级，以便使人类的认知水平发展到更好的水平。如同电脑操作系统一样，想象力作为一种重要的高级心理机能，也经历了一个从低级到高级的发展过程[①]。我们之所以会有儿童的想象力随着接受教育逐步倒退的感觉，是因为儿童的认知逐步意识到各种因果联系，更趋理性地看待这个世界，所以初级想象力自然会消退。事实上，即使是儿童早期的看似“毫无约束”的想象力，也是存在限制的，这些初级想象力属于一种原始的意象活动，它和情绪密切相关，会极大地受到情绪的干扰。“（这些）意象活动和情绪联系密切的原因，是“意象活动是一种更原始的认识功能，在意象活动中，认知和情感还没有分离，后来人类发展了逻辑思维，认知和情感之间才开始分离”[②]。意象中的更原始的那部分，即所谓的原始意象，更是和情绪密切相联系。所以，我们经常会看到儿童早期阶段的想象力的激发离不开情绪调动，特别情绪化，不稳定。而高级想象力，虽然也需要人的情感涉入其中，但是其情感在目的性、稳定性等方面都比初级想象力要好很多。

二、横向协同：认知想象力与情感想象力

当然，我们这里不是在贬低情感的重要性，认为“认知”与“情感”的分离代表着某种进步。事实上，随着人类理性和逻辑思维的出现，认知与情感只是相对分离，但是在深层次上还是密切相关，如果发展同步的话，就可以实现相辅相成；如果发展失调，则会造成认知与情感的内耗。在学习知识、认识世界的过程中，皮亚杰认为所有图式，不管它是什么，都同时是情感的和认知的。情感生活，就像智力生活一样，是一种持续不断的适应，这两者不仅仅只是平行的，而且是相互依赖的，因为情绪表达了行动的兴趣和价值，这是由智力提供结构的。显然智力要发挥功能，它必须由一种情感的力量来驱动。如果一个问题不能让他感兴趣，那么这个人将永远不能解决问题[③]。情商（emotional quotient，EQ）之父戈尔曼（Goleman）研究发现，人有两种心灵，理性的和感性的，而且它们持续不断地相互作用。从源头上说，感性和理性存在着某种“平衡点”。我们也有两种大脑，两种不同的智力——理性（理智）和感性（情感）的大脑[④]，这有点类似于平克在《全新思维》一书中所讲的左脑和右脑，也可以说智商和情商，没

---

① 潘庆玉. 富有想象力的教学设计[M]. 广州：广东教育出版社，2014：86-87.

② 朱建军. 意象对话临床技术汇总[M]. 北京：北京师范大学出版社，2013：39-40.

③ 伊列雷斯 K. 我们如何学习：全视角学习理论[M]. 孙玫璐译. 北京：教育科学出版社，2014：84.

④ 戈尔曼这里把“感性”和“情感“混用了，这里的“感性”与“理性”不是认识论中的概念，“感性认识”和“理性认识”是认识论中的初级阶段与高级阶段；而日常用语中的感性与理性，更多地指情感与理智。当然在一些专业论著中，也有把感性认识和感性混用的现象，如康德的三大批判体系，但是康德意义上的“感性”指的是认识的第一阶段，也属于认知的范畴，不属于情感的范畴。

有情绪智力，思维无法达到最好的效果，传统范式认为理性应当超脱于感性的约束，新范式则要求我们使头脑和心灵保持“和谐”[①]。这里要达到所谓的“平衡”和“和谐”，按照戈尔曼的思路是要加强情商的培养。但是，矛盾体的调和显然从来都需要“第三方”的出现。虽然从传统心理学来说，想象力是智力的一种，但是想象力在人的心理过程中起到了非常重要的地位，“它正处在由感觉、知觉、记忆、隐喻、概念、情感（毫无疑问）还包括其他显明的生命特征所交汇而成的十字路口上”[②]。所以，想象力作为一种心理过程的枢纽，完全可以担当这个平衡器的重任。何况，认知和情感本身都有想象力的成分在内。

因此，从某种程度上来讲，想象力的发展经历了一个认知（理性）想象力与情感（感性）想象力协同、融合发展的过程。同时，无论是认知想象力，还是情感想象力都经过了一个从初级到高级发展的过程。其中认知想象力发展历程依次经过具身性思维、隐喻性思维、发散性思维、汇聚性思维及辩证性思维五大阶段；而情感想象力则依次经过具身性情感、自控性情感、移情、共情及审美五大阶段[③]。当然这也是为什么想象力进一步获得发展的原因，也是想象力被教授的可能性与必要性所在。值得一提的是无论是认知想象力，还是情感想象力，其发展阶段只是一种阶段性优势心理能力的类型划分，绝不意味着不同阶段只有一种思维方式或者情感模式。不同的思维方式和情感模式在不同阶段往往交叉或重叠出现，只不过没有优势心理能力那么强烈罢了。至于个体意义上的阶段差异就更大了。奥斯本考察了想象力的年龄因素后，也得出结论，“想象力不受年龄限制，和人们所认为的正好相反，成年时期的想象力比青年时期的想象力更强”[④]。当然，这里有必要分别介绍一下认知想象力和情感想象力。

（一）认知想象力：分类与特点

所谓的认知想象力，主要是指一种思维的灵活性，即一种依据情境（意识的或实践的）条件，充分调动适当（类型选择与动力性）的感官要素（听觉、触觉、视觉等）和智能因素（观察能力、记忆能力、推理能力等），在多种思维方式（具身思维、隐喻思维、发散思维等）中自由切换，以便解决情境问题的综合性心理能力。认知想象力也经历了一个从初级阶段到高级阶段的发展历程。初级

---

① 戈尔曼 D. 情商——为什么情商比智商更重要[M]. 杨春晓译. 北京：中信出版社，2010：33.

② 潘庆玉. 富有想象力的教学设计[M]. 广州：广东教育出版社，2014：13.

③ 这里的分类标准，借鉴了伊根教授富有想象力的教育中的认知工具理论。伊根教授把认知工具分为身体认知、神话认知、浪漫认知、哲学认知及批判认知五类。事实上，虽然名为认知工具，伊根教授在其中设置了大量认知性思维特质的工具和情感性工具，所以这里认知想象力和情感想象力可以算是对伊根教授认知工具的提炼和重新分类，突出想象力发展过程中的认知与情感成分，尤其这里把“情感想象力”单独列了出来，以突出其在学习中的价值。

④ 奥斯本 A F. 创造性想象[M]. 王明利，等译. 广州：广东人民出版社，1987：24.

认知想象力包括具身性思维（认知）、隐喻性思维两个阶段。具身性思维主要发端于具身认知理论，对应于伊根教授“认知工具理论”的“身体认知”阶段（0~3 岁）。具身认知“秉持身体及其所处环境共同作为认知活动发生的基础，认知的展开与发生恰恰在于身体、心智及环境三者构成认知系统的自组织生成与涌现……实验不断验证认知活动并非单纯理性、封闭、抽象的活动，而必然依赖于身体的生理结构以及身体的经验、经历所拓植与参与”①。

当然，具身认知理论的理论旨趣，意在扩展或者改变传统认知理论（传统的信息加工理论和联结主义），笔者在这里更关注理论本身对于婴幼儿认知的想象力价值，处于感知运动阶段的婴幼儿也有思维意识，只不过大多通过身体感官及动作来完成。隐喻性思维主要是指儿童期（3~7 岁）的思维模式，其大致处于伊根教授所提的“神话阶段”，儿童对复杂世界的理解方式比较简单，多采用类比、关联的方式对周围的世界和事件进行解释。因此类比式思维和关联式思维也属于同类型思维方式，具有一定的重合性和相似性。“隐喻”思维的本质是用一种事物来理解和经历另一种事物②。它体现了一种思维的灵活性与想象力，更多地体现主体对客体对象本质的直觉顿悟。隐喻性思维是人类最古老的洞察真相的方法，关注的不是“什么”（what），而是“像什么”（feel like/as）。

高级认知想象力包括发散性思维，汇聚性思维及辩证性思维三个阶段。发散性思维对应的是伊根“认知工具理论”的“浪漫认知”阶段（7~14 岁、15 岁）。当然，这一时期同类型的思维方式还包括可能性思维、辐射性思维等，这个阶段的儿童倾向于体验各种各样的知识及可能性，尤其是那些与众不同，比较新奇并能带来极端化体验的知识，但是对于这些琐碎知识的深层次逻辑关系并不是充满兴趣的。汇聚性思维对应的则是“哲学认知”阶段（15~19 岁、20 岁），也可以叫统合性思维、聚合性思维、收敛性思维等，这一阶段的青少年喜欢用一般理论框架去解释周围世界。对于认知模式，寻求一种确定性和普遍性，对于细节性事物不再保持以往的热情。最后则是“辩证性思维”，包括批判性思维、评价性思维、逆思维、“反事实”思维、自反性思维等。这是思维发展的最高形式，辩证理性也是认知想象力发展的最高阶段，说明个体的思维发展趋于成熟，对事物能够灵活地看待，不再迷信绝对权威和普遍性范式，时刻保持怀疑和警惕，具有自反性思维的倾向。同时，思维也表现出一定的灵活性，可以运用多种思维模式，针对事物进行持续、灵活的思考。这也说明，高级思维模式及高级认知想象力可以统摄和包容初级思维方式及初级认知想象力。

---

① 张良. 论具身认知理论的课程与教学意蕴[J]. 全球教育展望，2013，（4）：27-32.

② Lakoff G，Johnson M. Metaphors We Live by[M]. Chicago：University of Chicago Press，1980：5.

（二）情感想象力：分类与特点

所谓的情感想象力，主要是指一种情感的灵活性，即一种依据情境（意识的或实践的）条件，充分调动适当（类型选择与动力性[①]）的感官要素（听觉、触觉、视觉等）或情绪要素（愉快、恐惧、愤怒等），在多种情感方式（具身性情感、自控性情感、移情等）之间自由切换以便解决情境问题的综合性心理能力。根据伊扎德（Izard）的情绪分化理论，人类为了适应生存，逐渐分化出愉快、痛苦、厌恶、兴趣、愤怒、恐惧等11种基本情绪，经过千百万年的进化，这些基本情绪是“先天的、不学而能的，从而是泛人类的”。但是这些人类情绪的适应性和灵活性及它们所具有的各自不同的适应功能，仍然只是一种应对社会环境多样性和复杂性的“潜在能力”[②]，为了继续适应人类社会的复杂性，这些基本情绪需要养成一些更为精巧和稳定的情感模式或者说社会性情感。这些情感模式不是天生的，需要进行后天的教养和培育。至于情感想象力，也就是在这些多样化情感模式的发展中逐渐形成的。情感想象力的分类标准跟认知想象力一样，借鉴伊根教授的“认知工具理论”[③]，并且发展阶段也随之一一对应。

初级情感想象力包含具身性情感和自控性情感两个阶段。具身性情感（0~3岁）和具身性思维一样，源于人类认知、情感与身体都尚为一体的状态之下，相似于婴幼儿时期的情感反应模式。例如，快乐的时候，婴儿会表现出微笑，而看到成年人笑脸的时候也会感到快乐，婴儿看到其他人的眼泪时自己也会哭。这时出现的是一种情感的泛化现象。在这个阶段，身体感官与四肢是婴幼儿表达情感与思维意识的重要载体，“因为婴幼儿不能把他们自身与他人区分开来，以致他们常常无法弄清楚谁在体验这种情绪，而且常常把发生在别人身上的事情，当作发生在他们自己身上一样做出反应”[④]。这种具身性情感可以一直延续到3岁左右，这也可以解释我们常常在幼儿园低年级，依然会看到的一种状况，即一个孩子哭泣，多数孩子会受到感染，不自觉地哭起来。自控性情感（3~7岁），主要是指儿童自我意识快速发展，已经基本可以区分自我和他人的情感，情感体验模式出现分化现象，而且也可以隐藏自己的情感表达方式（面部表情和肢体动作等），具有一定的情感自控能力，能够调节自身生活情境，

---

① 类型选择指的是选择与情境适应的具体情感因素或者基本情绪（如快乐、悲伤等）；所谓的动力性指的是要调节好所选情绪的强度、范围、稳定性、潜伏性、发动时间、情绪的恢复和坚持等。参见孟昭兰. 情绪心理学[M]. 北京：北京大学出版社，2005：205.

② 孟昭兰. 情绪心理学[M]. 北京：北京大学出版社，2005：131.

③ 伊根教授的认知工具理论中含有情感工具的成分，但是并没有系统性地给予阐述，似乎认为情感只是一种认知工具的辅助性工具，并不具有独立的价值。正是在这个基础上，笔者提出了独立系统化的情感工具，以补充完善心理工具在想象力发展中的作用。

④ 孟昭兰. 情绪心理学[M]. 北京：北京大学出版社，2005：224.

尤其是想象情境的情感卷入度。

这个阶段的儿童经常会进行一些角色扮演游戏，或者对神话故事及其中的人物产生情感性想象，儿童想象力研究专家保罗・哈里斯认为，这些虚构的场景或者阅读材料可能引发儿童（3岁或4岁）的好奇、兴奋、恐惧等情绪，但是这并不意味着该年龄段的儿童无法区分物体或事件的真实或想象状态，通过实验可以进一步推测，“在自学前年龄（3 岁开始）或更早阶段开始，儿童对卷入想象情境或物体程度的调节能力逐渐提高，并且随着年龄增长，这种对虚构场景的情绪卷入程度将逐渐降低，因为他们可以更加熟练地使用适宜的策略处理过于激烈的情绪反应”①。但是，这种自控式的情感模式，伴随的是自我意识的发展，只是以自我为中心的情绪感知，即使对他人的不幸遭遇会有一些“移情式感受”或者“同情式的悲伤”，但是仍然可能会把别人混淆成自己，在安慰别人的时候，往往会采取成年人早前安慰自己的方式。例如，看到一个成年人悲伤，儿童往往会把自己的糖果给他，以为他就会因此不再难过。

高级情感想象力包括移情、共情和审美三个阶段。这里的移情情感模式（7~14 岁、15 岁），随着对人类自身及周遭环境理解而逐渐加深，儿童在逐渐脱离个体自身及自己周遭熟悉环境中的各种情感体验，开始对各种新奇的、充满英雄色彩的、能引发浪漫情结的情感体验感兴趣。例如，这时期的儿童时常会把自己的情感投射到某个具有英雄主义品质的人或者事物上面，设想自己也具有这些品质，具有这种极限的情感体验，从而获得某种对复杂世界的秩序与安全感。这也是学生常常崇拜偶像和追星的原因所在，但是这种移情往往还是以自我体验与想象为中心的、浪漫倾向的“单向链接”，如这个阶段的儿童会把自己崇拜的明星想象得完美无瑕，以此来满足自己内心对“完美”的浪漫想象。这种移情能力有别于自控性情感模式中的“初级移情”（以自己情感体验与认知为标准的移情），自控性情感中的“初级移情”存在情感的认知与体验双重偏差，而这里的移情则只存在情感体验偏差而不存在认知偏差，这个阶段的移情往往是儿童面对复杂世界与自己的无力感，产生的一种对于“完美”等美好品质与极限体验的无限渴望的内在需求，但是在认知上面，他知道自己与他人存在诸多差异。所以，这里的移情，仅限于一种抛开认知的、不自主的“情感羁绊”，即把自己的内在渴望移情投射在极限人物与事物之上以获得安全感。

接下来是共情阶段（15~19 岁、20 岁），首先需要澄清它与移情及同情的区别。移情虽然也用在心理分析领域（精神分析学派），但是它更多的是指一种情感投射，它与自身的过往经验和内心渴求密切相关，虽然移情的主体也试图考虑和理解他人的情感，但是这种理解充满了“个人化色彩”，是一种“主体化”的

---

① 哈里斯 P. 想象的世界[M]. 王宇琛，刘晓玲译. 上海：华东师范大学出版社，2014：64-65.

“情感摄入”。而“‘同情’（sympathy）由 sym（together）和 pathy（feeling）两部分组成，意为‘与……有同感’……同情作为一种个体的情感体验不是原发性的，而是由他者的遭遇、行为及相应情感体验所引发的一种情感现象”①。移情并不要求主体与对象保持一致的情感状态，有时候主体过往经验导致的移情投射，往往不符合甚至相反于对象的主观体验。但是“同情”则要求主体能够走出自我过往体验和内心渴望，完全站在对方的立场上思考和体验，同情有一种被对方感情同化的感觉，一种被对方情感压倒的“客体化”体验。与此同时，主体不必遭受对方相同经历或者体验。从某种程度上讲，同情是移情的进一步延伸与发展，意味着主体能够完全走出自我情感体验的局限性。但是同情的局限性同样明显，即它具有明显的“向他性”，忽视了主体自身的情感立场与情感诉求。

共情是人本主义创始人罗杰斯所阐述的一个概念，是心理治疗领域的一个常用术语，但是它的内涵已经远远超出了心理治疗领域。他认为，“共情就是感觉当事人的个人世界，就仿佛它就是你自己的，但是却不丧失‘仿佛’的性质”②。共情意味着主体不仅仅要进入对方的情感世界，同时要保证自己的情感立场不迷失，共情是移情与同情的结合状态，既有主体的情感想象与摄入，又有“客体化”的情感体验，从而达到一种超脱具体情境的情感共鸣。共情既是一种移情状态下的“同情心”状态，也是有认知参与的“同理心”状态。它能够超脱现实情境体验，从更普遍层面来关照客体的情感体验，如看到一个人落泪，共情能力能够从这个人的生活背景，甚至人类的普适性情感来考察和理解自己和对方的情感体验，胸怀更加广大，眼光更加开阔。从某种程度上来说，移情和同情属于人类高级社会情感中“道德情感”的核心情感模式。而共情则属于“道德理智感”的核心情感模式。

最后是审美阶段（19~20岁以后），当然这里不是说此阶段之前，学生没有审美意识和能力，而是说审美情感的成熟是一个逐步发展的过程。真正成熟的审美能力的形成，是从这个阶段开始，并将贯穿人的一生的。中国传统文化中，“在孔子看来，人生可以分为四个境界：凡俗境界，功利境界、道德境界及审美境界”③。可见审美境界对人的情感与理智都提出了较高的要求。而且，主体在情感发展的过程中，面对周围的人、事与物，会经历“主体情感与客体情感”“美丽与丑恶”“诚实与虚伪”“善良与邪恶”等充满二元对立色彩的“情感图式”。作为高级的社会性情感，无论是“自控性情感”的功利模式，还是“移情”阶段的“道德情感模式”，抑或是“共情阶段”的“道德理智模式”，都不能真正解决人的情感挣扎，只有进入“审美”阶段的情感想象力，能够跳出这些二元对立和固有束缚，从更高

① 石中英. 全球化时代的教师同情心及其培育[J]. 教育研究，2010，（9）：52-59.

② 罗杰斯 C R. 罗杰斯著作精粹[M]. 刘毅，钟华译. 北京：中国人民大学出版社，2006：196.

③ 王小平. 审美与人的解放：孔子的审美人生境界观[J]. 中国文化论坛，2008，（3）：67-73.

的、自由的境界看待个体与人类的情感诉求。从某种程度上来讲，这就是审美的“辩证法”。康德的古典美学观中，也充斥了大量的二律背反现象，“从其中能很好地体现美本身的多样性，从一个多维的侧面能证明美的东西的思维方式本身是辩证的”①。所以，从这个意义上来说，审美阶段是情感想象力的高级阶段，并且它和认知想象力的高级阶段“辩证性思维”是相符合的，就如辩证性思维代表了一种思维的自由和灵活性一样，它也代表了一种情感的自由和灵活性。正是通过审美，我们的情感与理性得到统一，主体性得以真正确立，人得以从“自在之在”的“物”真正成为“自由自在”的“人”。“‘感觉的被动状态’和‘思想的主动状态’是两种截然不同的人生境界，前者是受奴役的物质世界、功利世界，后者是人得到全面发展后的自由的精神世界”②。因此，认知与情感在这一阶段开始逐渐融合，审美与辩证理性成为人类想象力的最高级的心理工具，也在这个过程中，人才逐步成为人。综上所述，想象力的发展历程可以在图 3.1 中鲜明地体现出来。

图 3.1 想象力类别与发展阶段示意图

① 吴铁柱. 从审美的“二律背反”解读康德美学的辩证观[J]. 学术交流，2010，（12）：24-27.

② 王小平. 审美与人的解放：孔子的审美人生境界观[J]. 中国文化论坛，2008，（3）：67-73.

第三节 想象力可以被教授

想象力是一个不断发展的过程，但这个过程却不仅仅是或者说远不止是一个自然、自发的过程，它的发展需要个体与自身、自然、文化、社会进行频繁的互动，使儿童时期头脑中模糊意象逐渐规模化、符号化、系统化、条理化，以便充分利用这些意象或者认知工具进行更精密、更复杂的想象力活动。在这个成长过程中，如果没有教育的系统介入，儿童完全依靠自己与自身及环境的互动的话，想象力虽然也能获得一定程度的发展，但是这种想象力的发展是有限的，即使是这种小幅度发展，主体需要付出更多的代价和努力。但是我们常常会面对这样的疑问：想象力可以被教授吗？事实上，已经有学者用实验证明：想象力是可以被教授的。这个实验持续了 14 个月，在美国布法罗大学，对经过选择的 330 名学生进行了观察和科学研究，试图检验一个学期的创造性课程是否使中等水平的学生的创造力得以充分发挥。结果证实，在发挥丰富的“想象能力”方面，实验对象相比于没有接受过类似课程的学生而言，取得了 94%的进展。实验所用课程就是通用电气公司一直开设的“创造工程”教学。在获得专利的方法和发明创造的速度上，相比未经过“创造工程”教学大纲训练的人，那些学习过创造工程课程的学生，平均速度几乎会高出三倍之多①。接下来，我们还要面对一个问题，想象力如果是可以教授的，那么通过什么来进行教授，难道仅仅是特定的，如上面实验所说的教材吗？维果斯基心理学提供了很好的答案。

一、基于心理工具的中介学习

维果斯基把高级心理活动看成是中介活动的功能。他提出把“中介者”分为三类：物质工具、心理工具及他人。心理工具面对的则是人们自己的心理过程，而物质工具面对的是自然界的物体。心理工具是一种更为高级的中介类别，这种中介类别会随着人类活动范围和深度的扩展而升级，仅拿语言为例，这种心理工具经历了身体语言、口头语言、书面语言、科学语言等变化，其中每一种变化都能极大地解放人类的脑力，使人类利用这些心理工具更便利地操控头脑中那个“模拟世界”。但是心理工具的提升是一个繁杂的过程，这也是学校教育从人类生活过程中独立出来的原因。还有第三个中介工具，即“他人”。教师就是这个角色最好的充当者。作为一种中介工具，他不仅仅和宏观层面的文化社会及微观层面的课程教材一样，都是信号、符号和意义的携带者，同时作为成人的教师是

① 奥斯本 A F. 创造性想象[M]. 王明利，等译. 广州：广东人民出版社，1987：4-5.

有意识和特定目的“主动介入性”中介工具，教师显然处于一种中介地位。他把偶然的相互作用的情境变成了有目的的经验。在这个意义上，教师“不再只是一个提供对象、信息或口头命令的人，而是一个能始终如一地保证儿童能得到有意识地为他准备的对象和信息的来源”①。正是通过教师及高级心理工具的介入，人的想象力有了被教授的可能。

那么作为中介的心理工具是否是固定不变的，这就牵涉到“心理工具”的分类问题，“心理工具具有高低层次的分别，低级心理工具可以在一定的程度上与教材分离，成为认知干预性课程的内容，而高级心理工具是与教材内容紧密地联系在一起的，由于这一原因，不单是学习者，教师也经常认识不到教材中的心理工具价值，及心理工具对认知发展（包括想象力在内）的特殊贡献”②。所谓的低级心理工具是指符号、符号的运用及简单的符号推理等，而高级心理工具则是指学科专用的语言，以课程内容为基础的逻辑推理，分析问题的原则、方法及理论模式等。当然，这里的工具既包括认知工具，也包括情感工具，但是我们过去往往重视认知工具的理解与应用，忽略了情感工具。心理工具可以帮助个人掌握自己多方面的心理功能，这些心理功能包括感知觉、记忆、注意、想象力等。想象力与心理工具（情感图式与认知图式）的关系在于，想象力是“无”（灵活性），心理工具是“有”（稳定性），“无”通过“有”起作用，“有”通过“无”获得发展。心理工具的丰富发展会极大地解放人类的大脑潜能，激励人类探索更多未知区域的可能性。同时，需要说明的是，心理工具并不等同于想象力，而是想象力得以展现的显性载体，正是因为心理工具的掌握和熟练使用，我们才能说一个人具备丰富的想象力。因此，学生们正是在心理工具的稳步发展和灵活运用当中，逐步提升了自己的想象力。

心理工具的发展过程也是一个“中介学习体验”的过程，“中介学习体验是指在儿童和环境刺激相互作用时，介于他们之间的中介的特殊品质。这个品质是通过一个有启动作用的和有目的的成人插在环境刺激和儿童之间来实现的”③。中介学习体验和心理工具必须结合起来，真正的学习才会发生。没有掌握心理工具的中介学习，会让学生养成依赖的习惯，丧失主动学习的动机与能力。掌握心理工具，却没有中介学习体验，学生使用心理工具的范围和目的性就会比较差，不会或者难以形成完备灵活的认知体系或情感体系。因此，心理工具和中介学习的紧密结合为想象力的教授提供了便捷抓手和稳定根基。事实上，伊根教授的富有想象力的认知工具理论，就为我们提供了很好的理论与实践依据，这些“认知

---

① 柯祖林 A. 心理工具——教育的社会文化研究[M]. 黄佳芬译. 上海：华东师范大学出版社，2007：60-61.

② 柯祖林 A. 心理工具——教育的社会文化研究[M]. 黄佳芬译. 上海：华东师范大学出版社，2007：10.

③ 柯祖林 A. 心理工具——教育的社会文化研究[M]. 黄佳芬译. 上海：华东师范大学出版社，2007：61.

工具”（事实上，这些认知工具包含很多情感工具的因素）是协调情感想象力和认知想象力的很好的形式之一。在儿童的每个年龄阶段，我们要恰当选择心理工具，使想象力的可教性成为现实。

二、想象力发展：认知与情感工具的双重变奏

从理想情况来看，儿童想象力的发展，是一个认知想象力和情感想象力协同发展的过程。而认知想象力与情感想象力的根基，则是递进发展的认知工具与情感工具。认知工具与情感工具是心理工具当中最为核心的两个组成部分。因为，教学过程本身就是认知过程与情感过程相统一的过程。中介学习体验中，介于主体与环境刺激中间的“特殊品质”，即指以情感工具和认知工具为核心的“心理工具包”。在学习过程中，情感工具属于一种“动机结构”，因为本质上，情绪是一种行动的驱动力，它可以在人类进化过程中帮助处理各种即时状况。“情绪的词源‘emotion’来自拉丁语‘motere’，意为‘行动、移动’，加上前缀‘e’，含有‘移动起来’的意思，这说明每一种情绪都隐含着某种行动的倾向”[①]。事实上，动机和认知结构是一种附合（相互伴随、相互作用）的状态，在学习中，一个人可以区分出两个方面：一是认知或认识论方面，其关注的是学习内容；二是动机方面，其关注的是学习的动力。通过认知过程，内容结构和图式得以发展，而情绪经验发展了一种具有相对稳定性质的动机模式。内容结构和动机模式都是通过同化和顺应过程的互动，发生变化和得以发展的。因此，我们可以说，认知学习总是受情绪影响，要发展的知识总是附加有情绪的气氛和印记，而且在互动的意义上，情绪同样会被知识所影响，如果一个突发事件或者某种认知过程，引起个体对一系列条件与情境理解的根本性重构，那么情绪模式也将会有根本性转变[②]。情感工具与认知工具的掌握和灵活使用，让主体更充分地解放了脑力，更快速、更多角度地了解这个世界，同时也为过去和未来打开了更多的可能性。认知工具所表现出来的思维模式（具身性思维、隐喻性思维等），以及情感工具所表现出来的情感模式（具身性情感、自控性情感等），都是中介学习中学生应该掌握的心理工具及“特殊品质”，也是教师作为特殊的“中介者”赖以利用和培养的“教学支点”，更是想象力获得发展的实体要素。因此，从这个意义上来说，情感工具与认知工具是想象力形成和持续发展的基础所在。

① 戈尔曼 D. 情商——为什么情商比智商更重要[M]. 杨春晓译. 北京：中信出版社，2010：7.

② 伊列雷斯 K. 我们如何学习：全视角学习理论[M]. 孙玫璐译. 北京：教育科学出版社，2014：84-87.

三、想象力的“最近发展区”

在维果斯基看来，儿童能在他人的帮助和指导下完成但自身不能独立完成的任务的范围，就是最近发展区（zone of proximal development，ZPD）。儿童的最近发展区包括正开始发展的学习和解决问题的能力——处于未成熟的、初期状态下的能力。当然，任何儿童的最近发展区会随着时间的推移而发生变化[①]。最近发展区思想延伸出了许多教学方法，如指导性参与（guided participation），脚手架教学（scaffolding）及同伴合作（peer interaction）等。最近发展区思想最大的贡献就在于，它论证了“教育先行”的正确性和必要性。教师经常会据此给学生布置一些只有经过他人的帮助才能完成的、更具挑战性的任务，在这个“中介性”的帮助和干预之下，儿童获得了比自主探索更快的发展。当然，以最近发展区思想为指导的教学，往往也非常注重“干预”的限度所在，如脚手架教学中，“脚手架”就是一个“智力支撑”的隐喻说法，学生在他人的帮助之下完成了发展后，“脚手架”或者说“智力支撑”要逐渐撤除，否则就是对学生主体性的侵犯，会成为学生持续发展的障碍。

值得一提的是，我们关注的往往是学生在认知方面的最近发展区。“认知发展”被认为是学业成绩的重中之重，而情感与想象力只是为“认知发展”而引入的“诱发因素”与“外部支持”。事实上，儿童在情感与想象力方面也有自己的最近发展区。情商较之于智商更多取决于后天的发展，而发展的过程中，也需要有“中介者”的帮助。想象力也是如此，在发展的过程中，无论是从初级想象力到高级想象力的转化阶段，还是认知想象力与情感想象力的有效协同发展，都有自己的最近发展区。教师要积极识别儿童心理发展的不同阶段，从而及时地、有目的有计划地帮助儿童超越自己的既有发展水平。因此，这里所谓的想象力的最近发展区，就是指心理工具发展的纵向交叉地带（不同的发展阶段）和横向融合地带（不同的联结点）。想象力也正因为有自己的最近发展区，它的可教性也就体现得更加明显。在伊根教授富有想象力的教育中，认知工具正如计算机的操作系统和应用程序，大脑通过不断地内化它们而提高自身的工作效率和能力。如果继续使用这个隐喻，那么计算机的操作系统每隔一段时间就会面临升级的问题，系统的升级虽然功能与之前总有类似，但是也有改进的地方，总会打破我们一些使用习惯[②]。我们需要外界的“中介性”帮助来适用并熟练使用新系统，从而快速提高我们的工作效率。系统的升级部分就是最近发展区的形象比喻。随着系统的升级的加快，或者说心理工具的增多并且灵活应用能力的快速提升，我们的想

---

① Ormrod J E. 教育心理学上册[M]. 第四版. 彭运石，彭舜，等译. 西安：陕西师范大学出版社，2006：43.

② 潘庆玉. 富有想象力的教学设计[M]. 广州：广东教育出版社，2014：86-87.

象力也在突飞猛进地增长。

第四节 作为教育方法论的想象力

想象力不只是一种可以被教授的综合性心理能力，而且是一种可以应用在教育教学领域的方法论。方法论通俗地讲，是指人们用什么样的方式、方法来观察事物和处理问题。想象力作为一种认知方式与情感模式的灵活性运用能力，不仅有助于知识与知识之间的跨界融合，而且可以帮助人与人之间的情感互通。既可以为教育提供更多更好的观察事物与处理问题的方式、方法，又能改造传统的教育教学“工具库”。想象力在某种程度上讲，属于人的内在的“互联网”，如果说互联网作为一种外在的勾连万物的“虚拟物质工具”，那么人在面对自己和周围这个世界的时候，想象力完全可以作为一种基于认知与情感的“虚拟心理工具”。因此，不仅可以有“互联网+”，也可以有“想象力+”，人类基于认知和情感所创造的任何精神产品，都可以在想象力的世界实现互联。这些形式各样的精神产品，如同传统行业遭遇了互联网一样，会因为想象力实现自身的改造与升级。“互联网+教育”已经在路上，“想象力+教育”也将迸发出自己的光彩，正是在这个意义上，笔者认为想象力是一种教育方法论，它可以在学科教育①、德育与公民教育等领域都发挥出自己的重要作用。

一、基于学科想象力的学科教育

上文已经提到，学科想象力不同于学科背景下的想象力，学科想象力指的是以学科为根基的开放型思维方式，它着眼的是学科自身的可持续发展。学科背景下的想象力与此不同，它虽然也是以学科为根基，但它是一种以想象力为核心目标的学科探寻，着眼的是扩展想象力的理论空间。米尔斯的社会学想象力可以说最早意识到了学科想象力的巨大魅力，并对其进行了详细论述。米尔斯认为，所谓的社会学想象力“是一种心智品质，这种品质可帮助他们利用信息增进理性，从而使他们看清世事，以及或许就发生在他们之间的事情的清晰全貌”②。同时，它“也是一种视角转换的能力，从自己的视角切换到他人的视角，从政治学转移到心理学，从对一个简单家庭的考察转换到对世界上各个国家的预算进行综合评估，从神学院转换到军事机构，从思考石油工业转换到研究当代诗歌。它是

① 理论上讲，学科教育包括德育及公民教育。但是鉴于公民教育与德育相较于具体的学科（语文、数学等）更具综合性质，所以这里把它们分开论述，因此这里的学科教育特指一般性知识类学科。

② 米尔斯 C W. 社会学的想象力[M]. 陈强，张永强译. 北京：生活·读书·新知三联书店，2005：3.

这样一种能力，涵盖从最不个人化、最间接的社会变迁到人类自我最个人化的方面，并观察两者间的联系。在应用社会学想象力的背后，总是有这样的冲动：探究个人在社会中，在他存在并具有自身特质的一定时代，他的社会与历史意义何在”[①]。可见，米尔斯意义上的学科想象力意味着一种“视角转换的心智品质”。这与想象力所强调的认知与情感模式的灵活运用是一脉相承的。当然，众多学科深受启发，纷纷出现了历史学的想象力、地理学的想象力、教育学的想象力……甚至教育学的分支学科领域中，也出现了教育社会学的想象力、教育史学的想象力等。

事实上，学科想象力不仅仅是学科发展的源泉与持续动力，也是学科教育的重要指导原则，学科的魅力在于让学生体会到独属于学科本身的独特的想象力。如果说主体想象力教育是一系列主体心理工具的灵活运用。那么，学科教育的任务与使命就是让学生熟练掌握并灵活运用学科结构化工具。就如心理工具囊括了人类文化心理的精华一样，学科结构化工具可以说是学科之眼，涵盖了学科自发展之初至今的所有结构化特征。学科教育的首要任务不是让学生记忆和理解各种琐碎的学科知识，而是让学生逐步体认学科的各种结构化工具，养成富有特色的学科视角，同时想象力可以使学生运用多学科视角不断审视学科本身的结构化特征，以寻求学科之间、学科与主体心理之间的内在关联。无论是人的心理工具，还是学科结构化工具，在某种程度上都是人类文化的精华，他们在某种程度上具有共同性和契合性。心理学家布鲁纳也强调学科基本结构，“他认为学科的基本结构是指学科的基本概念、基本原理及学习该学科的基本态度与方法。不论我们选教什么学科，务必使学生理解学科的基本结构”[②]。想象力可以实现学科的知识逻辑与学生的心理逻辑之间的有效沟通，而这也同时是教学艺术的核心[③]。基于学科知识，教师要发挥学科想象力，灵活设置并运用学科结构工具（学科基本原理、态度、方法等），积极介入并引导学生使用心理工具（包括认知工具和情感工具），从而理解和内化学科知识。想象力作为一种教育方法论，介入学科教育的运行机制如图 3.2 所示。

二、基于道德想象力的道德教育

约翰逊认为，“想象力是我们思考可能性视角的方式，并且它有助于我们去探索人类的行为、关系及公共福祉，因此，对于特定视角的可能性批判，取决于

---

① 米尔斯 C W. 社会学的想象力[M]. 陈强，张永强译. 北京：生活·读书·新知三联书店，2005：5-6.

② 杨鑫辉. 什么是真正的心理学：50 位当代心理学家思想选粹[M]. 福州：福建教育出版社，2012：606.

③ 刑志敏. 想象力的培养要关注学科逻辑和心理逻辑[J]. 辽宁教育，2014，（2）：12-14.

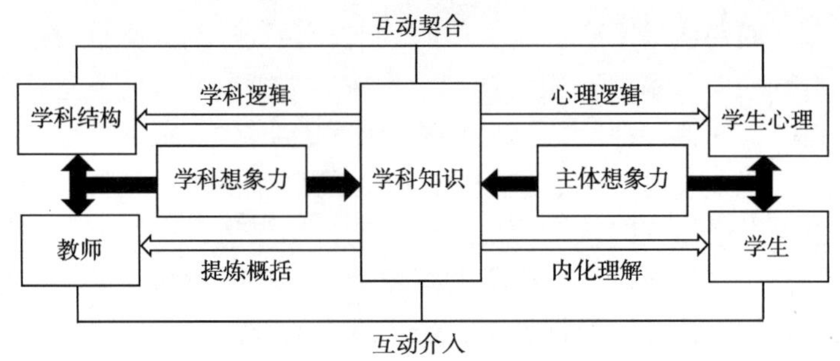

图 3.2 学科想象力与学科教育的互动逻辑

我们是否有预想别人视角的想象能力……道德想象力就是要能够看到或者意识到一些真实或预期的经验可能性，从而提升我们自身及生活于其中的共同体的生活质量”。[①]这个定义中的“预想别人视角”及“真实或预期的经验可能性”是道德想象力的核心所在。“预想别人视角”意味着要通过想象性同情、设身处地地想象别人的道德处境，而“真实或预期的经验可能性”则代表了道德情境中的创新性思考。事实上，这和杜威关于道德想象力的看法是一致的，杜威认为道德想象力存在两种方式，一种是移情投射；另外一种则是创造性地挖掘道德情境中的种种可能性，并且肯定这两种想象力是同时运作的。[②]显然，杜威关于道德想象力两大功能性特征的看法，和康德关于想象力两大功能的描述是一脉相承的。

道德想象力是想象力在德育领域的方法论，所谓的德育方法论，就是要教导人们如何选取合适的方式与方法，以用来洞察自身所处道德情境中的人物（包括人物感受）与事件，并且妥善处理所涉及的道德难题。在这个意义上，道德想象力不仅仅是主体面对道德情境时所具备的一种能力，而且完全可以成为一种德育教化的方法论。如果把杜威关于道德想象力的观点进行拓展，道德想象力就由四部分组成：①我们反省思维（先前经验）引发的图像和经验图式；②我们通过概念性隐喻指出道德议题的方式（理解事物应然的方式）；③采用他人视角及移情于他人的能力；④对所涉及的道德情境及人物形成特定架构的能力。也就是说，道德想象力包含四个基本要素：图式、隐喻、移情及架构[①]。

显然，这里的“架构”会经历皮亚杰认知理论中的“同化”、“顺应”及“平衡”这样一个类似过程。如果主体面对一个道德情境，经过反思及移情，认为情境的人和事，符合先前的道德认知图式，那么道德行为的选择毫不费力，按照老规矩办就行了，这是一个同化的过程。反之，如果道德情境、人物及事件发

① Johnson M. Moral Imagination：Implications of Cognitive Science for Ethics[M]. Chicago：The University of Chicago Press，1993：209.

② 费什米尔 S. 杜威与道德想象力—— 伦理学中的实用主义[M]. 徐鹏，马如俊译. 北京：北京大学出版社，2010：102.

生了变化，那么先前的道德图式就无法解决新的道德难题，自然图式要进行新的架构，这就是一个“顺应”的过程。一般来讲，道德主体为了避免“道德焦虑”，维持道德心理的“平衡”，一定会通过道德想象，做出道德选择。但是，如果道德主体没有能力或者不愿意进行道德想象，那么维持道德心理平衡的唯一方法便是“道德冷漠”。但是，这种道德冷漠的选择方式，给道德主体心理带来的负面影响是具有累积性的。

上文已经分析过，我国道德危机的实质是公德危机，公德危机的实质是道德想象力的危机。如何培养、提高及运用道德想象力，从而帮助学校进行有效的公德培育是一个重要的研究议题。传统的规范德育论和理性德育论都有自己的实践弊端，前者倡导教师进行价值灌输，确保学生“听话”即可，显然不利于道德主体的养成；后者虽然提倡教师秉持价值中立，充分尊重学生，帮助学生进行“清思”，但是有助长学生道德冷漠或“自我中心主义”的潜在危险。但公共领域需要的不是缺乏道德思考的无头脑的“循规蹈矩”者，也不是缺乏移情感受的“精致的利己主义者”，所以我们的公德教育，需要充分发挥道德想象力。道德想象力作为一种方法论，可以帮助我们建立一套独具特色的教学设计模型以指导学校德育。我们会在后文予以详细探讨。

三、基于民主想象力的公民教育

“德先生”（民主）与“赛先生”（科学）是近代中国寻求启蒙与救亡的重中之重，也是现代国家所应具有的关键特征。为此，我们摸索了近一个世纪，“科学”所取得的进步有目共睹，已经今非昔比，但是在“民主”方面，我们依然任重而道远。我们要建设中国特色社会主义民主国家，这一宏大愿景的实现，自然要比西方国家在民主想象力方面付出更为艰辛的努力。民主从来都不是一种一劳永逸，可以定型复制的政治制度形式，因此我们要跳脱这种政治意识形态的束缚，充分发挥民主想象力，寻找民主真义，这样才能为公民教育找到最为恰当的出路。说到民主与公民教育，杜威是无论如何都绕不过的人物。因为杜威以其无与伦比的实用主义和民主主义想象力，成功拓展了民主的丰富内涵，使民主成为一种极具包容性、解释力及统一能力的时代追求。在很大程度上，他重新塑造了其所在时代及后来的公民教育观念，直至今日仍然富有启发意义。

（一）作为生活方式的民主

这种观念突破了“民主”仅仅是一个政治概念和政府形式传统观点，创造性地认为，“民主首先是一种联合生活的方式，是一种共同交流经验的方式”①。1916 年，杜威经典性巨作《民主主义与教育》问世，“民主”的含义被明确扩大为一种“联合生活”和“共同交流经验”的方式，并具有独立的意义和价值。在此基础上，杜威提出了民主社会所应具有的两条标准：“第一个要素，不仅表明有着数量更大和种类更多的共同利益，而且更加依赖对作为社会控制的因素的共同利益的认识；第二个要素，不仅表示各社会群体之间更加自由的相互影响（这些社会群体由于要保持隔离状态，曾经是各自孤立的），而且改变社会习惯，通过应付由于多方面的交往所产生的新的情况，社会习惯得以不断的重新调整。”②杜威显然意识到，如果把民主仅仅理解为一种政府形式和民众手中的选票，而缺乏联合生活和共同交流经验，那么由此形成的民主社会必定是机械的，因为“孤立的生活能使生活僵化和形式制度化，使群体内部只有静止的和自私自利的理想”③。这与杜威深受达尔文进化论影响的哲学信念格格不入。为了让“民主社会”持续进化并充满活力，无疑需要对“民主”进行重建，对“哲学”进行改造，使“民主”与“哲学”能够实现辩证统一。“民主的观念本身，民主的含义，必须不断地重新加以探究；必须不断地发掘它，改造它和重建它。……作为生活方式的民主，如果要继续存在，就必须继续改变和前进”④。显然，仅仅把“民主”含义扩大为生活方式是远远不够的。

（二）作为实验方法的民主

杜威认为，“既然民主主义者在原则上主张自由交换并保持社会的连续性，他就必须阐明一种认识理论，在认识中发现一种方法，使一个经验能用来给予另一个经验以指导和意义”⑤。他继续暗示到，“实验方法”作为一种科学的方法，“其重要性在极大程度上被认为属于某些技术和仅仅是物质方面的事情，要认识这种方法同样适用于社会和道德问题中观念的形成和检验”⑥，这无疑需要较长时间。这些话中已经隐藏着把“实验方法”扩大化的倾向。杜威的“民主”不是机械僵化的终极目的，而是一种社会持续变革、发展的状态。在《民主对教育的挑战》（1937 年）中，杜威说：“关于民主主义的观念，我们所能犯的最大错误，是把民主主义看成某种固定的东西，看成在观念上和在外部表现上都是固定的东西。”⑦所以，民主社会也急需一种方法来对自身的连续性进步做出指

---

① 杜威 J. 民主主义与教育[M]. 王承绪译. 北京：人民教育出版社，2001：94.

② 杜威 J. 民主主义与教育[M]. 王承绪译. 北京：人民教育出版社，2001：97.

③ 杜威 J. 民主主义与教育[M]. 王承绪译. 北京：人民教育出版社，2001：96.

④ 丁永为. 变化中的民主与教育[M]. 北京：教育科学出版社，2012：1.

⑤ 杜威 J. 民主主义与教育[M]. 王承绪译. 北京：人民教育出版社，2001：363.

⑥ 杜威 J. 民主主义与教育[M]. 王承绪译. 北京：人民教育出版社，2001：357.

⑦ 杜威 J. 杜威教育名篇[M]. 赵祥麟，王承绪编译. 北京：教育科学出版社，2006：295.

导。如果把“实验方法”推广到“社会和道德”问题中，这种方法又叫什么呢？

杜威在《今日世界中的民主与教育》（1938 年）中揭示道，“归根到底，民主主义的问题是个人尊严与价值的道德问题。通过互相尊重、互相容忍、授受关系、总结经验等，民主主义到底还是唯一的方法，使人们能成功地进行我们全体都牵涉在内（不管愿意与否）的实验，人类最伟大的实践——在这共同生活的实验中，每人的生活，在最深刻的意义上是有利的，对自己有利，同时还有助于他人的个性之培养”①。在这段话中，杜威明显地把“民主”和“实验方法”统一起来，成功把科学的实验方法推广到了社会领域。事实上，“反思方法”、“实验方法”及“民主方法”是相通的，是“科学方法”的统一，而不是各自为政②。“这种实用主义的逻辑，旨在破除与科学和民主相矛盾的认识论学说，从而建立一种适应科学和民主的哲学”③。作为实验方法的民主，无疑是循此逻辑的结果。

（三）作为伦理图景的民主

把民主仅仅作为科学实验方法和联合生活方式，从而使社会达成共识、持续变革对于杜威而言还是不够的。因为，这些还都是从工具主义的标准来衡量民主，那样就会迷失民主作为一种目的、作为伦理目标的最根本意义。杜威认为，作为伦理目标的民主意味着“发展人的本性，并使之与具有精神关联性的宇宙形成和谐统一④。正是在这个意义上，杜威发表的《民主伦理学》（1888 年）和柏拉图的“贵族伦理学”形成鲜明对立。在以柏拉图为代表的贵族哲学家看来，大多数人都没有能力认清个人、社会及宇宙的本质，他们只有各种低俗而杂乱的意见，所以作为精英的哲人王要挺身而出，帮助每个人找到自己合适的位置，同时人尽其才，从而实现个体与共同体的利益最大化。这存在两个问题：一是是否能找到这样拥有无双慧眼的哲人王及其可靠的继任者？二是即使找得到，个体伦理目标的实现寄托在别人身上，是否具有正当性与合法性？民主主义者显然觉得这种办法极不靠谱，尤其是在第二个问题上。他们认为社会中的每个个人都必须自觉、自愿并运用自己的能力去实现伦理目标。当个人自身在社会上找到最适合自己的位置并发挥合适的作用时，才算真正具有伦理意义上的正当性与合法性。杜威认为“民主意味着个性是第一位和最终的现实，无论个人有何等卑微、软弱，无论他人有何等强大、智慧，他人都无法代替个人发现自己的个性”⑤。这和杜威“民主”属于人、通过人、为了人的人道主义思想是吻合的。同时，杜威关于

① 杜威 J. 杜威教育名篇[M]. 赵祥麟，王承绪编译. 北京：教育科学出版社，2006：294.

② 李志强，戴艳军. 反思、试验与民主[J]. 大连理工大学学报（社会科学版），2007，28（1）：52-56.

③ 维斯布鲁克 R. 杜威与美国民主[M]. 王红欣译. 北京：北京大学出版社，2010：155.

④ 维斯布鲁克 R. 杜威与美国民主[M]. 王红欣译. 北京：北京大学出版社，2010：42.

⑤ 维斯布鲁克 R. 杜威与美国民主[M]. 王红欣译. 北京：北京大学出版社，2010：43.

道德的看法也打破了传统。他认为，“所谓道德，潜在地包括我们的一切行为……所谓德行，就是说一个人能够通过在人生一切职务中和别人的交往，使自己充分地、适当地成为他所能形成的人。归根到底，行为的道德的特性和社会的特性彼此是相同的”[①]。正是从这个意义上来讲，杜威把民主的含义拓展为一幅波澜壮阔的“伦理图景”。

可见，民主是一个具有无限包容性与想象力的概念，它寄托了杜威所有的研究理想，浓缩了杜威所有的哲学精华。但值得注意的是，杜威的民主并不是一种乌托邦式的理想，而是“把已经在一定程度上有所体现的力量推到逻辑实践的极限，是对现存制度和改良计划进行批判的基础”[②]。无论杜威赋予民主何种内涵，其最终旨向都是民主社会的生成与发展。但是，这里会产生两个问题：谁来实现？如何实现？首先是“谁来实现”，通常主体可以是受人爱戴的领袖或者政党，也可以是大众；其次是“如何实现”，通常是自上而下推行改革，或者是自下而上进行革命。这种传统的“二元对立”显然不符合民主伦理、民主方法及民主信仰。杜威认为，“民主的经验不能为精英所专有，而是由公众不断地创造并共同分享。民主社会的经验要‘分配’给每一位社会成员，从而使民主观念成为社会成员的心理和意志的一部分并且成为社会成员的行动力量时，民主社会才是可靠的，民主才能得以实现”[③]。他认为，“除非民主的思想与行为的习惯变成了人民素质的一部分，否则，政治上的民主是不可靠的。它不能孤立地存在。它要求必须在一切社会关系中都出现民主的方法来支持它”[④]。看来“民主”内涵的扩展，还是为了人成为更加适合民主社会的“公民”身份，让公民把民主作为一种生活方式、伦理追求甚至宗教信仰，并通过民主的实验方法，不断改造社会，从而实现民主社会的不断更新与发展。

但是，在不民主或者不完全民主的社会里，大量存在的是“统治者”与“臣民”，因此社会改革的风险成本极大。即使和大众达成改革共识，如果“大众”没有经过“民主教化”而成为“公众”，“改革”还很可能会堕入“革命”的窠臼。“臣民”与“奴隶”没有适应变革的心理习惯，在“改革”的各种诱因下，随时可能变为“暴民”，从而通过“革命”翻身成为“统治者”或“主人。杜威认为，民主主义社会中“必须有一种教育，使每个人都有对社会关系和社会控制的个人兴趣，都有能促进社会的变化而不致引起社会混乱的心理习惯”[⑤]。显然，这里所指的教育类型，意在培养民主公民，这种民主公民经过教育，具有适

① 杜威 J. 民主主义与教育[M]. 王承绪译. 北京：人民教育出版社，2001：376.

② 维斯布鲁克 R. 杜威与美国民主[M]. 王红欣译. 北京：北京大学出版社，2010：451.

③ 孔锴，孙启林. 试论杜威的公民教育思想[J]. 外国教育研究，2008，（9）：88-91.

④ 杜威 J. 人的问题[M]. 傅统先，等译. 上海：上海人民出版社，1965：51.

⑤ 杜威 J. 民主主义与教育[M]. 王承绪译. 北京：人民教育出版社，2001：110.

应变革的“心理习惯”，可以保证社会的发展不至于发生断裂性暴乱。如果在民主社会中，可以通过教育培养民主公民，进而成功处理社会变革与社会稳定的悖论，那么不民主的社会中，民主公民教育又何以可能？

民主公民教育只有在两个相互补充的框架之内才有意义：其一是公民实验（civic experimentation）；其二是通过教育经历发展学生的想象力①。显然，这里的想象力指的是民主想象力。柏拉图“不信任教育的逐步改进能造成更好的社会，然后这种更好的社会又能改进教育，如此循环进步以至无穷，在理想的国家存在以前，正确的教育不能产生，而在理想的国家产生以后，教育将仅仅致力于保存这个理想国家”②。这是一个似乎无法解决的矛盾，所以他不得不把希望寄托于一种偶然性，即哲学的智慧和国家的统治权获得统一。杜威对此观点进行了批判，认为不仅在民主社会中能够产生民主教育，而且在不民主或不完全社会中也存在民主教育，并且因为这种民主教育的存在，社会逐渐改良，继而又推动民主教育的不断发展。这何以可能？事实上，杜威利用“学校的改造”成功解决了这一难题。

他认为学校是一个经过简化、净化和平衡化后的小社会，“完全具备民主教育所需的环境需求，而且教育哲学必须解决的一个最重要的问题，就是要在非正规和正规的、偶然的和有意识的教育形式之间保持恰当的平衡，如果所获得知识和专门的智力技能不能影响社会倾向的形成，平常的充满活力的经验的意义不能增进，而学校教育只能制造学习上的‘骗子’—— 自私自利的专家”③。因此，学校是个体经验延伸，是社会经验浓缩的载体，是个体逐渐转化为公民的场域，是经验与民主的学校。教育与生活，学校与社会本来就源于一体，教育的就是生活的，学校的就是社会的。随着社会分工的完成，教育与生活，学校和社会被人为的界限隔开。教育在很大程度上是正规教育，学校也变成了专门机构。但是，希望恰恰就在于当今社会中学校的特殊性，它是一个小社会，又不完全是（简化、净化、平衡后的小社会）。这为不民主或不完全民主的社会，出现民主的教育提供了可能性。但是，民主的学校教育要想促进社会的民主化，就要致力于民主公民的培育。经过学校这个特殊的小社会，杜威解决了不民主或者不完全民主社会中实施民主教育的难题。

---

① Salmerón A M. Teaching citizenship：civic experimentation and imagination[J]. Interamerican Journal of Education for Democracy，2012，4（1）：13-28.

② 杜威 J. 民主主义与教育[M]. 王承绪译. 北京：人民教育出版社，2001：101.

③ 杜威 J. 民主主义与教育[M]. 王承绪译. 北京：人民教育出版社，2001：14.

第四章
想象教育的策略体系①

人人都具有想象力，想象力是人类的基本人权，谁都没有权利剥夺。想象力是人与社会尤其是当今时代发展的持续动力，想象力应该重新获得重视。同时，个体的想象力是一个由初级想象力到高级想象力纵向递进，认知想象力与情感想象力横向协同的不断发展的过程，想象力的发展远远不是一个自然自发的过程，教育在其中起了十分重要的作用。而“中介工具”的使用，为想象力和教育搭建了一个有效的桥梁，使想象教育成为一种具有较强操作性的教育模式。想象教育的总体目的是要把想象力引入教育，因为“教育质量，取决于教育当中想象力的参与程度。要使想象力参与其中，就是要不停地使用想象力”②。同时，在提高教育质量的过程中，进一步提升学生与教师的想象力。但是作为一种教育模式，除了理论基础与预设、教育目标之外，我们还需要一套行之有效的策略体系（方法、程序等）来保障想象教育的可操作性。而课程与教学及教育评价，永远是教育策略体系的核心所在。当然想象教育的场景条件和层次多种多样，这里只选取课程组织、教育设计及教育评价作为样本性策略体系加以阐述。

第一节　想象教育的课程组织策略

“分科性”课程与教学是大工业时代的产物，为了适应知识量暴增及满足专业岗位细分的需求，大多精通一门学科的教师们在教学中已经捉襟见肘，因此“分科课程”逐渐成为学校教育的主要组织方式，以此为基础培养的专业性人才，也确实为工业文明的持续发展提供了强大的智力保障。但是随着工业时代的

① 策略体系意指在不同的条件下，为达到不同的结果，而采取的方式、方法和手段的总和，而方法体系指的是为了达到特定目的和任务，而采取的特定方式、方法与手段的总和。想象教育的场域条件多种多样，从教育教学来说可以分为课程、教学及其评价三个层面；事实上，每个层面又包含许多不同的场景限制条件。因此，本章选择了意义更为宽泛的“策略”体系而不是更加聚焦的“方法”体系加以阐述。

② Warnock M. Towards a definition of quality in education[A]//Peters R S. The Philosophy of Education[C]. London：Oxford University Press，1973：121.

没落，新型经济的崛起，人类面临的自然问题、社会问题、人文问题通常融合在一起，愈加复杂，分科性专业人才已经无法有效解决这一困局，时代呼唤交叉学科人才的出现。互联网技术的突飞猛进，为知识的获取提供了越来越便捷的途径。历史与事实也充分证明了这一点，“人类文明史上，几乎所有的发明和理论，都不是某个学科单打独斗的产物。……时代的发展趋势是，一方面知识“分”得越来越细；另一方面“合”的需求，也越来越强烈”①。因此，分科课程教学虽然在以往取得了很大的辉煌成效，但是它把人类经验进行了机械地割裂，这已经不符合时代发展的方向。在儿童长大成人的过程中，他们把世界看作一个整体，他们的教育环境应该鼓励他们探索各种可能的关联及关联之间的丰富诠释。“因此，再也没有一丁点儿理由让孩子们去接受人类思想是分门别类的”学科集合体这一观念，也没有一丁点儿理由使这一观念成为学生在学校里获取教育体验的核心内容”②。

首先需要澄清的是，想象教育作为一种发展中的教育理论，并不致力于单独开发一种想象力课程。这种做法在学校教育中既没有效率，又没有效益，在中国教育环境中尤其如此，而且很可能异化成另一种标准化考试课程。不仅对现有教育教学没有助益，反而会加重教师和学生的负担。想象教育的课程组织一般会以既有课程体系为依托，进行优化整合或者深度挖掘。“不同学科”资源的优化整合与“单一学科”资源的深度学习，是想象课程教学的最高指导原则，前者使学科跳出自身局限，寻求学科交叉领域与方法；后者强调单一学科的深度解读与理解，以知识内核为基础，进行无限可能的深度挖掘。如果说前者是一种知识的横向、显性交叉尝试，那么后者则是知识的一种纵向的、隐性的交叉尝试。想象教育的课程宗旨就在于，在原有课程教学模式基础上，以另外一种形式（上述两大原则），打破学校学科之间、年级之间、师生之间的固有局限，充分调动一切教育资源，使课程以“共享性知识”为根基，形成多样化的“分布性课程”，以弥补分科课程所带来的不足，满足不同孩子的不同需求。事实上，即使是在分科教学中，我们依然可以运用学科想象力进行传统课程的改造，这一点我们在上文的“学科想象力与学科教育”中予以了阐述。因此，这里我们主要阐述的是整合性课程的组织策略。想象教育视野下，整合式学科教学主要有两种方式：一是以学校和教师为中心的、自上而下的“主题中心式”（topic-centered）全体本位课程；二是以学生为中心的、自下而上的“问题中心式”（problem-centered）个人本位课程，而这两种模式分别符合上述想象课程教学的两大指导原则，而且可以作为目前分科课程教学的有益补充。

---

① 张增建. 综合学科能否担起跨界重任[N]. 中国教育报，2015-04-22（第9版）.

② 阿克夫 R L，格林伯格 D. 21世纪学习的革命[M]. 杨彩霞译. 北京：中国人民大学出版社，2010：59-60.

一、自上而下的“主题中心式”课程

我国《基础教育课程改革纲要（试行）》中，明确提出要改变学科本位、科目过多、缺乏整合的课程结构，并提倡设置综合性课程。小学主要以综合性课程为主，初中分科性课程与综合性课程相结合，而从小学到高中则都设置综合实践活动，这门课程主要包括信息技术教育、研究性学习、社会实践、社区服务及劳动技术教育[①]。可见，我国教育界对于课程的综合性改革方向已经确立，从分科课程到综合课程过渡的趋势也日趋明显，这显然是为了适应日趋复杂的自然和社会挑战。所谓的跨学科，指的就是打破学科壁垒，进行涉及两门或者两门以上学科的科研或教育活动[②]。因此，所谓的综合课程，就是学科交叉课程或者跨学科课程，指打破学科壁垒，进行涉及两门或者两门以上学科的教育性课程。这种横向的交叉性课程，可以围绕某一主题而形成，因此可以叫作“主题中心式”交叉课程。它们主要有三种形式：多学科主题课程、科际主题课程及超学科主题课程[③]。

首先是多学科主题课程。多学科主题课程以学科知识的学习为主，“主题”的存在为学科服务，只是各个学科学习的引子，主题的选择要考虑到多学科的学科属性，可以是一个“概念”、“现象”或者“社会事实”。因为多学科主题课程分科属性强，所以学科之间的概念关联就显得十分重要，否则就失去了主题提取的意义。其次是科际主题课程，它不同于多学科主题课程，主题在这里占主要地位，教师会根据主题延伸出一个概念群，同时设立一个多学科支持框架，各个学科的涉入，只是起到辅助作用，目的是为了主题的探究。值得一提的是，科际课程会依据主题内容，延伸设置一个“概念透镜”[④]，相关学科依据这一透镜工具，利用自身学科资源，加深主题理解深度。概念透镜事实上为各学科的智力支撑提供了一个抓手和切入口。最后则是超学科课程，超学科课程完全是以主题为中心设计的课程，它基本忽略了主题内涵所涉及的学科属性，没有学科边际，课程所涉及的一切探讨都围绕着主题进行，这类主题一般都和现实生活密切相连。超学科不意味着抛弃或者排斥学科知识的存在，而是说所有涉及的学科知识已经融入主题或者说真实生活问题当中，消融了学科边界和属性[⑤]。三种模式如表 4.1 所示。

---

① 钟启泉，崔允漷，张华. 为了中华民族的复兴——为了每个儿童的发展——《基础教育课程改革纲要（试行）》解读[M]. 上海：华东师范大学出版社，2001：4-6.

② 刘仲林. 现代交叉科学[M]. 杭州：浙江教育出版社，1998：67.

③ 王一军. 主题式综合课程的设计[J]. 江苏教育，2007，（Z1）：17-20.

④ 所谓的概念透镜，指的是依据主题生发出来的一个工具性概念，起到关联各学科的作用，概念透镜为各学科的智力支撑打开了各自的切入渠道。

⑤ 高慧珠. 课程统整中主题内容开发的内涵、模式及策略[J]. 教育科学研究，2010，（2）：45-47.

表 4.1　主题课程的三种形式

模式	多学科主题课程	科际主题课程	超学科主题课程
模型范例	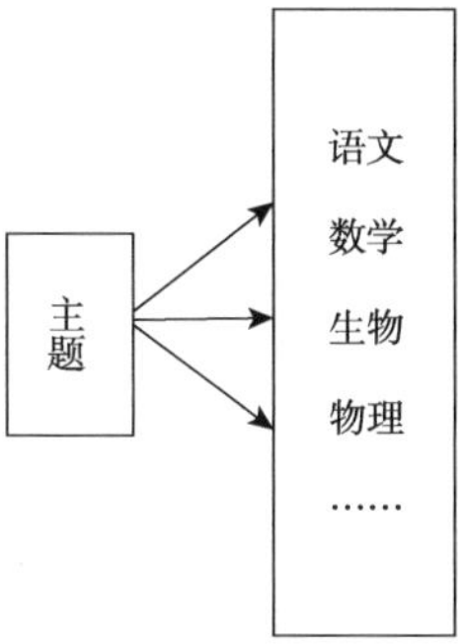 主题 → 语文、数学、生物、物理……	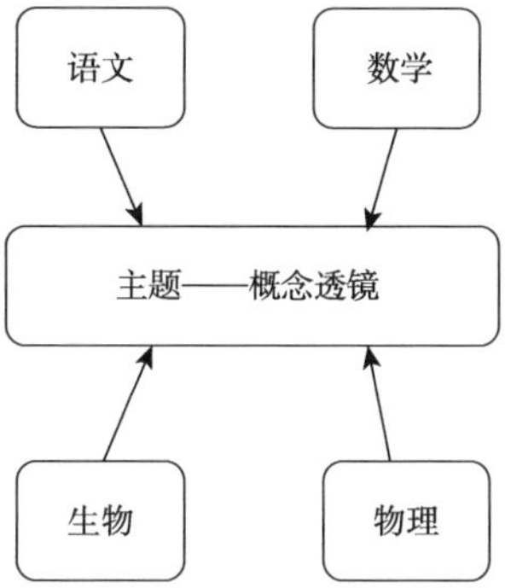 语文、数学、生物、物理 → 主题——概念透镜	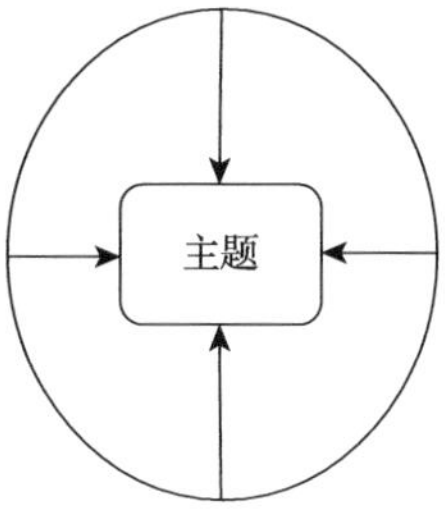 主题

资料来源：高慧珠. 课程统整中主题内容开发的内涵、模式及策略[J]. 教育科学研究，2010，（2）：45-47

当然，无论是哪一种课程组织模式，最为重要的一点是如何选择主题。主题的选择可能要满足以下两个最为主要的原则：①主题必须符合法定学习内容和顺序；②主题必须是学生感兴趣的内容。第一条原则必须考虑分科课程的实际状况，当学生被赋予更多决策的权力，能够决定自己学什么和怎么学时，第二个准则是很容易满足的。因此，一旦选定一个主题（应满足第一个准则），这一主题的最终标题和子话题，以及随后的活动都应该是由教师和学生通过协商来确定的。一些学校的做法是为每个年级确定一个通用的主题，这个主题可以分别从过去、现在、未来的角度考虑，并反映学校的教育目标①。这些通用主题，既符合学生心理工具发展的阶段性特征，又符合想象力在认知与情感方面的灵活性特征。同时，针对已经选定的主题列表，还需要由一个跨学科教师组成的团队，进行主题检验，检验的标准通常要考虑如下几点：①主题适用范围是否广泛？是否适用于现实世界？②相关学科（分科课程）是否具有适当的材料和资源与之匹配？③主题是否适合主动积极的学习？能否引起学生的兴趣？能激发学生的学习动机吗？④主题表述有适合的长度吗？是太长、还是太短？⑤主题与分科教师经验具有相关的意义吗？⑥主题的探究是否值得花费时间？其是否具有实质性内容和进一步拓展的空间？⑦主题能否引导相关学科的学科结构工具？能否引导和调动学习和掌握心理工具？②

① Roberts P L，Kellough R D. 跨学科主题单元教学指南[M]. 李亦菲，等译. 北京：中国轻工业出版社，2005：49.

② 提炼总结自：Roberts P L，Kellough R D. 跨学科主题单元教学指南[M]. 李亦菲，等译. 北京：中国轻工业出版社，2005：55.

这种主题中心式课程，虽然说打破了分科课程的弊端，顺应了我国课程综合性的改革方向，但是“课程主题”的组织与设计，大多都是自上而下的，以学校和教师为中心。学校大多数的课程，无论是学科分科课程，还是综合课程，都属于我国宏观的课程机构，即国家课程、地方课程和学校课程，这种三级课程结构的改革方向，自然是为了进一步利用地方和学校资源，照顾教师和学生的个性化需求。虽然也会征求学生们的意见，寻求学生兴趣的最大公约数，但在某种程度上还是照顾不到每个学生的个性化需求和生活学习经验。因此，我们还需要一种自下而上的、以学生需求为中心的课程组织模式，来有效弥补三级课程结构的缺陷。当然，我们应该承认的是目前情况下的课程整合方式，大多还是以自上而下的主题中心式为主，这也应该是眼下需要着力提高的地方。

二、自下而上的“问题中心式”课程

自下而上的“问题中心式”课程，在某种程度上也可以叫作“个体课程”（individual curriculum），它以学生为中心，是学生基于自身问题与兴趣需要，自己为自己设计的课程。这种课程模式不仅可以完善国家原来的三级课程体系，形成“国家—地方—学校—个体”四级课程，也符合“想象力启蒙”的根本宗旨——勇敢公开地运用自己的想象力，也可以充分调动学校内外的教育资源，真正实现“分布式课程”的理念，让学生真正拥有自己的课程主导权。“事实上，学生在学校之中未必就在课程之中，在学校之外，未必就在课程之外，个体课程以学生个性发展为设计的核心和焦点，它突破了学科分类、学习模式、统一组织等限阈，以学生自主活动为课程实施方式，这就有利于把教育延伸到社会（社区）、家庭及学校活动的各个方面，同时，通过个体课程的教育功能来整合家庭、学校、社会（社区）各个方面的教育力量，使其对学生形成教育合力。”①例如，学生在某个学科或学科中的某个部分，甚至是某个社会性的问题，具有疑问或者感兴趣，可以在教师和家长的引导下自己设计一个短时、灵活的课程计划，充分利用一切智力资源（网络、教师、学长、家长等），最终解决自己的问题或者满足自己的兴趣所在。这跟在家长或教师强制之下的各种补课相比，效果和意义都大得多。

首先需要明确一点：区别于“主题中心”的课程模式，“问题中心”课程的主体是学生而不是教师和家长。当然，因为中小学生属于未成年人，在很多问题上依然离不开教师和家长的引导。疑问与好奇心是一个人想象力的开端，而且学生的“疑问与好奇心”往往在“问题”中被表达出来，如果“问题”得到积极回应和解决，那么就会成为一种“正反馈”，进一步激发学生的学习动机，会进一步引发想象和提问。这是一个良性循环的过程。所以，来自学生的“问题”是个

---

① 黄伟. 让每位学生拥有自己的课程——关于学生个体课程的探讨[J]. 教育科学研究，2011，（6）：22-25.

体课程的核心所在。“我们今天的学习者常说自己不会问‘问题’，或者不爱问‘问题’，或者没有问‘问题’的习惯，其实，这是因为过去的教师教我们学习，几乎没有给我们问‘问题’的机会”[①]。即使课堂上或者课外，我们被允许问“问题”，因为时间等其他原因，问题的提出及解决并不会太深入。当然这里的问题往往属于结构性问题（problem），而不是那些缺乏结构与场景的、散碎的小问题（question）。所谓的结构性问题往往有着比较复杂的问题情境，情境可以是真实的，也可以是虚拟的。这个问题情境由问题主体依据自身的需要而发出和建构，情境的发展和结束也由主题自身而定。因为基于“问题中心式”的个体课程属于主体式课程，课程和问题的解决或结束也由学生自己决定，课时和课程方式也主要由学生自己决定。当我们表述一个问题情境的时候，往往代表这个问题（problem）具有两个或两个以上的切入角度与解决方法（solution），而不是有一对一答案（answer）的单一性问题（question）。所以在某种程度上，个体课程必须基于学生的“开放性问题”，要鼓励学生提出并系统化自己的问题，并在问题基础上建立个体课程。

个体课程意味着个体解决问题的过程。应试教育中，为了应付各式各样的标准化考试，教师和学生为了学习效率，面对的大多是封闭式问题，这样就造成学生思维的狭窄。甚至在生活中，我们会经常发现，很多学生在面对情感问题时，往往也因为应试教育惯性，采取一些非此即彼的极端做法。所以，应试教育对学生的认知与情感想象力，伤害巨大。因此帮助学生设计出自己的问题域和个体课程，也是一个有效保护和提升其想象力的过程。我们可以依据图 4.1 来帮助学生建立自己的个体问题式课程。

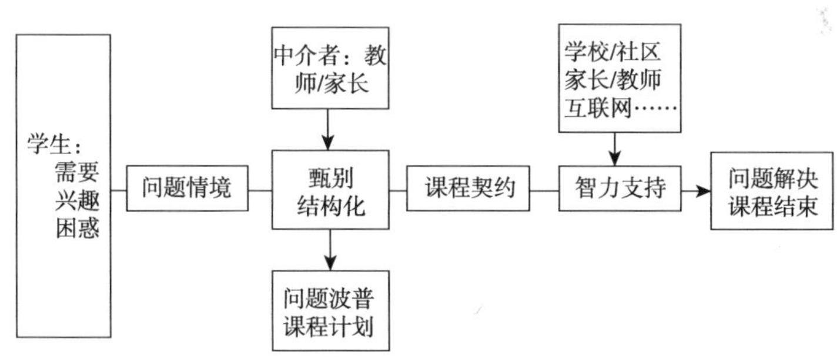

图 4.1　“问题中心式”个体课程组织模式

在个体本位课程模型当中，每个学生的个性化需要、兴趣及困惑是个体课程的起始点，在这个起始点上，学生们形成多种多样的问题情境。但是多种问题情境不见得都适合作为个体课程，需要有一个甄别的过程。因为“个体课程应以

① 龚春燕. 创新学习[M]. 北京：首都师范大学出版社，2011：78.

‘统一课程’（宏观的三级课程体系）为基础，尤其是要统一于‘统一课程’的教育目标和价值取向，而不是游离于教育目标之外，在强调学生个性发展的同时，要谨防为学生‘个人主义’和‘病态人格’发展提供温床”①。同时，问题情境多数情况下是比较开放和模糊的，要想在此基础上演化成一种结构化的个体课程，显然需要有一个在教师和家长帮助下的“结构化”或者说“波普化”的过程。当然，这里的“帮助”绝不是越俎代庖，替孩子做决定，而是把孩子感兴趣的一些问题赋予丰富的、深入的场景，同时帮助儿童进行对比，最终共同选择出自己感兴趣的结构化问题。即使如此，这种帮助也最好限定在学前和小学阶段，随着学生认知与情感能力的增强，家长和教师应该逐渐退出这个“支架式”角色。这也符合维果斯基的理论特色。

问题“结构化”指的是要考虑“问题的不同层次（事实性、经验性、创造性、评价性）和角度（不同学科角度等）、问题实施的不同阶段、问题间的相互关系和联系，也就是对问题进行系统的思考和组织②。所谓的“问题波谱”（图 4.2），是指以结构化问题为核心，形成的一整套有计划、有步骤的解决方案。“一个饱满绽放的波普代表一个问题，对于这个问题，我们有多种行动方式，达成多种形式的问题表述，而在每一种形式的问题表述中，又有多种解决问题的方法”③。事实上，“问题波普”的设立就是“个体课程结构化的过程，把学生的目标与兴趣问题化；再通过“问题表述”的不同，设计不同的解决方案，决定实施步骤的先后顺序和时间长短；课程计划也就在“问题结构化”中自然而然地诞生了。虽然个体课程具有自主性、灵活性的特点，但是它既然作为一门“课程”，也肯定要遵循一定的课程设计规律，做到可监督和可评价（虽然监督和评价的主体是以学生为主），这也是课程计划设定的初衷。

因此，课程设计需要学生与教师、家长及学校分别设立课程契约，课程契约旨在从形式上督促学生认真对待“个体课程”，增强学生完成课程的“动力”与“责任心”。之所以订立三方契约，是因为个体课程形式特别分散，课程计划也多种多样，无论是教师、家长还是学校都无法单独完成课程的全程跟踪。在“课程契约”中，学生要承诺对基于自身兴趣或需要而设立的课程负有义务，同时家长、教师及学校要承诺给予学生必要的智力支持，为学生完成个体课程提供必要的协助。

“问题中心式”的个体课程在某种程度上来讲，属于一种对特定知识的“深

① 黄伟. 让每位学生拥有自己的课程——关于学生个体课程的探讨[J]. 教育科学研究，2011，（6）：22-25.

② 王天蓉，徐谊，冯吉，等. 问题化学习——教师行动手册[M]. 第二版. 上海：华东师范大学出版社，2015：83.

③ 罗日叶 X. 为了整合学业获得——情境的设计与开发[M]. 第二版. 王凌译. 上海：华东师范大学出版社，2010：9.

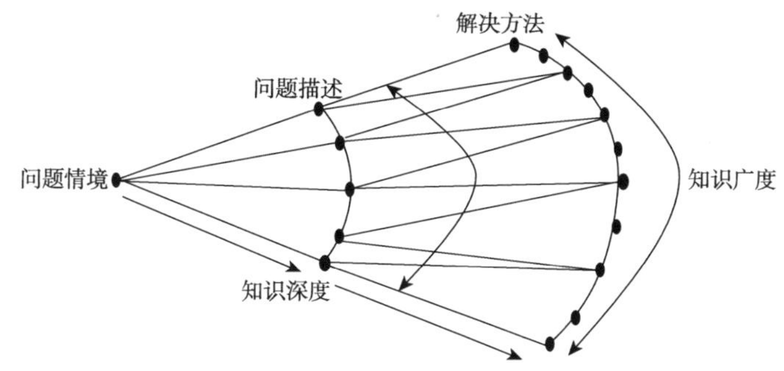

图 4.2　“问题波普”图

资料来源：罗日叶 X. 为了整合学业获得——情境的设计与开发[M]. 第二版. 王凌译. 上海：华东师范大学出版社，2010：19

度学习”和“广度学习”。事实上，当知识的深度与广度达到一定程度之后，不可避免地会实现学科知识之间的交叉和融合，以及迁移和转化，这绝对是一种对课堂分科教学的有效补充。它使学生对特定问题的知识理解，达到一定的深度和广度，吸引和激发学习过程中的想象力和情感因素，通过个体课程的完成，树立对自己知识的自信心和自豪感，同时也可以培养孩子的组织能力和研究技能等专长。加拿大富有想象力的教育研究中心也有自己的深度学习项目。在开学的第一个星期，每个参加深度学习项目的学生都会从“主题库”当中选择一个主题，从此将围绕这个主题进行深度学习。这些主题可能包括“鸟”、“苹果”、“马戏团”、“火车”和“太阳系”等内容。在接下来的小学、初中及高中阶段，除了基本课程以外，学生将继续深入地学习指定的题目。辅导老师将定期为学生们提供指导和建议，并帮助他们为各自的题目建立档案设计。深度学习旨在保证每一个学生在完成学业的时候，他所掌握的特定主题的知识将不逊于世界上的任何人。

深度学习项目提出预设：我们要转变学生与知识之间的关系，以及他们对知识本质的理解；枯燥是无知的产物，通常我们对一个事物知道得越多，它就变得越有趣，所有事物都是精彩的，只要我们对它了解得足够多。深度学习几乎可以改善所有孩子的学习经历。对于学校来说，也提供了一种独特的研究性学习的文化，同时也可以定期地把学生的研究成果进行展览，以扩大（学校的）社会影响。①但是富有想象力的教育研究中心的深度学习项目与笔者这里提倡的“问题中心式”课程虽然原理相同，但是课程组织形式还是具有一定差异的。

首先是在“选题”方面，虽然可能会有多种可选择的题目，但是深度学习项目的“主题”是由教师提前选定的，学生只能从中被动选择，并且不能超出既定

① 富有想象力研究中心. 深度学习项目简介（中文版）[EB/OL]. http://ierg.ca/LID/，2014-01-02.

的选择范围，因为这些“主题”都是教师们事先做过一定功课的主题。而“问题中心”式学习课程则是由学生提出问题情境，在教师和家长等的外部帮助之下，进一步扩大问题波普。其次是从课程长短上来说，深度学习项目往往需要从一年级就开始选定，最长可以持续到高中阶段。而“问题中心”式课程的课程期则往往比较短，形式灵活。最后是与分科教学的关系问题，“问题中心”的个体课程中，问题往往就源于分科课程当中，所以与分科教学的互补性更强。而深度学习项目往往是一个非常具体的事物，如飞机、苹果等，它需要长时间的深度挖掘，才能跟相关学科进行横向关联，这对学生和教师来讲都是一个很大的挑战。也许随着“主题”事物研究的持续推进，学科效应会越来越明显，但是这个周期和战线会拉得很长，并且考核标准也十分模糊。这种效率在中国这种教育状况下，可能难以被广泛接受。当然，这里不是在强调深度学习项目的缺点，而是说，形式更为灵活的“问题中心”式课程可能更适合中国的教育现实。

第二节　想象教育的教学设计策略

“教学设计指的是把学习与教学原理转化成对教学材料、活动、信息资源和评价的规划这一系统的、反思性的过程”①。也有学者指出，所谓的现代教学设计，“指的是在实施教学之前，依据学习论和教学论原理，用系统论观点和方法对教学的各个环节统筹规划和安排，为学生的学习创设最优环境的准备过程”②。无论教学设计是一个隐性的反思性过程，还是一个显性的教学准备过程，它们都依据的是系统论的观点与方法，共性在于都涉及教学目标的设定，教学内容的组织、教学活动的创设、教学方法的应用及教学评价五大逻辑要素。而想象教育的教学设计策略自然也离不开这些逻辑要素。

一、“想象教学”设计的理论依据

目前，我国的新课程改革提倡“三维目标”，即知识与技能、过程与方法、情感态度与价值观。其中，“知识与技能是关于‘是什么’的维度，过程与方法是关于‘如何获得是什么’的维度，情感态度与价值观是在‘如何获得是什么’的过程中或之后内化为自己的相对稳定的东西”③。教师应该按照特定的教学对象、教学内容及教学情境设置具有侧重点的教学目标，但是不能机械地照搬“三维目标”。

---

① 史密斯 P L，雷根 T J. 教学设计[M]. 第三版. 庞维国，等译. 上海：华东师范大学出版社，2008：4.

② 皮连生，刘杰. 现代教学设计[M]. 北京：首都师范大学出版社，2005：3.

③ 崔允漷. 有效教学[M]. 上海：华东师范大学出版社，2009：111.

把想象力融入教育教学的前提是要介绍既有的教育架构，所以我们在承认想象力作为教育教学一个关键性目标的基础上，要对“三维教学目标”进行一些策略性改造。作为教育教学或者说学习目标的想象力和新课标的教学目标在本质上不相矛盾，也不需要教师另外立一套新的教学目标。所谓的策略性改造，无非是依据想象力的内涵对教学目标进行替代、拆借和组合①，以使我们的教学目标在兼顾传统教学重点的基础上，更加关注想象力的培养及通过想象教育理念的植入，进一步改善我们的教育教学。想象力既是赖以实现的教学目标，也是实现目标的工具，通过想象力可以在解决问题的过程中，内化知识与情感，提升想象力。

教学既是一种认知的过程，也是一种情感的过程。怎么处理“认知与情感”的关系问题，是教学和教学设计的一个基本问题。之所以这样说，是因为教学过程会受到各种认知和情感因素的影响；在教学过程中，教师与学生进行着各种认知和情感活动，产生认知与情感结果，认知想象力和情感想象力是想象力的两大根基。在想象教育视域内，想象教育的教学设计要基于想象力，通过想象力并且为了想象力（目标之一），想象力是教学设计的前提、工具与目标所在。同时，既然想象力和认知与情感存在密切的内在联系，教学设计也要围绕认知与情感做文章。上文已经针对伊根教授的认知工具理论有所介绍，其中虽然也含有情感因素，但是对其独立价值没有给予明确阐述，这是本书拓展性研究的理论空间之一。笔者以伊根教授的认知工具理论为基础，灵活吸收其他想象教育理论的优点，首次提出了用对应的情感工具作为心理工具的有效补充，从而完整了想象力的发展性内涵。

二、“神话阶段”②的教学设计策略

基兰·伊根教授的认知工具理论分为五个阶段：身体认知阶段（0~3 岁）、神话认知阶段（3~7 岁）、浪漫认知阶段（7~15 岁）、哲学认知阶段（15~18 岁）、讽喻认知阶段（19 岁以后）。其中，基础教育主要涉及“神话认知阶段”（幼儿园）、“浪漫认知阶段”（小学、初中）及“哲学认知阶段”（高中）。因此，笔者这里依据想象力的内涵，针对基础教育所涉及的“三个阶段”（神话阶段、

---

① 这里的策略方法借鉴了崔允漷教授的《有效教学》（崔允漷. 有效教学[M]. 上海：华东师范大学出版社，2009：110）中的教学目标转化策略，但是在原书当中，这些策略主要探讨的是课程标准与学习目标的对应关系，而这里的策略运用主要考虑的是作为教育目标的想象力与三维教育目标的对应关系。

② 这里使用的术语“神话阶段”来源于伊根教授的认知工具理论，根据他的文化复演理论，这一阶段的认知特征多表现在 3~7 周岁的儿童身上，但是伊根教授认为这种心理工具可以灵活运用于各个学段。而潘庆玉教授（潘庆玉. 富有想象力的教学设计[M]. 广州：广东教育出版社，2014）则运用了“神话理解”来描述此阶段教学设计的特征，似乎为了避免对认知工具及其学段适用性的机械化理解。为了突出发展的阶段性，笔者这里依然使用“神话阶段”这一术语。

浪漫阶段、哲学阶段）进行了重新分类与整理，并以此为依据进行教学设计。首先是神话阶段的教学设计策略。神话阶段想象教学设计主要构成要素关系如表 4.2 所示。

表 4.2 神话阶段教学设计要素构成表

<table>
<tr><th>认知想象力</th><th>认知工具</th><th>教学活动</th><th>情感工具</th><th>情感想象力</th></tr>
<tr><td rowspan="5">隐喻性思维</td><td>隐喻</td><td rowspan="2">游戏、戏剧、
玩耍活动、闲聊</td><td>笑话与幽默</td><td rowspan="5">自控性情感</td></tr>
<tr><td>二元对立抽象范畴</td><td>神秘感</td></tr>
<tr><td>成像</td><td>教学方法</td><td>形象化</td></tr>
<tr><td>押韵，估算与建模</td><td rowspan="2">故事教学法
游戏教学法</td><td>情绪卷入</td></tr>
<tr><td>象征</td><td>情绪调节</td></tr>
</table>

在“神话认知阶段”（3~7 岁），年幼儿童大多处于学前期，这一时期的儿童多处于口语交流阶段，脱离了身体认知阶段的“混沌认知”及“情感泛化”阶段，开始有了明显的自我意识，当然“他者意识”仍然缺乏，所以皮亚杰认为这时期儿童具有典型的“自我中心”特征（前运算阶段）。他们认知世界的方式不再是朦胧的“感知运动”，而是以自我身体与经验所引发或者外化出来的各种形象化的“隐喻”，依靠的是自我的各种神秘的预感和直觉而不是逻辑和推理。事实上，“人的思维确实也脱离不开形体，人类的认知结构来自人体的经验，并以人的感知、动觉和社会的经验为基础，对直接概念和基本范畴及意象图式进行组织和建构。思维具有想象性。间接的概念（不是直接来源于经验的概念）是运用隐喻、转喻思维方式的结果，并以此超越对外部世界的直接映像或表征。就是这种想象力产生了‘抽象’的概念”[①]。同时，他们的情感模式已经可以区分“自我”和“他人”（虽然这种区分仍然比较薄弱），逐渐开始学会控制自己的情感表现。这一时期，想象力的教学目标，主要表现在认知想象力层面的“隐喻性思维”及情感想象力层面的“自控性情感”。当然，这里所提炼出来的“隐喻性思维”与“自控型情感”，只是这一阶段儿童的“典型性”思维和情感模式，而不代表其全貌。值得注意的是，所谓的“神话阶段”只是一种工具理论划分，并不是说实际教学中的学段划分，事实上任何学段的教学，都可以使用任意“五种认知阶段”（伊根认知工具理论）的心理工具和教学设计风格。只不过针对不同的课程类型、学生的心理发展阶段及其他因素，会在心理工具选取时有所侧重。

① 赵艳芳. 认知语言学概论[M]. 上海：上海外语教育出版社，2001：32.

我们以小学三年级[①]一篇名为《小白兔拜年》的课文为例，进行“神话阶段”的教学设计。

元旦的早晨，兔妈妈催促小白兔去给各位朋友拜年。可小白兔怕冷，缩着身子，不愿起身。兔妈妈沉着脸说：“小白，你怎么这么娇气……”。小白兔伸了个大懒腰走出家门口。猛然一阵风，把它吹了个跟头。好冷呀，它偷偷地躲到一个背风的地方待了好长时间，又饿又冷，就回家了。

小白兔见了妈妈，又跳又嚷：“我饿，我饿！”兔妈妈说：“小白，你先说说，都到谁家拜年了，然后再吃。”小白兔转了转眼珠说：“我去熊哥哥家了，熊哥哥在树洞口迎接我；我去黄鼠狼弟弟家了，黄鼠狼弟弟跳着舞欢迎我；我去青蛙阿姨家了，青蛙阿姨嘴角鼓着两个大泡泡，给我唱了一支非常动听的歌；我还去大雁婶婶家、夜莺姐姐家了，是花蛇妹妹带的路……”

小白兔说了一大串，兔妈妈哈哈笑起来。小白兔很奇怪，眨眨眼睛问：“妈妈，你笑什么呀？”“小白，看来你并没有去拜年哦。”小白兔的心怦怦直跳，心想：“糟了。妈妈怎么会知道我没有去拜年呢？”兔妈妈笑说：“没有看见，可是你说的那些朋友，现在都见不到。”……小白兔听了妈妈的话，羞愧地说：“妈妈，我错了，我再也不说谎话了！”[②]

表 4.3 是《小白兔拜年》的教学设计的环节设置与操作要求[③]。

表 4.3　神话阶段教学设计案例《小白兔拜年》

设计环节	设计原则	操作要求
1.目标设定	1.1 课堂的教学目标是什么 1.2 教学目标如何跟心理工具相联系	依据教材的内容结构和学生的心理特征设定教学目标

① 虽然在基兰·伊根教授的认知工具理论当中，神话阶段处于 3~7 岁阶段，但是不同阶段认知工具可以在任何学段使用，只不过某个年龄阶段侧重于某种认知工具罢了。为了凸显这一点，笔者这里故意在神话阶段的教学设计当中，选择了一个小学三年级学段的课文作为教学设计的资料来源。事实上，正如伊根教授所说，教师只是掌握其中一两个阶段的认知工具，并熟练应用于自己学段的课程当中，就会极大地改变自己的教学现状，提升教学质量。我们恰恰要反对的是机械地看待心理工具的理论，即使是在单一阶段，也不意味着要利用和培养每一种心理工具。例如，在这里的教学案例当中，隐喻性思维和自控性情感所包含的认知工具和情感工具种类很多，不可能在一篇简单的课文当中都涉及，但是仅仅是利用其中某一种或几种心理工具，就会使我们原本枯燥的课堂变得生机勃勃。这也是将想象力引入教育的重要意义所在。仅仅是机械地照搬阶段理论，这恰恰违背了想象力理论一直强调的灵活性。

② 沪教版《语文》（三年级第一学期）. 上海：上海教育出版社，1995：143-145.

③ 这里的教学设计模式，借鉴了潘庆玉教授的《富有想象力的教学设计》中的教学设计形式，但是在教学设计整体架构、教学环节设置、心理工具的分类等方面有诸多不同之处，在后面的浪漫阶段及哲学阶段也存在这些差异，特此统一说明，后文不再赘述。

续表

设计环节	设计原则	操作要求
2.内容组织	2.1 故事情节怎样导入才能激发学生的好奇心	2.1 故事导入可以用笑话或者幽默的方式，如讲述一个“撒谎被拆穿”引起尴尬的故事，也可以提出一个可以引发学生困惑或者神秘感的问题，如为什么小朋友们撒谎经常立即会被发现（引用生活中的例子），其中有什么秘密
	2.2 故事中哪些内容能够体现二元对立的概念？例如，诚实与虚伪（撒谎）、勇敢与怯懦等。哪些形象最能反映这些二元冲突	2.2 在课文结构中提炼出具有二元对立色彩的概念作为故事讲述的教学支点，如“诚实”与“撒谎”、“勇敢”与“怯懦”、“懒惰”与“勤劳”等。然后让学生分小组讨论哪部分内容和形象可以体现出这些对立品质，为什么
	2.3 怎么组织故事架构以调动学生的认知工具与情感工具	2.3 引导学生思考为什么兔妈妈知道小白兔撒谎，从学生生活中的个体经验出发，如冬天不想起床，喜欢睡懒觉等，隐喻性地导入“冬眠”概念。情感工具的调动参见下面的活动创设
	2.4 如何利用以前的心理工具——身体阶段加深学生对故事的理解？如何拓展故事情节以引导学生学习更高层级的心理工具	2.4 活动创设中，要利用资源（多媒体等）充分调动学生的感官，利用具身性认知与情感加深学生对故事的情感卷入，同时在课后布置作业时，可以让学生想象如果自己是小白兔或者兔妈妈，自己会怎么做？引导学生接触更高一层的心理工具：移情情感与发散性认知
3.活动创设	3.1 什么样的活动能够让这一时期的儿童锻炼口头表达能力	3.1 分角色朗读课文，在朗读之前要学生揣摩角色的形象、性格及当时的感受或者说话的风格，尽量做到惟妙惟肖
	3.2 组织什么活动能让儿童情绪充分卷入，移情他人的感受	3.2 角色扮演游戏。在角色扮演游戏中，可以让学生灵活添加自认为合适的台词，同时进行角色轮换体验
	3.3 认知工具与情感工具怎么融入活动中	3.3 在活动准备过程中，教师要引导学生利用自身的生活或者观察体验，推断童话人物的思想活动，鼓励学生表现出对二元对立观念冲突的挣扎，如小白兔怕冷、撒谎，然后心虚和认错等
	3.4 什么样的资源更有利于活动的创设	3.4 在活动中，我们要积极运用各种传统资源与多媒体技术资源，让活动更加生动、活泼，从而调动学生参与的积极性
4.方法应用	4.1 什么样的教学方法能够鼓励学生从具体的、外在化的身体感知和生活感知，走向符号化的、更为内化的意象感知	4.1 故事教学法可以充分激发学生的内在想象力。教师在进行课文的故事讲述设计的时候，要以学生为中心，让学生充分讨论故事细节，思考和表达故事主人公可能的内在感受。甚至在此基础上鼓励同学们分组重新编制以“诚实”或“勇敢”为主题的小故事
	4.2 什么样的教学方法能鼓励学生从不同视点看问题，因为一种视点就是一种可能性、一种思维方式	4.2 游戏教学法（角色扮演游戏）可以自由综合地挖掘儿童自身的各种潜能，在游戏准备中，教师要提醒学生不能仅仅照顾自己的角色形象，而且要注意和其他角色进行互动配合，引导学生在情绪卷入的同时，学会掌握情绪调节的技巧以和他人产生良好互动

续表

设计环节	设计原则	操作要求
5.教学评价	5.1 我们如何知道学生理解了文章的主题思想	5.1 对于认知性目标，教师可以采取任何传统的评价方式，如诊断性评价、过程性评价及结果性评价。这里以过程性评价为宜
	5.2 我们如何知道通过课堂教学提升了学生在隐喻性思维和自控性情感方面的想象力	5.2 可以从思维的抽象化水平，如对于对立概念的把握来测量隐喻性思维。从情感的卷入与调节水平来测量自控型情感

资料来源：李政涛. 表演：解读教育活动的新视角[M]. 北京：教育科学出版社，2006：94

在神话阶段的教学设计当中，我们尤其要重视隐喻性思维的培养，“作为认知工具的隐喻，最集中地体现了神话思维的特征，如果由于缺乏语言的外壳，具身认知阶段的隐喻思维还只能是原始动作隐喻，只可意会不可言传，那么，在神话认知阶段，由于人类的身体经验向语言的转移和渗透，复杂而含混的原始隐喻（包含着各种感知觉、动作与情感体验的混合形式）投射到语言平面中……因此隐喻是语言的杰作，它在神话认知中处于最核心的位置”[①]。因此，隐喻作为一种认知工具，非常集中地体现了人类原始思维的无限创造力和想象力。但是在日常教学当中，教师往往把隐喻当成简单的修辞手段，而不是一种极其重要的思维方式。事实上，隐喻可以说是我们理解抽象概念及其他抽象事物的主要机制，从最简单的自然表象到最复杂的科学理论，我们都能且只能通过隐喻来理解……隐喻的重要性在于它显示了语言的弹性与原创力，从认知层次上看，隐喻无疑是人类企图理解与表现抽象概念的重要媒介，两种本来不相干的现象常可借隐喻的运用构成新的认知关系，从而成为人类了解新事物、新现象的认知工具[②]。例如，在《小白兔拜年》课文中，主题除了“诚实”之外，还要通过童话故事的隐喻形式，给学生们形象地讲解“冬眠”的概念和相关知识。当然，儿童早期的隐喻和初级想象力一样，是表面性的、未加调节的，不稳定的[③]，需要教育和自身知识阅历的不断丰富，增加隐喻的种类从而提高思维活力和想象力。

另外情感的卷入与调节能力也是非常重要的，它属于自控性情感。它不仅仅停留在道德与价值观层面，而且对认知迁移也有重大影响。因为情感能先于认知

① 潘庆玉. 富有想象力的教学设计[M]. 广州：广东教育出版社，2014：163.

② 雷可夫 G，詹森 M. 我们赖以生存的隐喻[M]. 周世箴译注. 台北：联经出版事业股份有限公司，2006：63-64.

③ 隐喻的种类繁多，从最为表面和形象的方位隐喻（如“上下”“高低”中，“高与上”往往代表好的、重要的事物，“下与低”往往代表不好的或者不重要的事物）到实体隐喻（将事件、活动、情感、观点等视为实体与物质的方式），再到更为复杂和抽象的结构隐喻（使用一个建构性高的、清楚描绘的概念去建构另一个概念）。（详见雷可夫 G，詹森 M. 我们赖以生存的隐喻[M]. 周世箴译注. 台北：联经出版事业股份有限公司，2006.）隐喻和想象力一样都是一个从初级到高级的发展过程。当然，它也和想象力一样。这里所谓的高级和初级，只具有发展阶段的差异意义，但在重要性上是一样的。

控制我们的注意力。很多教师致力于设计对学生获得认知结果有帮助的目标和活动，但是显然情感目标也同样不可或缺。“情感”跟“情绪”不同，它是与想法或行动相关联的情绪，包括我们的感觉、价值、热情和态度等。情感用两种独特的方式来影响学习：学习发生的情绪气氛及情绪与学习内容的联系程度。和谐相处的师生与同辈学习氛围有助于学生产生兴奋，而消极孤立的学习氛围则会让学生产生焦虑。例如，数学焦虑症，很多儿童在学习数学时，情绪卷入的都是恐惧和焦虑等负面情绪，所以有数学焦虑症的儿童会尽量避免遇到数学的情形，相反他们更愿意把时间花在能带来愉悦感和满足感的学习领域。其次，我们更容易理解和掌握那些我们投入过感情的知识。因此，教师在课程和教学设计时，要充分考虑学生的情绪状态，挖掘学生的积极情绪，激发他们使出最大的努力，获取最大的潜能①。但是，教师也必须使学生学会控制和调节自己的情绪卷入水平，尤其是那些严重的负面情绪，这种情绪调节能够使学生在学习方面更加具有自主性。这也是许多教师试着用模仿、角色扮演、写作日志、深入访谈等方式帮助学生了解自己与他人的情绪与情感状态，提高情绪调节和控制能力的原因。

三、“浪漫阶段”的教学设计策略

“浪漫阶段”（7~14 岁）在基兰・伊根教授的认知工具理论当中属于第三个阶段。儿童逐渐获得了与世界和他人沟通的新工具—— 书面语言。书面语言作为一种符号工具，大大拓展了儿童的精神世界，并以此为基础建构出一系列的认知工具和情感工具，这些崭新的心理工具大大超越了儿童生活世界的时空，把儿童带进了无限的可能性当中。书面语言所指涉的世界如此丰富多彩，足可以引发儿童多种多样的情感牵绊与精神遐思，因此伊根教授把这个阶段描述为“浪漫认知阶段”再合适不过。与“神话阶段”不同的是，这一时期的认知与情感特征已经发生了变化，儿童开始逐渐走出自我中心式的认知与情感局限，试图了解那些新奇、刺激、充满极限感的知识经历与情感体验。这种“外求”的思维与情感特征，笔者在这里以“发散性思维”和“移情情感”命名，并且以伊根教授的浪漫认知工具为基础进行扩充和改造，其中认知工具包括极限经验、概念成像②、情

---

① 巴克利 E F. 双螺旋教学策略[M]. 古煜奎，等译. 广州：华南理工大学出版社，2014：28-29.

② 这里的“概念成像”要区别于神话阶段的成像，神话阶段的成像更多的是一种感官（听觉、触觉等）的直观意象，而“概念成像”，则是指对一个真实的概念能够产生或者呈现图像的能力，即从语词中产生出图像的能力。这属于隐喻性思维的高级形式，即结构隐喻，或者说概念隐喻。（参见雷可夫 G，詹森 M. 我们赖以生存的隐喻[M]. 周世箴译注. 台北：联经出版事业股份有限公司，2006.）同时这也说明，在思维形式递进之后，前一种思维形式并不是衰弱或者消失了，而是以一种更为隐秘、更为复杂的形式兼容在后一种思维方式当中。这种现象也存在于情感模式的发展当中。（参见潘庆玉. 富有想象力的课堂教学[M]. 广州：广东教育出版社，2009：103-107.）

景转换、可能性思维及关联性思维等；情感工具包括英雄主义、惊异感、重要他人[①]、移情及同情等。表 4.4 为浪漫阶段想象教学设计的主要构成要素关系表。

表 4.4　浪漫阶段教学设计要素构成表

<table>
<tr><th>认知想象力</th><th>认知工具</th><th>教学活动</th><th>情感工具</th><th>情感想象力</th></tr>
<tr><td rowspan="5">发散性思维</td><td>极限经验</td><td rowspan="2">头脑风暴
教育戏剧</td><td>英雄主义</td><td rowspan="5">移情情感</td></tr>
<tr><td>概念成像</td><td>惊异感</td></tr>
<tr><td>情境转换</td><td>教学方法</td><td>重要他人</td></tr>
<tr><td>可能性思维</td><td rowspan="2">深度学习法
多媒体教学法</td><td>移情</td></tr>
<tr><td>关联性思维</td><td>同情</td></tr>
</table>

这一时期的儿童在学习上，“倾向于形成一种对事物的‘百科全书式’的兴趣，却不想去寻求这些知识之间的逻辑关系。他们喜欢感知和体验人类生活的不同形式，喜欢探索事物存在的极端状态，尤其关注那些与众不同的奇异事物……可以这么说，外部事物越是奇异、独特，越是不同于传统，越是不同于学生已经知道和经历过的任何事物，就越能够吸引学生去学习，从而学习的效果也越好”[②]。我们在教学设计的时候，要充分利用这一阶段儿童的心理特征，灵活运用此时期各种认知与情感工具，促进儿童的想象力向更高一级发展。事实上，也正是在这一阶段，儿童逐渐告别初级想象力（低感性、低理性），开始步入高级想象力（高感性、高理性），也是想象力能够质变的关键时期。

我们这里选取科尔伯格[③]一个非常著名的道德两难故事作为“浪漫阶段”的教学设计案例。

案例一：《海因茨偷药》

海因茨美丽善良的妻子不幸得了癌症。只有该镇的一位药剂师最近发明的一种药可以救她，但该药以 10 倍于成本的价格出售。这对海因茨来说是天文数字。海因茨亲自到药剂师处恳求：“您发发慈悲吧，按成本价卖给我，好吗？我的妻子眼看就没救了！”

药剂师瞪大了眼睛：“你说什么？按照原价卖给你？那我还做药干什么？”

① “重要他人”是心理学和社会学概念，指的是个体成长过程中对自己具有重要影响的某个或某些人物。重要他人分为互动性重要他人和偶像性重要他人。美国社会学家米尔斯最早提出了这一概念。这一时期的儿童因为其独特的心理特征，日常生活中的重要他人（如同学、家长或者教师）及日常生活之外的精神偶像（文化、娱乐等人物偶像）对其心理成长具有重要的、不可替代的作用。因此，我们在教育教学中要关注、重视及照顾到此情感工具的价值和作用。

② 潘庆玉. 富有想象力的教学设计[M]. 广州：广东教育出版社，2014：208.

③ 劳伦斯·科尔伯格（Lawrence Kohlberg）是美国著名心理学家。他在皮亚杰的道德发展理论基础上，提出了基于道德认知的“道德发展阶段”理论，引起学界巨大反响。

海因茨继续求他说：“要么我把手头上的钱全给你，就请您先把药给我，剩余的钱我随后还，您看行吗？”

药剂师一口回绝了。海因茨无奈之下只好在深夜里偷走了那种药。

案例二：《海因茨偷药以后》

海因茨撬门进入药店。他偷到了药，给他妻子服用。第二天报纸上就刊登了一则盗窃消息。布朗先生是一位警察，他认识海因茨，他想起曾看到海因茨从药店跑出来，意识到偷药的人就是海因茨。布朗先生想他是否应该告发海因茨是盗贼呢？最后布朗告发了海因茨，海因茨被捕，被带到了法庭，法庭组织了一个陪审团，陪审团认为海因茨有罪，法官判了海因茨的罪行。

表 4.5 是这个道德两难故事的教学设计的环节设置与操作要求。

表 4.5 浪漫阶段教学设计案例《海因茨偷药》

设计环节	设计原则	操作要求
1.目标设定	1.1 如何培养学生的道德移情能力 1.2 如何提高学生的道德可能性（发散性）思维	道德认知水平和道德移情能力的培养不能割裂开来，而要同步进行
2.内容组织	2.1 依据文本内容，哪些问题能够导入本书的道德两难情境，从而激发学生的好奇心和发散性思维	2.1 提出的问题要体现出鲜明的道德两难，如海因茨该不该偷药？海因茨的做法是正确的还是错误的？海因茨是英雄还是一个罪犯？如果你是海因茨，你是否会偷药或者有其他更好的办法
	2.2 文章哪些内容情节能够激发学生的道德移情与同情能力	2.2 海因茨道德两难故事距儿童的现实生活比较远，但是仍然可以根据学生生活或者学习过程中的两难情形（例如，面对朋友的考试作弊行为，是否报告老师？），通过关联性思维的道德认知，引导学生移情感受海因茨的道德抉择困境；同时，也可以通过对故事的深情讲述，让学生超越自己的生活局限，换位思考（如果你就是海因茨，面对妻子重病，会不会偷药，为什么？），同情性地理解海因茨的道德困境。在操作过程中要密切注意同情和移情的区别，以及应用范围的不同
	2.3 文章的哪些内容情节能够强化甚至提高学生的道德认知水平	2.3 参考科尔伯格道德认知发展阶段理论[1)]及伊根教授的认知工具理论，在浪漫阶段（7~14 岁），儿童差不多处于“习俗水平”道德认知阶段，教师要重点关注学生对“人际关系协调”的偏爱，并且在此基础上引导学生树立法治观念，尊重法律权威。例如，引导学生认识到，偷药的海因茨可能是大家眼中公认的好丈夫，但是他的行为确实违反了法律规范，出于社会公益，应该为此负责
	2.4 如何利用前面阶段的心理工具——身体和神话阶段，加深学生对故事的	2.4 要利用资源（多媒体教学等）充分调动学生的感官，利用具身性认知与情感加深学生对故事的情感卷

续表

设计环节	设计原则	操作要求
2.内容组织	理解？如何拓展故事情节以引导学生学习更高层级的心理工具	入，利用教育戏剧和角色扮演引导学生移情情感与发散性认知，并在此基础上开展广泛的小组讨论和辩论活动，引导学生善于变换立场，超脱个体及故事人物情感局限，从移情和同情走向双向共情的情感水平，同时通过讨论与辩论等活动，引导学生在发散思维后，总结出一些统一性结论，从而向综合性思维迈进
3.活动创设	3.1 什么样的活动能够让学生进行可能性思考，锻炼发散性思维	3.1 头脑风暴法。在教师提出海因茨道德两难问题后，可以让学生分小组进行头脑风暴，针对两难问题尽可能多地提出各自的问题解决方案，鼓励学生放下顾虑，尽情发挥自己的想象力
	3.2 组织什么活动让儿童充分情绪卷入，移情他人的感受	3.2 教育戏剧法。相对于神话阶段的角色扮演游戏，教育戏剧法要求更为复杂，它要求有事前准备的完整的排练剧本（鼓励学生在教师的帮助下，自己通过讨论完成剧本的撰写），针对海因茨的故事进行重新编排，同时针对剧本要进行多次排练，角色的遴选与轮换都需要教师和学生互动完成。同时其他未参加表演的同学要针对教育戏剧进行鉴赏性评价，完成相关作业
	3.3 认知工具与情感工具怎么融入活动中	3.3 无论是头脑风暴，还是教育戏剧，都要充分认识到心理工具的把手作用。例如，剧本撰写和两难问题解决方案的提出都需要丰富的概念成像能力，会运用到可能性思维及关联性思维。同时戏剧复杂的场景结构可以考察和锻炼学生灵活的背景转换能力。另外，教育戏剧的排练与表演可充分调动参与学生的移情与同情能力，而观看鉴赏并参与讨论或者辩论的学生，也在这些方面会有所发展
	3.4 什么样的资源更有利于活动的创设	3.4 在活动中，我们要积极运用各种传统与多媒体技术资源，生动形象地向学生呈现多种道德事件（如小悦悦事件、跌倒老人扶不扶等），引导学生找出这些道德事件与海因茨道德两难问题的相同点与不同点，并展开讨论升华
4.方法应用	4.1 什么样的教学方法能够最大限度地满足学生对新奇事物及细节的追寻	4.1 深度学习法。浪漫阶段的教学方法中，深度学习法最为合适。虽然海因茨道德两难故事并不十分适合作为深度学习的材料。但是仍然可以引导学生不断探究道德两难故事背后人性的挣扎及社会体制原因，从而引申出更为深远的学习背景。例如，高价药的背后是否应该设立弱势群体的保护机制？这种道德两难产生的个体原因与社会原因等
	4.2 什么样的教学方法能最大限度地引发学生的发散性思维[2)]	4.2 多媒体教学法。综合运用多种媒介资源，向学生直观地呈现各种看似抽象的道德悖论。通过电子社交平台快速的互动反馈，对学生思考的效率提出更高的要求，这在某种程度上对学生发散性思维的培养较之于传统教学方法更有助益

续表

设计环节	设计原则	操作要求
5.教学评价	5.1 我们如何知道学生的发散性思维得到了提高	5.1 在各种教学活动中（如头脑风暴，小组讨论及辩论等），密切关注学生对道德两难问题所提出的解决方案的数量和质量的变化，对比课堂开始时，同学们对于道德难题的反映，可以明显地体察出学生发散性思维品质的变化
	5.2 我们如何知道学生的移情及同情情感得到了提升	5.2 引导学生揣测道德两难情境下海因茨的内心感受；同时，对于不同的道德两难解决方案，鼓励学生表达出自己看法及内心感受。同时也可以布置相关的情感日志，这三种方式，都可以有效反馈出学生移情及同情能力的变化情况

1）美国心理学家柯尔伯格继承和扩展了皮亚杰的理论，认为儿童道德的发展是分阶段的，但是他在研究中发现，道德发展应该有多个水平，于是在20世纪60年代提出了著名的三水平六阶段的道德发展阶段论，包括前习俗水平（惩罚和服从的定向阶段，工具性的相对定向主义阶段）、习俗水平（人际协调的定向阶段，维护权威或社会秩序的定向阶段）、后习俗阶段（社会契约定向阶段、普遍伦理定向阶段）。其中在习俗水平的人际协调的定向阶段，个体一般按照好孩子的要求去做事情，希望得到大家的普遍赞许，以维护自身人际关系的和谐与稳定，而维护权威和社会秩序的定向阶段则要求个体树立法治观念，尊重法律和团体权威

2）李政涛. 表演：解读教育活动的新视角[M]. 北京：教育科学出版社，2006：94

科尔伯格道德两难问题虽然更多涉及的是道德认知问题，事实上，道德两难背后对道德主体的道德想象力提出了更为苛刻的要求，当然也给予了更为广阔的应用空间。如何培养、提高及运用道德想象力，从而帮助学校进行有效的德育是一个重要的研究议题。这里试图给出的道德想象力的实践转化策略，也是对前文所提出的道德想象力危机的一种回应。传统的规范德育论和理性德育论都有自己的实践弊端，前者倡导教师进行价值灌输，确保学生“听话”即可，显然不利于道德主体的养成；后者虽然提倡教师秉持价值中立，充分尊重学生，帮助学生进行“清思”，但是有助长学生道德冷漠或“自我中心主义”的潜在危险。但是，公共领域需要的不是缺乏道德思考的无头脑的“循规蹈矩”者，也不是缺乏移情感受的“精致的利己主义者”，所以我们的公德教育，需要充分发挥道德想象力。并且在将其进行实践转化时需要满足以下五个要素：道德情境（真实或虚拟）、道德感受（反思和移情）、道德可能（显性或隐性的）、道德行动（直接或间接）、道德协商（讨论或辩论）①。

（一）设置多样的德育情境

道德情境是生活情境的一部分，因此德育的情境设置要特别突出日常生活的色彩。这里的道德情境有三种：非参与的虚拟场景、参与式的虚拟场景及真实的参与场景。针对非参与的虚拟场景，学校可以征集或选取与德育有关的优

① 张晓阳. 基于道德想象力的公德培育[J]. 上海教育科研，2016，（1）：18-22.

秀道德叙事，文本形式或视频形式都可以，只呈现故事部分必要细节而不是故事全貌，鼓励学生在头脑中进行道德场景复原（概念成像），这样不仅可以激发、检验和锻炼学生的道德想象力，而且通过学生各自的道德叙述，老师还可以了解学生针对特定事件的道德认知水平和道德可能性的潜在拓展空间。所谓参与式的虚拟场景，意指参与非真实的、戏剧性的道德情境（背景转换）。杜威认为，在任何科学、美学及道德情境当中，或任何存在疑问的地方，只要存在竞争的欲望与价值标准，“戏剧排练”都可以派上用场，而这种“戏剧排练”的技巧完全取决于我们的想象力，是想象力决定了我们大脑中对于特定事件的“戏剧排练”方式，想象和戏剧一样，存在一种故事结构，这种故事结构是由冲突及人物与突发事件的遭遇来推动的，这个过程生动而富有感情，在竞争和不稳定当中通往解决之路①。所以，学校可以以创作“道德戏剧”的形式，鼓励学生们进行道德戏剧剧本故事的撰写，模拟学校和社会的公共生活道德情境，在这些虚拟场景中，学生可以进行角色扮演及轮换角色扮演。真实的场景参与一方面是指积极参与学校公共生活，学校要扩大学生公共服务的岗位或者采取轮岗等其他形式，目的是扩大学生参与学校公共生活的机会；另一方面是指社会、社区志愿服务活动，加强学生的社会联系，并且能够让学生尽快形成真实的社会及公共生活责任感。

（二）保证完整的德育过程

多样化的德育情境只是激发道德想象力，提高德育实效的前提。在此基础上，还要依据道德想象力的内涵，策划完整的公德教育过程。在道德想象力的实践转化中，除了道德情境的设置，道德感受、道德的可能、道德行动及道德协商都属于实施过程。首先是道德感受，它意味着在面对新的道德情境时，要刺激学生的道德敏感性（惊异感），鼓励学生通过反思和移情，特别是要突破自我，站在他人的立场上，充分理解情境中的人物和事态，并在此基础上做出自己的道德判断。例如，在“道德戏剧排练”过程中的角色扮演和角色轮换，在真实学校公共生活中的角色担当，都是学生超越自己，进行移情和反思的好机会。其次是道德可能性（可能性思维或发散性思维）。在学生面对道德困境时，特别是如果道德困境超出了自己原有的道德图式，我们要包容并鼓励学生大胆提出尽可能多的道德可能性（头脑风暴），有些是合理的，有些可能是不合理的，有些是显性的，有些可能是隐性的。学生不是成年人，更不是圣人先知，所以，要允许学生发生“可控”的道德瑕疵，给他们探索道德境遇的自由空间。所谓的情境中的道德两难从来都不仅是年龄、认知水平及信仰的问题，而且还是道德想象力的问

---

① Fesmire S A. Dramatic rehearsal and the moral artist：a Deweyan theory of moral understanding[J].Transactions of the Charles S. Peirce Society.1995，31（3）：568-597.

题。我们一定不能固化自己的认知偏见，尊重儿童，相信儿童能够面对复杂的道德困境，并且可能展现出更非凡的道德想象力。再次是道德行动，这可以是虚拟的间接参与，也可以是直接的真实参与，重点在于“道德参与”本身，它不仅是道德想象力实践转化的关键，更是避免道德冷漠的良好开端。事实上，正强烈的道德感受力和道德想象力，才有效促进了主体的道德参与，而参与本身又会验证自己的道德判断和道德想象，这是一个良性转化的过程。最后是道德后果的协商，也就是针对道德行动后的道德后果，进行多主体研讨。我们要鼓励学生说出自己的道德故事，可以通过“道德日记”的方式进行个体反思，在个体反思的基础上，组织学生针对自身的“匿名反思主题”（道德事件多涉及隐私）进行评论，分组对话，甚至可以针对典型性话题进行辩论。因为，道德想象力不仅分布于单个主体的大脑之中，而且如认知科学一样，存在分布式想象力，要发挥集体优势，进行协同式道德想象。

四、“哲学阶段”的教学设计策略

“哲学阶段”（14 岁、15~19 岁、20 岁）的儿童已经不再满足于熟练掌握书面语言，或者通过书面语言了解形形色色浪漫世界的新奇知识。他们开始关注各种看似互不相关的浪漫事物之间的内在关联。“最明显的标志是学生开始意识到同他们建立浪漫联结的所有事物都是相互关联的，就连他自己也是这个统一体的一部分，现实世界似乎被一种看不见的力量统一在一起，随着这种意识上的转换，旧的浪漫的世界观开始消退，新的客观的世界观得以确立。学生们不再根据‘浪漫的联结’理解世界，而是根据他们自身之外的客观法则（包括自然的、心理的、社会和历史的法则）来确认自身的属性及与世界的关系”①。当然，这种对统一性和综合性的偏好和“神话阶段”（3~7 岁）不同，“神话阶段”儿童的“隐喻性思维”和“自控性情感”是以自我认知和自我情感为中心，试图关联性理解周围的世界全貌的方式，具有典型的主观色彩。而“哲学阶段”的儿童则已经可以跳出自我认知和情感局限，试图客观地理解包括自己在内的世界的本质与规律。所以这种认知与情感水平具有典型的客观色彩。因此，从“神话阶段”到“浪漫阶段”再到“哲学阶段”，是一个认知与情感的辩证发展的过程。“哲学阶段”的心理工具主要特征为：汇聚性思维和共情情感。其中，认知工具主要包括普遍性追求、确定性追求、概念图、基本概念和异常现象，以及统一和汇聚性思维。情感工具包括元叙事理解、共情情感、同理心、理智感与人道主义。表 4.6 为哲学阶段想象教学设计的主要构成要素关系表。

---

① 潘庆玉. 富有想象力的教学设计[M]. 广州：广东教育出版社，2014：97.

表 4.6 哲学阶段教学设计要素构成表

认知想象力	认知工具	教学活动	情感工具	情感想象力
汇聚性思维	普遍性追求	综合实践活动 模型建构活动	元叙事理解	共情情感
	确定性追求		共情情感	
	概念图	教学方法	同理心[1)]	
	基本概念和异常现象	范例教学法 概念图教学法	理智感	
	统一和汇聚性思维		人道主义[2)]	

1）我们通常将“同理心”等同于“同情心”。事实上，两者并不相同。“20 世纪 20 年代美国心理学家铁钦纳首度使用同理心一词，指的是一种行为的模仿（motormimicry），同理心一词源自希腊文 empatheia（神入），原来是美学理论家用以形容理解他人主观经验的能力，铁钦纳认为同理心源自身体上模仿他人的痛苦，从而引发相同的痛苦感受”。（参见 http://www.360doc.com/content/07/0729/12/13604_640615.shtml）使他用同理心一词与同情区别，因同情并无感同身受之意。故同理心更接近于共情，但比共情更富于理性色彩。但是这种理性色彩又小于理智感，理智感源于一种依照理性的情绪反应，属于共情情感的一个重要特征

2）哲学阶段的学生心理发展特征，无论是认知层面还是情感层面，更倾向于宏大统一的世界观与价值观。因此，人道主义所蕴含的宏大的自由、平等、博爱情怀非常适合在此阶段予以培养

这里需要解释几个在认知工具和情感工具中出现的概念。首先是概念图（concept map）①，概念图不同于思维导图（mind map）②，“思维导图”强调主体个人头脑风暴式的“自由发散联想”，不注重概念的横向与纵向逻辑关系，它有利于培养人的发散性或者放射性思维，而概念图则强调客观知识的逻辑表征，优先考虑的并不是概念、命题或者知识点的丰富性，而是其内在的逻辑关联，它有利于培养人的理性逻辑和综合汇聚性思维，使个体能够在更为广阔统一的整体当中，把握、定位乃至深入理解每一个子概念（图4.3）。当然，概念图模式也有自己的一些缺陷，如在表征方式上没有思维导图灵活、直观与形象。因此，有学者指出，“在要进行思维的激发、整理等一般性工作时，思维导图是合适也是能胜任的；但在概念较多且关系复杂的情况下，概念图更能深刻地表示知识体系及其内部关系”③。学科知识的教学多涉及一些结构化概念，并且随着学段的升高，知识范围的不断拓展，知识概念的广度和深度都会进一步扩大，而且这些概念之间往往有着严谨的、内在的逻辑关联。所以在哲学阶段，概念图相较于思维导图更加适合学科知识的教学。它对于学科知识的组织、教师学生之间的协作、思维的外部支持以及习得知识的评价都有巨大的帮助作用。这是概念图教学法在

① 概念图最早由诺瓦克博士提出，是根据奥苏贝尔的有意义学习理论提出的一套教学技术。作为一种知识表征和组织工具，概念图主要以节点代表概念，以连线代表概念之间的逻辑关系，能够有效地整理知识碎片，提高工作和学习的效率。

② 现在广为传播的思维导图，由英国心理学家托尼・伯赞（Tony Buzan）发明，作为一种革命性的思维工具，它具有图文并茂的巨大优势，充分调动人体左右大脑的潜在机能，符合知识可视化的潮流，因此在社会许多领域，尤其是商业管理领域得以迅速普及。

③ 赵国庆. 概念图、思维导图教学应用若干重要问题的探讨[J]. 电化教育研究，2012，（5）：78-84.

此阶段作为辅助教学设计策略的关键优势所在。无论是思维导图，还是适合更高学段的概念图，都属于一种释放人类脑力的分布性认知和思维工具，不仅可以减轻人类的记忆和理解负担，而且还可以激发更多的事实可能性和逻辑可能性，从不同侧面激发和完善学生的想象力。

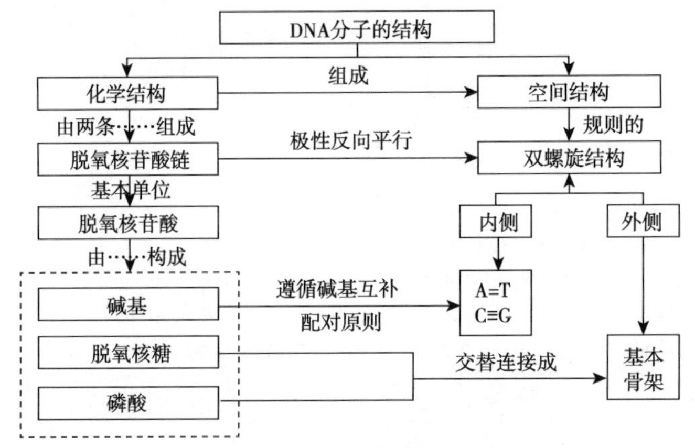

图 4.3 DNA 分子结构概念图

资料来源：李希明. 基因的本质—— 概念图汇编[EB/OL]. http://old.pep.com.cn/gzsw/xszx/tbxxi/jxsj_2/bx2/201012/t20101216_988501.htm，2010-12-16

其次是“元叙事理解”，是指“不仅从知识的内在逻辑性上理解某种理论，而且还能够从该理论科学发现的叙事过程的角度把握与其有关的各种政治、社会、心理、修辞等背景知识。通过元叙事，我们可以把个别的事实和事件整理概括成一般观念，并从中产生情感联想。也就是说，我们并不只是把事实概括成理论，而且，我们还会对这些理论产生情感关切和社会关怀”①。我们在讲授一个概念的时候，既要有逻辑感，也要有历史感，它的发生、发展直至成为公认的科学概念一般都会有一个丰富的过程。这样，学生们在认知一个概念的同时，会更加真切地体会到概念背后的共同的人性与人情，并从中汲取科学发现的内在动力。另外值得强调的是，这个阶段学生的主要情感发展特征已经开始侧重于“客观性情感”，意指能够跳出自我情感局限，以一种共情（包括你、我、他、它）的态度面对这个世界及其中发生、发展着的人、事与物。

我们这里选取人教版高中生物（必修 2）中的《DNA 分子的结构》作为“哲学阶段”教学设计案例②，表 4.7 是本次教学设计的环节设置与操作要求。

---

① 潘庆玉. 富有想象力的教学设计[M]. 广州：广东教育出版社，2014：270-271.

② 这里的选取的教学案例虽然更多地倾向认知方面，但是 DNA 作为主要遗传物质的主要载体，其结构的发现对于生物学来说具有里程碑式的意义，符合这个阶段学生对统一性和确定性的追求。

表 4.7　哲学阶段教学设计案例《DNA 分子的结构》

设计环节	设计原则	操作要求
1.目标设定	1.1 如何让学生了解DNA分子的双螺旋机构及螺旋结构的普遍性 1.2 如何激发学生对于自然与人的永恒奥秘的探究热情	在本次教学中，要充分利用学生“哲学阶段”的心理发展特征，教学目标不能简单定位在 DNA 双螺旋结构的知识学习上，要进一步深挖螺旋结构的价值与学习乐趣，从而激发学生对大自然及社会规律的学习与研究热情
2.内容组织	2.1 依据本节主题，什么样的课程导入案例能够引发学生对于DNA结构的兴趣	2.1 通过播放大家熟知的影视剧片段或组织小组讨论，对比历史中出现的形形色色的亲子认定方法（如滴血认亲等），引入主题。也可以通过介绍现代社会认定罪犯的最快速、最有效方法（如恐怖分子本·拉登的抓捕及快速确认）来引入主题
	2.2 寻找元叙事，即什么样的元叙事能够给课堂或者单元内容提供一个清晰的整体结构？它能为学生探究权威观点和真理提供什么支持 [1)]	2.2 DNA 结构的发现是一个有趣而充满想象力的过程，如首先是威尔金斯和富兰克林提供的关于 DNA 的 X 光衍射图，然后是沃森和克里克的完美邂逅及他们依据衍射图所做出的关于 DNA 螺旋结构的天才设想，接着是生化学家查可夫的碱基配对贡献，让沃森和克里克最终确认了 DNA 完美的双螺旋模型。在元叙事的过程中，要引导学生体会科学发现的严谨与艰辛
	2.3 要寻找理论形成过程中出现的种种异常个案，逐步挑战学生不断成型的理论认知，使得学生对理论的理解不断加深，理论图谱不断完善。同时也可以使得学生不断排除个案质疑，增强汇聚性思维	2.3 DNA 是遗传物质的主要载体，但是在其被发现过程中，染色体、蛋白质等都曾被误认为是遗传物质的最终载体，常识和科学实验对此一一否认。即使是 DNA 本身，也被证明不是遗传物质的唯一载体。这些反例都可以作为理论认知的挑战工具，都可以在课堂上，随着教学进度逐步展开
	2.4 如何根据本节知识点组织学生绘制概念图	2.4 概念图是学生学习抽象概念的重要思维工具，教师要在课堂当中本能地依照知识逻辑来呈现本节所要掌握的主要概念和命题。这样有助于厘清学生绘制概念图的思路，当然在活动创设当中，我们还会提到，这里暂且不予赘述
	2.5 如何深入挖掘螺旋结构的内在价值，鼓励学生发现自然界中更多的关于螺旋结构的现象与规律	2.5 在学生掌握了 DNA 双螺旋结构之后，可以通过展示或者引导学生进行讨论，大自然中其他众多的螺旋结构或者现象，如动物界的海螺形状、植物界中叶子的着生方式及种子的排列方式（葵花籽），人类的耳朵及发旋，甚至宏观层面银河系的螺旋运动状态，激发学生们的想象，从物理、化学、数学甚至美学等多学科体会和理解螺旋结构的内在奥秘，进一步激发学生对宇宙内在统一规律的想象力和探究兴趣
	2.6 如何利用以前的心理工具——身体和神话及浪漫阶段，加深学生对 DNA 双螺旋结构的理解？如何促使学生对所学	2.6 整个教学过程，可以结合 DNA 模型制作来进行，尽量以一种轻松幽默的方式予以呈现。同时，要引导学生注意到元叙事过程中，许多科学家如富兰克林等已经无限接近发现 DNA 结构，但是为什么

续表

设计环节	设计原则	操作要求
2.内容组织	理论展开反思，熟悉更高一层级的心理工具	偏偏是沃森和克里克成功了，因为科学发现不仅在于具有丰富的科学知识，而且要“勇于承认自己的无知，虚心求教，不断探索，大胆尝试不同的方法，具备一种批判而无畏的精神”2)。同时，要针对DNA 的后续研究进展进行介绍，引导学生在崇尚权威与真理的同时，要有批判质疑的探索精神，以使其心理发展向着“讽喻阶段”迈进
3.活动创设	3.1 什么样的活动能够调动学生能动的参与感，从而通过各种知识细节，得出关于知识与情感的普遍规律	3.1 综合实践活动如研究性学习、社会实践等，可以使学生将学到的理论与实践相结合，充分调动其运用和检验理论知识的热情。同时在社会实践过程中，可以引导学生跳出自我认知与情感局限，利用所学知识，客观分析所面对的社会现象，学会透过现象看到本质
	3.2 理论型与实践型的模型建构活动	3.2 DNA 的模型建构活动本身也属于一种典型的研究性学习方式，其中既有理论建构的成分（模型猜想），也有实践建构的成分（模型制作）。因此模型建构的过程本身就是一个不断探索、不断创新、不断修正错误的过程。它有助于学生们整合知识细节，锻炼汇聚性思维。同时，也提高了他们的动手能力
	3.3 什么样的资源更有利于活动的创设	3.3 综合实践活动的创设需要学校、社区及家长的紧密配合，它不仅仅是学校课程的必要性辅助，而且是国家规定的必修课程。所以，学校要提供充足的软硬件设施和便利资源
4.方法应用	4.1 什么样的教学法最容易使学生从个别知识材料中掌握同类事物或者同类现象中的一般性规律	4.1 范例教学法。教师在运用范例教学法的时候，要注意两个阶段：运用范例阐述“个”的阶段和“类”的阶段。其中“个”的阶段是指运用个别事物阐述其个体内在的特征与规律；“类”的阶段是指运用个别事物阐述同类型事物的内在特征与规律。例如，我们前面讲到的从 DNA 的双螺旋结构到世界中普遍存在的螺旋结构，都有一些内在的特征与规律。深入挖掘范例往往能够使学生举一反三，事半功倍。当然所选取的例子对于命题与概念学习而言可以是正例也可以是反例
	4.2 什么样的教学方法能够让学生厘清并理解大量的知识命题与概念	4.2 概念图教学法。概念图教学法对于拥有大量抽象概念的学科知识来讲，具有明显的工具性优势。要把概念图作为建构知识的组织支架，小组学习的协作支架，理解认知的思维支架，课业认定的评价支架3)。概念图的绘制过程，事实上也是一个为知识寻找好的知识层次的过程4)，不仅有助于学生理解已有知识概念，更有利于学生在知识层次中发现和发明新的概念与命题，所以它也有利于学生创造性思维的培养

续表

设计环节	设计原则	操作要求
5.教学评价	5.1 我们怎么评价学生的汇聚性思维得到了提高	5.1 通过提问及概念图的绘制水平，可以发现学生对于章节整体命题与概念的把握程度，同时也可以通过课业布置来评估学生的汇聚性思维，如针对自然界个别现象背后的机理调查，可以发现学生搜集、整理甚至分析汇总材料的能力，这些方式都能有效考察学生的汇聚性能力
	5.2 我们如何判断学生对自然界和人类的永恒奥秘更加感兴趣	5.2 在课堂授课及活动过程中，注意观察学生们的反映，提问的活跃度，对活动的能动性参与程度，都能反映出他们的兴趣程度

1）潘庆玉. 富有想象力的教学设计[M]. 广州：广东教育出版社，2014：275

2）乔嘉雷卡 A. DNA 双螺旋结构发现史[EB/OL]. 李春艳编译. 环球科学（《科学美国人》中文版），环球科学中文网页版 http://finance.ifeng.com/a/20140522/12389494_0.shtml，2014-05-16

3）任锐，刘成新. 基于概念图的学习支架研究[J]. 中小学信息技术教育，2007，（2）：40-41

4）诺瓦克 J D. “概念图”解读：背景、理论、实践及发展[J]. 开放教育研究，2006，（1）：4-8

第三节　想象教育的评价策略①

虽然在教育和心理等很多领域的研究中，已经开始逐步重视“想象”的价值，但是就文献所及，可能因为想象本身的含义就很复杂，至今仍没有清晰地得到界定，更别提其评价指标了。在实证主义横行的时代，这也是“想象”备受冷落的原因所在。所以，学者们似乎对想象的评价指标望而却步，没有太多关注。因此相关研究并不多。有学者通过探索性因子和验证性因子的分析确认，把想象分为两大维度，并从中生发出了九大指标（表4.8）。当然并不是说这里给出的指标就是最好的或者最恰切的，这只是研究者的一种尝试。显然这个指标的建立依据的是康德对想象力的定义及分类（创新性想象力与复制性想象力），然后在这个细化的基础上又进一步地细化出了二级指标。当然，我们也可以在二级指标的基础上进一步进行细化。这个评价标准显然更加侧重于认知层面，对于情感想象力有所忽略。同时，它更加侧重的是想象力，而没有涉及教育层面。台湾未来想

① 想象力的评价本身就是一个充满争议的课题。在具体的教育教学实践中，不同的年龄阶段，不同的科目与人才要求，都有可能对想象力的评估造成外部干扰。我们也无意提供一种适合任何情境条件的万能性想象力评价标准，而是基于我们前文所述的想象力内涵，提供一种可供参考的评估指标框架，至于具体的指标评价方法，一线教育者完全可以有充分的自主权。因此，在这个意义上，这里的评价策略只是一种粗线条的框架性探讨，而不是具体实践层面的方法技术类探讨。事实上，针对创造力的技术类评估方法中，很多可以迁移到想象力的评估领域。所以，我们在这里也不再一一介绍心理学领域各种已经非常成熟的评估技术，如“自陈报告”(self-report)、表现性评定等。

象教育研究团队（上文已有相关阐述与介绍）在想象教育评价方面也做出了许多探索，但是更多着重于未来教育方面，即能够主动地透过探究“过去”“现在”的发展及其脉络，想象“未来”可能的发展与创造，期望能趋向个人或世界美好的未来。但是，我们还要进一步对想象教育的评价标准进行探索。目前，学界对想象的内涵、类型划分、作用价值并没有达成一致见解，所以对其评价指标自然莫衷一是，这也将是未来想象理论及其应用研究不可绕过的一个研究课题。

表 4.8 想象力评价指标一览表

维度（dimension）	指标（indicators）	
创造性想象力（creative imagination）	直觉力（intuition）	指个体针对目标快速联结事物的能力
	敏感力（sensibility）	指个体在创造过程中唤起情感的能力
	创新力（productivity）	指个体能够产生无数想法的能力
	探索力（exploration）	指个体探究未知的能力
	新颖力（novelty）	指个体能创造非凡想法的能力
复制性想象力（reproductive imagination）	细化力（elaboration）	指个体通过对想法细化加工获得改善的能力
	效力（effectiveness）	指个体能够根据预期目标产生有效想法的能力
	转化力（transformation）	指个体通过多领域知识转化完成任务的能力
	具象力（crystallization）	指个体能够用具体例子来表达抽象观念的能力

资料来源：Liang C Y. Chang C C，Chang Y，et al. The exploration of indicators of imagination[J]. The Turkish Online Journal of Educational Technology，2012，11（3）：366-374

需要明确的是想象教育的评价目的，它不仅仅是培养学生的想象力，而且是通过想象力对教育的介入，提升教育教学的质量，从而达到想象力与教育相互助益的目的。因此，对想象教育的评价既要涉及想象力的评价，而且要兼顾教育教学质量的改进评价。从这个意义上，我们可以说想象教育的评价策略包含两部分：想象力的教育性评价策略和教育的想象性评价策略。前者意指在教育领域中，通过师生心理工具的充分调动与互动，利用哪些策略可以评价学生的想象力得到了提高？后者意在想象力介入教育质量后，利用哪些策略可以评价教育质量得到了提高？正如我国教育中已经有的绿色评价指标体系①一样，在本书的评估框架中，我们也要引入两个概念，即“想象力商数”（imagination quotient）和“想象力赤字”（imagination deficit），以便为想象教育提供一种富有创意的参考性评估指数，前者侧重学生的主体性要素评价，后者则侧重于教育的外部支持

① 教育部正式启动“中小学教育质量综合评价改革”，此后教育部将在全国推行中小学绿色评价指标体系。绿色评价指标体系包括学生品德发展水平、学业发展水平、身心发展水平、兴趣特长养成、学业负担状况等 5 个方面 20 个关键性指标。

评价。当然，考虑到想象教育的复杂性，这只能作为一种尝试性探索。

一、另一种 IQ——想象力商数[①]

想象力商数是一种逐渐成形的、崭新的能力评价指数，它将很好地适应即将到来的想象力时代的需要。美国塔夫斯大学心理学家罗伯特·J. 斯滕伯格（Robert J. Sternberg）基于自己的研究认为，要想获得成功，想象力和智力一样重要，而标准化测试并不是最好的测试办法，虽然学生需要传统的分析技能，但这是不够的，想象力能够激发学生的原创性思维。老师们只有重视学生的想象力，并且擅长引导学生产生更多的新想法及进行批判性思维，才能促进学生在未来的生活中获得更长远的成功。事实上，存在两种 IQ，即智商（intelligence quotient）和想象力商数。传统的智商测试并不能完全反映学生的学习能力[②]。和创造力不一样，鉴于想象力本身的复杂性，要想完全准确地对其进行评估，几乎是一件不可能完成的工作。但是显然，美国宾夕法尼亚大学想象力研究中心却不这么认为。2015 年，他们雄心勃勃地实施了一项研究计划，通过科研悬赏（每年投入 300 万美元，为来自全球的 15 支科研团队分别提供 15 万到 20 万美元的经费支持）的竞赛方式，试图建立一整套“想象力商数评价体系”，以便更好地理解、鼓励和培养人和社会的潜能和繁荣，从而适应即将到来的想象力时代，正是在这场科研竞赛中，一支来自英国的竞标科研团队决心开发一种可以称作“ImQ”的想象力评估 APP，可以随时帮助人们提高他们的想象力[③]。

笔者这里也利用“想象力商数”作为一种评价指标的名称，但是评估角度自然会有所不同。要想针对想象力进行评价，首先要确定其定义。我们在上文已经对认知想象力和情感想象力予以了充分阐述。在此基础上，我们可以做出总结，本书意义上的“想象力”主要是指一种思维和情感的灵活性，因此，想象力不是一种单一的心理能力，“它正处在由感觉、知觉、记忆、隐喻、概念、情感，毫无疑问，还包括其他显明的生命特征所交汇而成的十字路口上”[④]。因此，它是一种综合性心理能力。

事实上，作为一种纲领性定义，我们对于想象力内涵的探寻本身，就意味着对想象力的评估指标进行了轮廓性的厘定。这里的想象力商数包括两大指标，即

---

① 为了区分想象力商数和智商（英文简称都是 IQ），一支英国的想象力研究团队为想象力商数起了一个更为可爱的名字：ImQ。但正如想象力的概念充满争议一样，目前针对想象力商数并没有一套公认的科学评测标准。参见宾西法尼亚大学想象力研究中心网站：http://imagination- institute.org/grant- recipients/introducing-imq.

② Sterman C. The other IQ：imagination quotient [EB/OL]. http://www.crayola.com /for-educators/，2014-11-03.

③ Imagination institute at penn awards nearly $3M to develop “imagination quotient” [EB/OL]. http://imagination-institute.org/，2015-07-13.

④ 潘庆玉. 富有想象力的教学设计[M]. 广州：广东教育出版社，2014：13.

认知商数（cognition quotient，CQ）和情感商数。认知商数不能简单地等同于智商，因为学界对智商的定义及范围具有较大的争议（如情商是否也属于一种情感智能？）。如果把认知商数等同于智商，那么情商被误认为是智能的一种类型。根据纲领性定义，我们把想象力评价指标分为认知与情感两大层面是合适的。认知商数层面具体展开五大分级指标：具身性思维、隐喻性思维、发散性思维、汇聚性思维及辩证性思维。情商层面具体展开五大分级指标：具身性情感、自控性情感、移情、共情和审美。因为本书做的只是想象力商数的框架性探索，所以对于后面的十大分级指标，我们也如在教学设计策略中所选取的标准一样（大概跟我们的基础教育阶段相吻合，以便于对一线教育实践有参考意义），只选取神话阶段、浪漫阶段及哲学阶段。具体如表 4.9 所示。

表 4.9 想象力商数（ImQ）评价指标体系

<table>
<tr><th colspan="2">认知商数（一级指标）</th><th>评价方式（备注）</th><th colspan="2">情感商数（一级指标）</th></tr>
<tr><td>二级指标</td><td>三级指标</td><td rowspan="6">因为这个时期（3~7 岁）的学生自我认知、书面表达能力较低，所以想象力评价方式要多用质性的评价方法，如表现性评定、访谈、自由绘画等</td><td>三级指标</td><td>二级指标</td></tr>
<tr><td rowspan="5">隐喻性思维</td><td>隐喻性能力</td><td>幽默感</td><td rowspan="5">自控性情感</td></tr>
<tr><td>对立概念提取能力</td><td>好奇心</td></tr>
<tr><td>心理成像</td><td>口头叙事能力</td></tr>
<tr><td>押韵，估算与建模</td><td>情绪卷入</td></tr>
<tr><td>象征性思维</td><td>情绪调节</td></tr>
<tr><td rowspan="5">发散性思维</td><td>概念成像能力</td><td rowspan="5">浪漫阶段（7~14 岁）的学生想象力评价，可以采用质性（如自陈报告、访谈等）和量化（态度量表、个人体验问卷等）相结合的评价方式</td><td>道德感</td><td rowspan="5">移情情感</td></tr>
<tr><td>思维的流畅性</td><td>惊异感</td></tr>
<tr><td>思维的变通性</td><td>重要他人</td></tr>
<tr><td>思维的独特性</td><td>情感投射能力</td></tr>
<tr><td>思维的精致性</td><td>角色转换能力</td></tr>
<tr><td rowspan="5">汇聚性思维</td><td>信息搜集能力</td><td rowspan="5">哲学阶段（14~19 岁）学生认知与情感逐渐成熟，可以综合运用多种测量评价方式</td><td>理智感</td><td rowspan="5">共情情感</td></tr>
<tr><td>逻辑归纳能力</td><td>元叙事理解力</td></tr>
<tr><td>信息辨别能力</td><td>共情</td></tr>
<tr><td>概念图能力</td><td>人道主义</td></tr>
<tr><td>辐合式思维</td><td>同理心</td></tr>
</table>

三级指标和上文想象力内涵的分析并不完全一致，这里做了更为指标化的改动处理。例如，在发散性思维当中，这里三级指标并没有采用原有的内涵细化分类（如极限经验、可能性思维、关联性思维等），而是采用了更为通用的测量发散性思维的指标（思维的流畅性、变通性、独特性及精致性等）①。并且对于不

① 1967 年，美国心理测量专家吉尔福特对发散性思维做出了深入研究，提出了四个评估指标体系：思维的流畅性、变通性、独特性及精致性。极大推动了发散性思维及创造性思维的研究。

同年龄阶段学生想象力商数的评价方式，应该有所不同，我们在备注当中也做出了简短说明。特别需要强调的是，想象力商数的评估，目的并不是区分出学生是否有想象力或者想象力的水平存在高低差异，而是学校和教师能够更好地了解学生的想象力发展潜能与程度，并以此为基础，及时修正我们课程内容组织方式或教学设计策略，抑或教学环境中的不足之处。

事实上，我们在上文已经提出，想象教育的理论预设之一就是人人都具备想象力。因此，我们也可以考虑在想象力商数指标体系的基础上，借用美国在测量学生创造性行为时所采用的四个评价等级："尚未显现（not yet evident）、略微显现（emerging）、基本显现（expressing）及出色显现（excelling）"①。在这个评价等级中，有些学生在某个阶段或者某个领域当中没有明显显现出想象力，并不代表他没有想象力，而是其想象力潜能亟待获得开发，这也是想象教育的必要性与可能性所在。必须严禁在评价过程中给学生贴上庸俗的标签，忘记了评价的理论初衷与理论假设。

二、另一种 ID——想象力赤字

这里的"ID"并不是身份证的意思，而是"想象力赤字"的英文缩写。"赤字"本来多用于财政层面，意为财政支出大于收入的差额，或者也可叫作"红字"。后来，"赤字"被隐喻性地迁移运用于多个领域，如"信任赤字""民主赤字"等，意指评价对象某些方面存在明显缺陷或不足。想象力赤字既是一种质性的价值判断，也是一种可以量化的评价指标。"想象力"在这个意义上，也可能存在赤字，如美国学者在谈到当前美国财政赤字的时候，指出美国预算赤字的根源就在于"想象力赤字"②。想象力赤字可以存在于宏观的国家政府层面，也可以存在于微观的学校课堂层面。当然，我们在应用于个人的时候，这个名词的最恰切翻译为"想象力缺陷"（意指其想象力潜能未得到很好的开发与发展）③。笔者这里引入"想象力赤字"作为一种评价指标，意在应用于微观组织层面，即学校和课堂。例如，课堂层面的"想象力赤字"，就是指课堂教学环境中缺乏一些刺激性因素（或机会）让学生发展自己的创造力与想象力。美国学前教育专家就提出了一套"课堂想象力赤字"的评估问卷（表 4.10），这也可以给我们制定评价指数提供一些启示。

---

① 蔡敏. 美国中小学生创造力评价探析[J]. 外国教育研究，2008，（10）：47-52.

② Hersch W. America's problem：a deficit of imagination[J]. National Underwriter Life & Health，2010，（11）：32.

③ 事实上，美国存在大量关于因为听觉或者视觉等感官或神经障碍造成的儿童想象力缺陷研究，这些研究多存在于医学及心理学领域。本书引入的想象力赤字概念多用于组织评价，而关于个体的想象力评价，应用笔者引入的另一个评价概念——想象力商数更为适当，而想象力赤字多用于负面清单式评价。

表 4.10 学前课堂“想象力赤字”评估问卷表

采用下表一系列问题来测量课堂“想象力危机”水平，后面回答“是”、“不是”或者“不确定”，并以此深入检讨自己的课堂管理政策、程序及员工培训水平	
1.在课堂当中，一些富有创造力的活动或者想象力游戏大都由教师进行主导，而学生拥有很小的自主空间	a.是 b.不是 c.不确定
2.教师更关注项目的“最终结果”而不是项目过程中每个学生所付出的努力	a.是 b.不是 c.不确定
3.课堂经历中的大部分活动及相关材料所提供的“可能性”空间很小，并不能激发学生的探索精神	a.是 b.不是 c.不确定
4.教师们严格要求甚至审查学生按照唯一正确的方式行事，这样学生们就不再胡思乱想。教师们不会去激发学生的创新性思考或者探索其他的可能解决方案	a.是 b.不是 c.不确定
5.学生们都害怕犯错，集中精力以所谓“正确的”方式来做事情	a.是 b.不是 c.不确定
6.学生们所接触的形象化材料大多来自课本、视频或者其他商业化产品，而教师们则不会邀请学生们自己去创作个性化的形象并且描述它们	a.是 b.不是 c.不确定
7.故事讲述都由教师发起，学生们不能对故事角色及故事发展线索提出看法	a.是 b.不是 c.不确定
8.即使学生们到了一定年龄，还是被要求只能按照特定方式解决问题情境，而不是帮助他们自己或通过同辈协作，探索可能的创新性解决方案	a.是 b.不是 c.不确定
9.学生们更多地拥有被动而不是主动学习的机会	a.是 b.不是 c.不确定
10.学校更多地重视传统的学习项目，如数学与语文，但是并不重视创造力培养	a.是 b.不是 c.不确定

资料来源：Remy A，Marlene W. Imagination deficit [J]. Exchange，2012，（8）：72-75

通过上述课堂“想象力赤字”的评估问卷可以看出，学生的自主学习，教师与学生的课堂互动，学生之间的合作学习及过程性评价都应该是课堂想象力的重点所在。通过这个小问卷，我们可以反观自己的课堂教学并获得改进。我们也应该注意到，这个评估问卷虽然带给我们一种评估的方式、路线（想象力赤字评价法），但是它主要针对的是学前儿童，而且评价方式及范围仍显单一。想象教育面对的是各个年龄段的学生，评价方式与范围自然不同。因此，我们还是要制定出一套更为完整的想象力赤字评价指标体系，我们在上文已经提到，如果想象力商数属于想象教育的学生主体性要素评价，而想象力赤字则属于想象教育的外部教育支持性评价。因此，我们在这里更为注重的是学生学习环境的整体性评价，而不是学生的内在想象力自身。笼统来讲，想象教育的外部教育支持性评价可以分为学校组织与环境、课堂管理、教学发展及课程发展四个层面，也就是四个一级指标。同时我们也会在这四个一级指标下提供一系列二级和三级指标（问题式）。这些指标体系，最终可以继续细化为问卷编制的依据，从而制作出一整套想象力赤字问卷调查表，给学校一个“负面清单式”的诊断性报告，从而给学校的改革提供建议，如表 4.11 所示。

表 4.11　学校“想象力赤字”评价指标

一级指标	二级指标	三级指标（问题式）
1.学校组织与环境	1.使命与价值观	1.学校的使命与价值观跟想象力和创造力是否有关系
		2.学校领导者是否具有强烈的意愿推动想象教育
		3.以想象力为核心的价值观是否能够获得师生们的认同
		4.这些使命与价值观可以以哪些方式促进师生认同
	2.物理环境	5.学校物理环境设置与布局传递与想象力有关的信息了吗
		6.这些信息通过哪些方式刺激了学生们的想象力
		7.物理环境设置与布局是否参考学生们的学习规律与兴趣
		8.学生们是否参与过物理环境的设置与布局规划
		9.物理环境怎么设置才能适应并促进学校的想象教育
	3.学生与教师组织	10.学生组织能否参与学校管理
		11.学生会能够在多大程度上反映学生们的想法与利益
		12.学校教师组织的丰富性如何
		13.教师组织能够以何种方式促进想象教育的推进
	4.社区参与度	14.学校是否利用社区资源促进学校的想象教育
		15.社区资源可以通过哪些方式促进想象教育
2.教学发展	5.教学方法灵活性	16.教师是否具备多种教学方法
		17.教学方法的使用是否考虑到了学生的学习规律
		18.教师是否进行过关于想象力或创造力教育的培训
	6.学习自主性	19.学生是否具有强烈的自主学习动机
		20.学生是否具有多样的自主学习策略
		21.学生自主学习是否有充足的教育支持
	7.教师的协作度	22.同学段、不同学科教师之间的跨学科协作教研程度

续表

一级指标	二级指标	三级指标（问题式）
2.教学发展	7.教师的协作度	23.不同学段同一学科教师之间协作教研程度
	8.学生的协作度	24.学校中是否有多种促进学生合作学习的策略
		25.学生合作学习可以通过哪些方式促进想象力
3.课程发展	9.课程种类多样性	26.自主课程开发是否考虑到学生的想象力与创造力开发
		27.学校是否鼓励学生设置个体课程
		28.教师对于课程内容在多大程度上拥有自主权
	10.课程安排灵活性	29.课程进度安排是否有考虑学生认知与情感发展的因素
		30.课程进度安排是否给学生预留自主探索的时间与空间
		31.学生能否在一定程度上参与课程进度的设置
	11.课程资源开放性	32.学校是否制定了完备而有特色的课程体系
		33.学校的课程设置是否有效利用了社区与社会资源
		34.学校的课程资源在多大程度上能够实现共享
4.课堂管理	12.课堂氛围	35.学生对于课堂教学的情绪反应是否是积极的
		36.学生是否愿意经常在课堂上分享各自的观点
		37.学生之间及师生之间在课堂中的互动频率如何
	13.师生关系	38.教师与学生在课堂中的教学关系，如教学互动如何
		39.教师与学生在课外生活中的情感关系如何
	14.学生参与度	40.学生在多大程度上参与了课堂管理事务
		41.学生在多大程度上参与了课堂教学的互动
	15.集体凝聚力	42.学生之间的学习互助是否频繁
		43.学生之间的情感支持是否普遍

如表 4.11 所示，在评估指标设定的过程中，笔者参考了美国学前教育中想象力赤字评估问卷及英国学校创新学习（creativity for learning）评估策略①，以想象力赤字为评估目标，下涉 4 个一级指标，15 个二级指标及 43 个三级评估指标。其中三级指标以问题的形式出现。当然，第三级指标仍然有待继续扩充和完善。我们可以为这些指标设置评估分数，并以问卷得分的高低，监测我们的学校是否存在“想象力赤字”，这些评估结果无疑将会促进我们的学校领导者进行反思，并

① NCSL. Developing creativity for learning in primary school：a practical guide for school leaders[EB/OL]. www.ncsl.org.uk/media-1d7-d8-developing-creativity-in-the-primary-school pdf，2004-06-24.

制定出相应的改进举措。同时，教师也可以利用评估项目对照自己的教学，并找到改进和发展的空间与可能性。另外，这里需要说明的是想象力商数和想象力赤字的区别：从评价对象上来说，如果说想象力商数属于“内部评价”的话，那么想象力赤字更像一种“外部评价”，前者指向学生想象力本身的发展，后者指向学生想象力发展的外部支持；从评价类型上来说，想象力商数更多是一种“动态”的“形成性评价”，而想象力赤字则更多是一种“静态”的“诊断性评价”；从评价性质来说，想象力商数更多是一种“正面发展式评价”，而想象力赤字更多则是一种“负面清单式”评价。两种评价指数相辅相成，互相促进，共同构成想象教育的评估框架体系。当然，想象教育的探索在国内刚刚起步，其评价体系仍然比较粗浅，但是评价作为教育发展的牛鼻子，决定了想象教育的发展方向与成效。因此，继续探索和完善想象教育的评估体系，尤其是理论性评价指标后面的技术性操作，显得尤为重要。

第五章
想象教育的未来展望

创新与想象力是未来时代发展的大方向，而想象力是创新的核心素质，所以想象力的重要性自然更加毋庸赘言。“教育先行”从来都不应该只是一句好听的口号，而应该切切实实地为社会发展提供源源不断的优质人才。要想做到这一点，教育必然要敞开胸怀热情接纳想象力，张开双手紧紧抓住想象力，让想象力在教育中得到其应该有的重视和地位。改革开放无疑是中国逐渐强盛的法宝，但是前 30 年国家发展的动力靠的是宏观国家层面的改革开放，那么接下来的 30 年、60 年呢，我们是否依然能够继续享受宏观制度层面所带来的改革开放红利？显然不能，宏观层面的“持续深化改革”的空间与潜在动能越来越小，亚洲乃至全球的火车头需要新的“燃料”。未来的改革开放重点可能要逐步下移，宏观的顶层设计固然重要，但是要相信市场的力量、人民的力量，尤其是无数个体的想象力与创造力。这也将是国家新近提出的“大众创业、万众创新”目标获得实现的最根本保障。教育在解放个体想象力与创造力方面无疑作用巨大。通过教育的进一步改革，逐渐解放人的思想，发起一场“想象力启蒙”，真正为中国未来持续高速发展提供源源不断的强劲动力。想象教育只要适当地植入中国语境，那么将会具有巨大的发展空间。同时，随着想象教育的持续发展与完善，它的边界与内涵也将会更加丰富，从想象教育走向教育想象，甚至打造植根于想象的教育世界。

第一节　想象教育理论的中国语境

想象力作为教育发展的大方向，在全球范围内具有一定的共性，但是不同国家、不同文化、不同社会体制之间仍有一定的差异。正视这些差异，我们会发现想象力在教育领域的延伸并不是一件容易的事情。也正因为这样，想象教育理论在全球范围内呈现出多元化发展的态势，不同国家、地区、文化之间的教育发展状况和阶段，对想象力会提出不同的要求，如果我们只是盲目跟风，简单地“移植”和“盲目照搬”国外一些相关理论和实践模式，可能会收效甚微，甚至给当地的教育发展带来反作用。显然，需要找出想象教育理论的中国语境，中国语境不仅是想象教育理论进行“本土转化”和“本土创生”的前提条件，也是理论进行“实践转化”的根基所在。想象教育理论的中国语境需要考虑三个主要方面：“权利启蒙”问题，“知识理性”问题及“学业成就”问题。这分别涉及想象教育的前提、过程及结果。

一、想象力的权利启蒙

中国是一个历史悠久的大一统国家，也是四大文明古国当中唯一一个文明进程没有被打断过的国家。虽然历史上，中国也经历了频繁的朝代更替及战争纷扰，但是在意识形态领域，它永远保持着紧绷的神经，因为事实无数次证明，意识形态是维护国家，尤其是国家稳定和文化传承的不二法宝。在上文梳理中国历史上“想象力”的时候，已经提到过，霸权时代之前，原始祖先、部落首领、巫师及王权时代都需要“原始想象力”，以求生存和获得某种“领导魅力”。但是霸权时代后，因为拥有绝对的武力优势，传统中国自秦朝开始，到清王朝覆灭，从理论上讲再也不需要想象力，甚至恐惧想象力，视想象力为“帝国的威胁”。这也可以解释，恰恰是秦帝国建立后，首先便是“焚书坑儒”，铲除一些“惑乱人心”的来源，“以法为教，以吏为师”，“法”与“吏”要的从来都是“俯首听命”，而不是什么充满想象力的“不同意见”。即使是后来的“独尊儒术”无非是另外一种“政统”、“道统”与“学统”的合一。笔者从来没否认甚至怀疑过中华民族的想象力。事实上，正如上文所述，中华民族并非缺乏想象力，而是在历史当中的“发展空间”遭受了太大的压制。因此想象力在“中国语境”下，首先不是一种人之为人的“能力”问题，而是一个“权利”问题，中国首先面对的不是想象力如何培养的问题，而是需要一场“观念上的启蒙”，即有关想象力的“权利启蒙”。

西方也经历过贬低想象力，压制想象力的漫长岁月，尤其是黑暗的中世纪时期。但是启蒙运动带来了希望，自此人类的主体意识得到了彻底觉醒。康德曾大声疾呼，“要有勇气运用你自己的理智！这就是启蒙运动的口号”。他认为所谓的“启蒙运动”就是“人类脱离自己所加之于自己的不成熟状态。而不成熟状态就是不经别人的引导，就对自己的理智无能为力”[①]。因此，康德认为，“外在的权势”和“内心的愚昧”是启蒙的大敌[②]。启蒙的前提就是人类要拥有“公开运用自己理性的自由”。虽然，康德这里主要表述的是“理性”与“理智”，但是这同样可以运用到“想象力”上面。教育进展国际评估组织对世界21个国家的

① 康德 I. 历史理性批判文集[M]. 何兆武译. 上海：商务印书馆，1991：22-24.

② 陈乐民. 康德论启蒙[J]. 社会科学论坛，2000，（7）：47-49.

调查显示，在中国被调查的中小学生中，认为自己有好奇心和想象力的只占4.7%[①]。中国文化需要一场“想象力的启蒙”，我们要大声疾呼：要勇敢地运用你自己的想象力！想象力是人人都应该拥有的神圣不可侵犯的权利！人人都拥有而且应该公开运用自己的想象力！对于“能力”获取的“决心”和“勇气”，比“能力”本身更重要，因为人人都有想象力这个潜能。

作为“外在的权势”，无论是文化传统，还是社会体制，都应该为公民公开运用想象力提供便利条件和宽容环境。同时，作为“想象力的主体”，人人都应该破除外在势力加之于自身的“纸枷锁”，充分释放自己的想象力潜能。在提到创造力的培养问题时，我们常常把它看成是一个技术问题：如何改进课程与教学，如何培养“创新人才”。但是，我们似乎从不反思我们的价值观层面的问题：我们是否尊重个体的独立与自由，敢于怀疑和挑战对权威，包容各种可允许的试错过程？不反思这些价值观念，创造力培养就是一句空话。因此，创造力的解放首先是精神的自由和解放，教育原本应该引领社会，现在中国的教育更多的是受制于社会本身的诸多问题[②]。想象力何尝不也是如此。因此，想象力之于中国文化的特殊语境在于作为“权利”的想象力观念，应该首先予以普及，尤其是在教育领域。教育应该承担起自己的启蒙责任，“教育可能是启蒙的，也可能是反启蒙的。对于后者，教育越成功，残缺的人越多”[③]。对于反启蒙的教育危机我们在上文已经有了充分阐述，因此对于想象力的启蒙，教育更应该起到的是正面的引导作用，而不是有意识或者无意识地对其进行扼杀。这是中国语境下，想象教育需要面对的一个首要且最重要的问题。

二、如何面对知识与理性？

西方社会自从启蒙运动以后，人的“理性”观念得到极大启蒙，理性最开始为了反对神性，却逐渐走得太远，造成了事实和价值的分离，后来的工业革命重视效率和规模，导致人类完整的理性精神进一步发生扭曲，异化为工具理性，工具理性的病因在于人控制自然的冲动，而要控制自然，实现高效的最便捷途径自然是要使自身工具化，摒除任何影响效率的感情因素与分散精力的多余想象。这就使人实现了彻底的异化。“运用理性的目的”不再是为了“人”本身，这也违背了最初的启蒙精神。因为它不仅反价值，而且反情感，基于控制的规模和效率成为关键。在工具理性控制的时代，“教育领域亦发生着一场‘哥白尼式的革命’，这便是教育教学逐渐被改造为‘方法’‘指南’‘程序’的严格应用。这

---

① 赵永新，王昊魁. 中国儿童想象力太差[N]. 人民日报，2009-08-17（第 11 版）.

② 贝格托 R A，考夫曼 J C. 培养学生的创造力[M]. 陈菲，周晔晗，李娴译. 上海：华东师范大学出版社，2013：2.

③ 彭正梅. 解放和教育：德国批判教育学研究[M]. 上海：华东师范大学出版社，2008：211.

些方法、指南、程序等迅速符合了工业社会对人才培养的需要。但同时也产生了理性对情感及其他因素（如想象力）的忽视、压制、贬抑，并使学生和教师没有自主性地‘顺从’”[①]。西方诞生了诸多对理性展开反思的哲学思潮和教育思潮，哲学思潮如生命哲学、存在主义、弗洛伊德主义、法兰克福学派等，教育思潮有新教育、进步主义等。因此，西方社会则越来越多地提倡一种“高概念、高感性”的时代新理念[②]。西方的想象力教育更多地体现出一种对“知识教育”和“理性（工具理性）”的重新反思，开始重视“意象和视觉思维”，以及试图利用更具感性特质的艺术教育作为引入想象力的新途径（如美国的林肯艺术中心）。当然，这里不是说想象力和理性是一对矛盾的概念，事实上，想象力和理性不矛盾，它们不在一个范畴，理性和感性才是一对范畴，并且都可以有想象力。只要有对象，就有赖以产生的想象力，无论这个对象是事实感受，还是事实感受所形成的概念，想象力都能对其进行复制，重构和创构。西方的想象力教育更多的是想利用想象力这项灵活的思维工具，来调动人类的价值感与高感性艺术感受，以此来对抗和消解“工具理性”带来的冲击，以恢复人类真正的理性精神，回归启蒙精神的本质。

但是因为中国的情况似乎具有特殊性。无论是20世纪的新文化运动时期，还是“文化大革命”后风起云涌的20世纪80年代，中国的“理性启蒙”从来都没有彻底进行过，充斥最多的反而是“颠覆传统”后的“非理性激情”。两次所谓的“启蒙”（20世纪的新文化运动和20世纪80年代的文化思潮）都被“救亡图存”的“宏大叙事”所压倒，而个体层面的“理性启蒙”却往往被忽略。因此，中国文化，尤其是中国教育文化中严重缺乏理性思维的传统。在法国思想家列维·不留尔的眼中，“中国传统的思维、知识始终停留在一种‘原始思维’之中，重表象、神秘、模糊、崇拜等而轻实证、理性、经验、批判。这种思维积习难改，几乎可以使人绝望”[③]。他甚至还刻薄地说，“中国科学就是发展停滞的一个触目惊心的例子，它产生了天文学、物理学、化学、生理学、病理学、治疗学及诸如此类的浩如烟海的百科全书，但在我们看来，所有这一切只不过是扯淡……它们差不多只是包含着一些带上神秘的前关联的模糊的未经实际证实的概念……要使欧洲厌恶中国的学者是容易的，但要让中国弃绝她的那些物理学家、医生和风水先生却很难”[④]。虽然这些话有些极端且充满偏见，但是有一点我们需要警惕：中国的传统文化与教育，多注重“感性与形象”思维，而轻“理性与逻辑”思维。所以，中国的文化改进和想象教育理论，要充分利用自己的文化优

① 曹永国. 教育中的反智主义：思想根源与中国语境[J]. 湖南师范大学教育科学学报，2014，（5）：13-18.

② 平克 D. 全新思维[M]. 林娜译. 北京：北京师范大学出版社，2006：37.

③ 曹永国. 教育中的反智主义：思想根源与中国语境[J]. 湖南师范大学教育科学学报，2014，（5）：13-18.

④ 布留尔 L. 原始思维[M]. 丁由译. 北京：商务印书馆，1985：447.

势和长处，即形象或表象思维，同时重视知识和理性思维的深化培养，这完全不同于西方的“理性反思”。因此，在实际教育过程当中，中国语境下的想象教育理论反对的是扭曲的、应试教育下的“唯知识教育”，绝对不是反理性或者反知识，相反要大力提倡和发展理性。因此，要时刻把握好方向，以免陷入低级的“反智主义教育”窠臼，堕落为庸俗的、非理性的“反智教育”。事实上，想象力不仅不反对理性，反而作为一种灵活性心理工具，能够有效地促进理性与逻辑思维的培养。

三、无法回避的“学业成就”

“学业成就”是各国教育界都十分重视的问题，但是在东亚尤其是中国文化与教育当中似乎显得尤其重要。由于科举考试传统的根深蒂固，再加上多元评价体系缺失，“学业成就”也就主要表现为“考试成绩”。“考试成绩”成为分配各种教育资源和社会资源的主要方式。再加上人口众多和资源的稀缺性，在中国无论是教育系统，还是社会系统，都几乎唯“考试成绩”马首是瞻，并美其名曰“最不坏的评价方式”。中国的教育深深地堕入“应试教育”的泥潭不能自拔，“考试”成为老师、学校和社会的法宝，“分数”成为学生及其他资源争夺者的“命根”。流水线式的工厂教育模式最为注重的就是“标准件产品”，而产品等级往往就是依靠“学业成绩”来划分的。

虽然21世纪以来，随着新课程改革及教育评价方式的多元化，中国教育也开始逐渐重视教育过程，希望促进学生的个性化和差异化发展，但是从家长和学生到学校和教师，对于教育结果尤其是学业成绩从来都没有放松过。经过多年的训练，中国教师和学生大多擅长纸笔测验考试，并且在应对考试方面颇有经验和心得。因此也就有了中国上海学生在 PISA 测试当中，勇夺两连冠壮举。“看看2000年至2012年的PISA‘金榜表’，我们会发现：前三名除芬兰外，无其他欧美国家和地区，亚洲国家和地区占绝对优势；2003 年后前三名只剩下韩国、台北和上海；自2009年始上海包揽了全部PISA项目的冠军”①。但是这些前面的亚洲国家和地区都是著名的、公认的“考试大国和地区”，这些国家和地区普遍重视“双基加纸笔测验考试”。因此在以中国为代表的东亚地区，推行注重独立思考和自由精神的“想象教育”，其难度可想而知。但是这恰恰也说明，这些地区亟待改善教育教学现状。“危机”在某种程度上就代表着“机遇”。但是，任何教育理论包括想象教育理论的推行，应该首先建基于学校的传统架构和现实语境，教育本来就是一项改良的事业，历来忌讳各种所谓的“教育革命”。更何况，想象教育理论本来就不意味着一定和“学业成就”或“考试成绩”是对立的，它的

① 张勇. 上海“PISA二连冠”该自信还是自省[N]. 中国青年报，2013-12-02（第2版）.

提出和逐渐完善，不但不会降低教育质量尤其是学生们的学业成就，相反却会更有利于他们加深理解和灵活运用所学知识，从而有效提高学业成绩。

“富有想象力的教育”的创建者基兰·伊根教授认为，“以这个教育理论（富有想象力的教育）为指导的学校的学生考试成绩表现十分出众，如在美国俄勒冈州波兰地区一所IE实验学校，虽然是一所远离富裕地区的社区学校，却在去年《华盛顿邮报》举办的‘教育挑战赛’中获得了全国（美国）第二名的好成绩！因此，富有想象力的教育是十分注重教育实效的，只要能够激发学生曾经被忽略的想象力，就能提高他们的成绩，无论是采取何种测量、考试或者评估技术来检测”①。在中国语境下，想象教育理论必须要格外重视“学业成就”问题，消除一些家长、学生和教师对于想象力及想象教育的误解，如“想象教育的引入会耽误孩子的学习时间”“想象力只是锦上添花，并不能雪中送炭”“想象教育和学业成绩是完全不相容的，因为它会拖累教学效率”等。总之，想象教育论必须符合中国的文化语境，找到和中国教育框架恰当融合的办法，才能发挥其最大的价值，否则又会沦为一种“时髦”“华而不实”的新兴教育理论，这是我们应该警惕的！

第二节　中国想象教育的发展空间

行文至此，我们在对想象教育进行展望的同时，要思考一个很实际的问题：想象教育在中国到底有没有发展空间？如果说没有或者说现阶段没有，那么我们对想象教育的探讨意义有限。如果有，它的空间表现在什么地方？针对前一个问题，我们的简单而直接的论证逻辑是：①人人都有想象力且有想象的权利；②只不过因为后天原因，人的想象力潜能得到开发的程度各有不同；③我们的国家和个体目前都亟待想象力和创造力的爆发，以便适应变迁的时代潮流；④我们的教育在想象力开发方面可以有所作为；⑤想象力引入教育领域有助于教学的改善。想象教育的出现，让个体、国家及教育都能受益，尤其是在中国当前的大环境下。针对第二个问题，我们认为想象教育的发展存在三个递进式的发展方向：微观层面上，经由想象教育理论预设发展出一套符合中国语境的成熟的想象教育模式；中观层面上，经由想象教育过渡到教育想象，放眼整个教育系统，为中国教育教学改革提供一种全新的思路；宏观层面上，突破教育系统局限，充分发挥教育与教育学的想象力，以教育立场关照社会发展，以被早已被抛弃的“教育国”作为教育学人不应放弃的终极想象和内在动力。

① 潘庆玉. 富有想象力的教学设计[M]. 广州：广东教育出版社，2014：3-4.

一、想象教育的模式探索

目前世界范围内，想象教育方兴未艾，很多国家和地区都在进行着想象教育理论与实践的相关探索。因此，针对这些已有的特色经验，如何引介、转化甚至在此基础上进行本土创生成为摆在我们面前不得不面对的问题。实事求是地讲，“想象教育”在我国还处于萌芽阶段，“引介工作”还尚未完成[①]，至于想象教育理论的“本土转化”及“实践转化”就更加任重而道远。目前想象教育还不是一套成熟的教育理论，更像是一个充满希望的研究论域。而在实践层面上，无论是富有想象力的教育，还是想象力学习清单，都有各自不同的教学操作模式。即便如此，我们在前文论述过，他们虽然流派不同，但是其潜在的理论预设几乎没有差异，如承认人人都拥有想象力，想象力的可教性，等等。因此，在富有中国特色的想象教育理论尚未建立的时候，并不妨碍我们依据这些想象教育的基本理论预设，从而建立多种多样适合当地学校与教育特色的想象教育模式。也许基于基层学校的多样化想象教育实践探索，还能为中国特色的想象教育理论提供丰富的启示，形成一种相互促进、转化生成的良性互动局面。

这里有必要阐释清楚教育模式的内涵与定位。所谓“模式不仅是一个实体，更重要的是一种行动方式，它不仅提出未来的某个科学目的，而且说明达到此目的的手段”[②]。“教育模式”不同于“教育理论”，它具有很大的创造性空间，它的理论虽然来自于“理论体系”中的一支或几支，但是只要凝聚某一“主题”之上（如想象力等），并不必然拘泥某一特定理论。并且这些教育模式调整起来更加灵活，它不同于教育结构，教育结构具有客观性特征，而它则完全属于人为建构。教育模式是教育理论与教育实践的桥梁。教育模式既有理论方面的功能，又具有实践方面的功能。同时，教育模式又不同于教学模式，虽然两者一般都是由理论指导、主题、目标、程序、策略、条件和评价组成[③]，但是教育模式比教学模式更为宏观，它所涉及的内容范围比教学模式更广，属于上位概念，它还可以包括除教学模式外的“课程模式”“课堂管理模式”等。我们在想象教育模式探索的时候，认真分析吸收已有想象教育理论与实践的特色之处，并考虑到中国教育的现实语境，以期建构出一套富有中国特色的想象教育模式。

在实践层面，任何教育模式的提出，都要符合和遵从想象教育的基本理论预设。这些理论预设会贯穿教育模式的始终，它必须时刻决定着教育模式构成要素

---

① 目前国内的想象教育理论，主要还是引介自基兰·伊根的富有想象力教育，当然也有一些基于此理论的实践层面的相关探索。但是整体而言，想象教育在中国还处于引介阶段。

② 转引自罗慧生. 现代科学哲学的“历史学派”[J]. 哲学研究，1981，（11）：37-45.

③ 黄甫全，王本陆. 现代教学论学程[M]. 北京：教育科学出版社，2003：437.

之间的构成与互动关系。当然，想象教育的理论预设有着自己的理论主题，那就是想象力，一切教育要素的调动都围绕着想象力展开，利用教育要素的互动与调和提升教师和学生的想象力，利用想象力工具改善和提升教育教学。这是想象教育理论及实践模式的目标。想象教育的理论预设是想象教育得以开展的基本前提和指导方针，它们使想象教育的展开成为可能，同时又可以保证教育实践过程中不会偏离模式本身的初衷与主旨。可喜的是，国内已经有许多中小学教师（如特级教师朱志江、高级教师姜波等）开始着手进行想象教育实践探索，而且这些探索大多既有国外想象教育理论的启示（想象教育理论得力于潘庆玉、夏正江等学者的引介），又都加入自己对中国教育的特色思考。很多实践探索也都以论文形式予以发表，这点我们已经在上文中有所介绍，这里不再赘述。事实上，如果回望中华人民共和国成立以来形成的各种成熟的教育理论与教育实践模式，其创生与发展到成熟，无不都是理论与实践相互创生的结果，如叶澜教授领导的新基础教育研究。“摸着石头过河”不仅仅属于政治经济改革的历史逻辑，对于中国的教育创生历程来讲，它同样适用。但是“摸着石头过河”的前提是方向感（想象教育的理论预设）要明确，眼睛要时刻盯住“对岸”（学生想象力的提升与教育教学质量的改善）。正是基于通用的理论预设，想象教育理论与实践的本土转化与创生才成为可能。教育模式是教育理论与实践的中间桥梁，也是其相互创生的交叉地带，因此在未来想象教育发展的过程中，可能会率先获得突破。我们对此应该抱有乐观态度。

二、从“想象教育”到“教育想象”

如果说想象教育理论的实践转化是追求深度的话，那么经由想象教育到教育想象的过渡，则是要追求广度。前者基本以“想象力为核心，以教育作为支持工具”，而后者则“以教育为核心，以想象力作为支持工具”。但是这里的想象力主体可就不是教师或者学生了，而是教育本身，即教育本身所蕴含的多种可能性与发展空间。事实上，它们都属于想象教育理论的应有之义，只不过侧重点不同罢了。关于这一点，我们在前文对想象教育的目标定位时已经有所论述。提到教育想象，不得不提埃利奥特·W. 艾斯纳的《教育想象 —— 学校课程设计与评价》，[①]这是一个很好的教育想象范例，艾斯纳通过重新反思“教育是什么”这一深刻命题，鲜明地指出了当今学校课程设计及其评价的弊端所在。他认为教育教学更像“一门艺术”，而不是纪律严明的“行军”活动，这种对于教育本质的“可能性思考”，促使他提出了一种新的教育教学评价方式—— 教育鉴赏（自我欣赏）与教育批评（公开讨论）。运用艺术的眼光切入教育，这就是艾斯纳的教

① 艾斯纳 A W. 教育想象—— 学校课程设计与评价[M]. 李雁冰，等译. 北京：教育科学出版社，2008.

育想象。它所侧重的是对教育及涉及教育的一切进行重新反思和价值评估，探索教育的新的可能性。

从实践操作层面上讲，想象力几乎可以观察教育的方方面面，不仅仅是埃利奥特·W. 艾斯纳的课程设计。作为一种认知与情感的灵活性工具，想象力可以为宏观的教育政策、教育改革措施、微观的学校改革、教学改革以及贯穿各个层面的教育评估供更大的可能性空间。从这个意义上来讲，教育想象已经不仅仅如想象教育那样是一种教育理论和实践样式，而且是一种应用范围更加广阔的思维工具和方法论。有学者针对中国教育领域的各种弊端，提出了一种比较通用的工具：想象与实证。教育改进的实现有赖于想象实证法的熟练运用。关于教育想象，他认为，“在教育领域关掉人们的想象，教育就不可能有所改进，也就不可能办好；在教育领域抑制或钳制人们的想象，投入再多的资金和人力，填充再多的知识和标准答案，也不可能真正实现教育和社会振兴，没有想象的教育也不可能对社会发展发挥作用，不能担负社会复兴的责任……在过去的很长时间里，中国文化尚同不尚异，在一定程度上束缚了人的想象，也阻止了当下的教育改进”①。这非常准确地指出了我国教育改革的痛点与难点，从侧面反映了教育想象的重要性。

理论层面的教育想象意味着对教育不断做“形而上”的追问，从而在教育哲学层面，为教育打开更多的可能性。因为，“教育何以可能”这是一个教育学的根本问题。在想象教育的推进过程中，无论是研究者、教师抑或是学生都会对“教育”不断加深理解。不断地反思那些长久以来被我们认为毋庸置疑的教育结论，“教育是人的一种生活方式，由于人的不确定性，教育中没有固定不变的规律”②。传统的教育反思多集中在思辨与经验层面，教育思辨具有抽象、间接和概括性的特点。拿教育定义为例，通常对教育的定义多是“属+种差”的定义方式，如“教育是一种培养人的社会活动”。教育经验则更多地把教育具象化、技术化和庸俗化，如“教育就是教书（课本）”。不能简单地将教育归结为抽象或具象的“是什么”，而更应该依据其属性来做出本质理解。“所谓教育，即是为孩子提供‘对待生活的各种可能的终极态度’。这里的关键在于，教育并不是原原本本地为孩子们复制社会生活，并不是把原本的社会世界作为模板，加印在每个孩子身上。相反，教育的终极目的，是为孩子提供面对这个世界的‘各种可能’的‘终极态度’”③。

人与生活的复杂性，直接决定了教育的复杂性。因此杜威的教育定义似乎更

① 褚朝辉. 教育改进的想象与实证[N]. 光明日报，2015-05-12（第14版）.

② 王建华. 教育的意蕴与教育学的想象[M]. 福州：福建教育出版社，2015：19.

③ 渠敬东. 现代社会中的人性及教育——以涂尔干社会理论为视角[M]. 上海：上海三联书店，2006：5.

加准确："教育即（as）什么（生活、经验、民主等）。"当然，我们也可以用"教育像什么"来代替，这和"教育是什么"是完全不同的思维模式，后者是逻辑的、抽象的、概括的，而前者的定义方式更加具有开放性、包容性与可能性。这里当然就需要想象力，有了想象力，我们就可以把教育理解为"隐蔽于在场的当前事物背后之不在场的、然而又是具体的事物，它要求把在场的东西与不在场的东西、显现的东西与隐蔽的东西结合在一起"①。因此，我们也可以用意象或者说隐喻性思维来表达教育，如"教育是一棵树摇动另一棵树，一朵云推动另一朵云，一个灵魂呼唤另一个灵魂"②。有学者专门针对以上两种不同的教育认知方式进行了对比（表 5.1）③。

表 5.1　教育思辨与教育想象认知方式差异

差异领域＼认知方式	思辨式	想象式
最高旨趣	探究现象背后的终极性	把握现象之间的相通性
观察特点	周详全面，避免盲人摸象	就某一侧面、某一点展开联想
思维方式	逻辑思维；思辨穷究	形象思维；想象，发散
工具选择	概念，判断，推理	比喻，比拟，类比
典型句式	陈述句：是什么	比喻句：像什么
语气特征	精确性；唯一，排他的	模糊性；多样，兼容的
效果追求	权威性，为理论界首肯	启发性，受实践者欢迎
评价标准	严谨深刻，无懈可击	新颖奇特，不落俗套

三、从"教育"想象到"教育学"的想象

如果作为思维方式的"互联网+"已经逐渐充斥并将彻底改变我们的生活，那么在教育的世界里，"想象力+"也将大放异彩。想象在经历了漫长的轻视与漠视之后，终于开始获得人们的重视与青睐。在这个持续变革的时代，复杂多元的生活样式已经对教育提出更高的要求。"重想象的现当代转向突破了思维的极限和范围，几千年来受压制的想象得到了解放"④。如果说"互联网+"所引领的革命是物质革命的话，那么"想象力+"主导的将是未来的精神革命。我们已经在上文提到了学科想象力与学科教育（教学科目），民主想象与公民教育、道德

① 张世英. 哲学导论[M]. 北京：北京大学出版社，2002：49.

② 这句话被广泛归结到雅斯贝尔斯的名下，大多数人认为它出自《什么是教育》，但是查阅他的著作并没有发现。检索其他学者对这句话的引用，要么没加注释，要么是注释错误。原出处至今不详。也有学者在引用时直接指出出处不详（王建华. 教育的意蕴与教育学的想象[M]. 福州：福建教育出版社，2015：19）。但这句话能够打动无数教育学人，恰恰也说明了教育想象的魅力所在。它涵盖了人们对教育本质的所有期许与最美好的想象。

③ 孙孔懿. 教育像什么——一部形象化的教育学[M]. 南京：江苏教育出版社，2010：4.

④ 张世英. 哲学导论[M]. 北京：北京大学出版社，2002：52.

想象力与道德教育，它们都是想象教育的核心论域，但是这个范围还可以继续扩大，即已经提出的从想象教育走向教育想象，利用想象力重新反思我们教育系统的各种习以为常的条条框框，因为想象力的基本要求就是要“跳出框架”（out of box）。在此基础上，我们可以提出课程想象力、教学想象力、学校变革想象力等，可喜的是已经有许多学者针对这些分支领域进行了探讨①。当然，这些都是实践层面或者说具体层面的“想象力+教育”。如果从我们的教育学科建设来讲，教育学的想象力是我们不能回避的。

这里所说的学科想象力不是指教学科目，而是指教育学专业学科。教育学的学科困境一直存在。“目前人们还是普遍认为，在相当长的时期内教育学对人类知识进步的贡献不多，在与其他学科的‘科际贸易’中一直处于‘入超’地位，整个学术交流史上更是连年赤字。基于此种背景，‘次等学科’的刻板印象一直是教育学学科自我意识中挥之不去的阴影，也正是这种学科自我意识阴影的存在扼杀了教育学的想象力，阻碍了教育学的发展与成熟”②。钱钟书先生在其小说《围城》当中狠狠地挖苦过教育学，如果说这只是外专业学者的调侃，我们暂且不提，但是本专业的学者也提出了“教育学和教育家的贫困”③，甚至是更加耸人听闻的“教育学的终结”④。和社会学一样，我们需要唤回我们早已失去的教育学想象力，为教育学提供新的学科理想与学科动力。米尔斯认为，学科想象力意味着一种“视角转换的心智品质”，这种所谓的心智品质指的就是属于学科自身的独特的学科视界及理解方式，只有这样，方能建立起基于自身特色的学科规范与学术传统，并在此基础上形成真正意义上的学科。只有找到自己的立足点，才能自信地开放学科大门，自由嫁接，自由地融合，不再畏惧教育学分支学科的持续分裂。

作为普通教育学的统一性学科，在学科认知上，教育学的想象力可以持续地为分支学科提供新的思维方式；在学科情感上面，它可以持续地为分支学科提供价值判断。教育学与教育的立足点无疑是人，不断发展中的人。和其他人文科学不同的是，教育学与教育的目标是“成人”，一个“成”字意味着，教育学的理论品格天然带有实践介入的特色，同时“成”也可以作为一种价值判断，即“促成”“使其成功”“成为一个好人与好公民”。这种鲜明的实践取向与价值目标

---

① 这里以课程想象力为例，莱维斯（Levis T）和吉鲁克斯（Giroux X）从政治学层面出发，提出一种既能批判学校教育的新自由主义课程，又能重构旨在培植美好社会与政治生活的新生态政治课程。美国课程专家麦克南（McKerman J A.）从文化层面出发，以过程性思维方式指出课程的多重本质。具体论述参见左璜，莫雷. 课程想象力：内涵及其培育[J]. 华南师范大学学报（社会科学版），2013，（4）：45-50.

② 王建华. 教育的意蕴与教育学的想象[M]. 福州：福建教育出版社，2015：198.

③ 张正江. 贫困的教育学与教育家的贫困[J]. 江西教育科研，1998，（3）：28-30.

④ 吴钢. 论教育学的终结[J]. 教育研究，1995，（7）：19-24.

取向，正是激发教育学所有想象力的逻辑起点。正是以“成人”为起点和终点，我们对一切学科、一切方法持开放和质疑态度。例如，传统教育学中，我们对分支学科“教育社会学”的定义往往是这样的：以社会学的原理与方法研究教育的一门学科。但是如果我们可以发挥教育学的想象力，就可以为自己的分支学科教育社会学，打开新的发展空间。我们可以这么定义：所谓的教育社会学，就是以教育学的原理和方法去研究社会的一门学科。在这个意义上，我们教育学的每个分支学科都需要“想象力+”，如“教育史学想象力”“教育政治学想象力”……也正因为教育的想象力，教育学分支学科的出现不再是一种对教育学的分裂和瓦解，甚至是教育学的终结，而是一种拓展性重生。

第三节　持续想象——教育人的教育国

怀特海在论述他心目中的大学时说到，“大学存在的理由是，它使青年人和老年人融为一体，对学术进行充满想象力的探索……青年人富有想象力，如果通过训练来加强这种想象力，那么这种富于想象的活力便很可能保持终生。人类的悲剧在于，那些富有想象力的人缺少经验，而那些有经验的人则想象力贫乏。愚人没有知识却凭想象办事，书呆子缺乏想象力但凭知识行事。而大学的任务就是将想象力和经验融为一体”①。虽然他这里论述的是大学，但是他道出了我们全部教育领域，甚至是全体生活世界的本质。教育的世界离不开想象。作为教育人和教育学人，应该充分发挥我们的想象力，应该树立历史担当，找寻属于我们自身的国度——教育国，并为之不懈努力。

在康德看来，一个教育理论的前景就是设置一个光辉的理想，至于我们能否立马实现它则无关紧要，尽管存在着一些妨碍这一理想实现的困难，但我们一定不能把这一理想看作异想天开，也不能把它诋毁为只是一个美梦②。据说康德对卢梭的《爱弥儿》爱不释手，卢梭的自然教育理论何尝不是一个有别于传统教育的光辉理想，充满了启蒙的光辉。笔者这里提到康德的这番话，不是说想象式的教育或教育世界只能是一个遥不可及的美好梦想，而是想说在趋向理想的过程中，无论是理论探索，还是实践探索，肯定会遇到困难与挫折，但是这并不妨碍我们去持续想象。例如，教育人的“教育国”一直以来是一个饱受诟病、甚至谩骂的教育想象或教育理想。但是这些诟病与谩骂不应成为我们对教育及教育学失去信心的借口。想象教育的更宏观层次的发展空间也在于此，

---

① 怀特海 A N. 教育的目的[M]. 徐汝舟译. 北京：生活·读书·新知三联书店，2002：137-138.

② 古德曼 A. 民主教育[M]. 杨伟清译. 南京：译林出版社，2010：318.

教育或教育学通过想象力冲破自身的传统桎梏，以教育尺度重新厘定我们周围生活的世界，并通过我们的水滴石穿的渐进式努力，以期以教育人自己的方式实现我们特有的理想—— 教育国。正如康德所言，教育理论需要光辉的理想，虽不能至，心向往之。这才是真正属于未来时代的“想象的教育”和应有的“教育的想象”。

一、教育国的理论尝试——柏拉图、卢梭与杜威

从理论层面上来讲，“历史上第一个提出教育国理想的是古希腊的柏拉图。柏拉图的《理想国》实际上就是个教育的城邦（国家）。在这个理想国中，政治（哲学王）处于绝对的、最高位置，其次是军事领域（护国者），最低的是经济领域（手工业者和农民）。柏拉图认为，这种理想国秩序的维护依赖于教育，教育是理想国中‘生死攸关’的大事。可以说，没有教育，也就没有理想国”①。柏拉图的理想国中，哲人王既是政治家，更是教育家，国家的治理理念都旨在教化民众，为此不惜利用最为便捷的方式，即灌输“高贵的谎言”②。但是等待他的却是叙拉古之旅的九死一生。第二个“教育国”的典型代表便是卢梭，卢梭想象中的教育对象爱弥儿，承载了他对建立“道德理想国”的所有希冀，爱弥儿的教育是“立法家”的教育，“立法家”是社会公意的代表，他的最重要的职责便是立法并教化大众。“对于卢梭来说，政治就是教育，而教育就是政治，政治的首要责任是教育人民，好的政治就是承担起‘政教合一’的责任”③。卢梭的想象中的对于普通民众的教育方式和柏拉图不同，他没有也不屑于利用“高贵的谎言”，“任何人不服从公意的，全体就要迫使他服从公意。这恰好就是说，人们要迫使他自由”④。除了强制之外，他试图建立一种公民宗教，这显然带有马基亚维利的政治实用主义色彩。但他的“道德理想国”却随着后续的一系列大革命终告覆灭了。

最后一个不得不提的“教育国”代表便是杜威。他的代表作《民主主义与教育》如同柏拉图的《理想国》、卢梭的《爱弥儿》一样，寄托了自己所有的研究理想，我们在上文已经对杜威的民主想象力进行了集中的阐述。他对以柏拉图为代表的“贵族伦理”与“精英教育”思想进行了批判，并且吸收了达尔文的进化论思想，认为通过教育可以逐步改良我们的社会，社会的逐步改良又能进一步推动教育的发展。并且通过学校的民主公民教育，公民养成了适应变革的心理，不至于进入社会后把持续推进的“社会改良”演化为暴力“社会革命”。杜威甚至

---

① 彭正梅. 解放和教育：德国批判教育学研究[M]. 上海：华东师范大学出版社，2008：212.

② 张晓阳. 论教育信念伦理的模式转换[J]. 当代教育科学，2011，（11）：28-30.

③ 刘良华，曾世萍. 卢梭的教育意图[J]. 华东师范大学学报（教育科学版），2015，（1）：12-13.

④ 卢梭 J-J. 社会契约论[M]. 何兆武译. 上海：商务印书馆，2005：24-25.

更进一步地把“民主”的内涵提升到了“宗教”的高度，因为“如果失去了使用‘上帝’一词的知识权利，会有许多人（杜威的拥趸者们）就算不感到受伤也会不知所措，这些人没有加入教会，但是他们相信杜威的观念，如果不能谈及上帝，他们会感到迷惑不解，由此上帝也成为‘民主’的同盟”①。事实上，杜威后来所追寻的是“公民宗教”的重获新生。从柏拉图《理想国》中的“高贵谎言”到卢梭《社会契约论》中的“公民宗教”设想，再到杜威的“民主主义”信仰，这种痴迷而虔诚的“公民宗教”情结是一脉相承的。杜威认为，如果“上帝”一词有助于这种经验性的“公民宗教”在民间成长，那么他就会大胆使用。由此看来，无论是柏拉图的理想国，还是卢梭的道德理想国，抑或是杜威的民主主义国家，都是他们自身所建构的“教育国”，希冀通过教育（哲人王教育、立法家教育、民主公民教育）来实现自己的伟大理想。这三大哲人与教育家为了自己心目中的教育国绞尽了脑汁与想象力。

二、让教育持续想象——通往教育国的路

教育事业在有历史使命与担当的教育人或教育学人看来，从来都不只是教育系统的教育而已，而是关系全体人类与社会前途的大计。这种情怀也激励着一代代教育人拼搏努力。如果说上述三位大家都来自西方的话，那么我们中国历代的精英教育家们（如孔子），他们首先都怀揣一颗“传道”（不仅仅是授业、解惑）之心，他们拥有的是“修齐治平”的胸怀，有的是“为天地立心、为生民立命”的担当。20 世纪二三十年代，我们也有一大批具备如此“大情怀”的教育学人们，充分发挥了自己的想象力，试图通过教育改变自己的国家，试图通过教育唤醒我们的国民。陶行知②、梁漱溟、晏阳初、胡适……他们眼中的教育世界完全不只是教育系统而已，而是立志通过教育改良，以致“教育救国”，这也可以算是他们的终极理想“教育国”。可他们也曾遭受了许多误解与嘲笑：“教育改良行不通”、可笑的“教育万能论”、小资产阶级的软弱性……但正是他们，为中国教育树立了无法磨灭的风骨，为中国教育开启了新生。作为教育人和教育学人，我们就应该有这样的大胸怀与大抱负。

当然，笔者不是在这里鼓吹浪漫的理想主义，因为我们同样要看到的是这种理想主义被歪曲甚至滥用的后果，法国的大革命，德国、日本的法西斯，这其中充斥了大量的“伟大导师”，他们也营造了恐怖的“教育国”。但是这种“伟大导师”和“教育国”恰恰是反教育的，因为教育从来都提倡启蒙理性与积极改

---

① 维斯布鲁克 R. 杜威与美国民主[M]. 王红欣译. 北京：北京大学出版社，2010：450.

② 陶行知对自己的“教育国”梦想直言不讳：教育乃立国之根本；教育为立国之命脉；教育为共和国的保障；教育是国家万年根本大计；教育能造文化，则能造人，能造人，则能造国。参见方明. 陶行知全集[M]. 成都：四川教育出版社，2005.

良，反对煽动非理性与刺激人的欲望（权力欲等）。但是这些“伪”大导师们所建立的恐怖国度，让人们开始主动放弃“教育国”的想象。这些挫折和灾难让很多人退却，让他们满足于把教育仅仅作为一种职业，把教育学仅仅当成一门专业，把教育系统仅仅局限于学校之内，“教育国”仅仅藏匿于与世隔绝的象牙塔内。当理想主义消退，象牙塔也被攻破，梦想不再的教育学人们，也许只想关注卢梭和杜威到底是不是“儿童中心论”的代表……而教育人也许关注的只是本校的升学率或者学生就业率……社会上一旦出现了对教育的批评，他们摊摊手：“这是一个复杂的社会问题，不只是教育问题，教育只是被当成了替罪羊！”这就是教育想象力被扼杀的部分原因所在—— 缺乏应有的勇气和担当。

想象力视域下的教育空间应该更加广阔，中国的社会发展不应抛弃也离不开“教育尺度”[①]。“教育尺度是一种基于教育立场的眼光、视角和参照系。这种尺度的形成和运用来自教育的任务和使命，教育就是要有意识、有计划地促进人的生命健康、主动地成长和发展。因此，能否促进并实现人的生命成长和发展，成为教育尺度衡量世间万物的基本参照系和标准”[②]。教育与教育学，应该也必须开始向社会发出自己的声音，这就是“教育国”的起点。有学者批评到，“如果在当代还有人做着‘教育国’的梦，说着‘教育国’的话，甚至行着‘教育国’的事，这其中，堂·吉诃德之类的人物固然可鄙，是一块儿笑料和一出喜剧而已，而做着 1933 年的海德格尔之梦的人物就有点可怕了，因为那将是一出悲剧”[③]。这种批评对于那些试图以教育之名，激发非理性狂潮继而引发革命的野心家来说，固然是中肯的，但是对于那些心怀“教育国”理想而且拥有理性、温和及坚韧的改良意志的教育人或教育学人们，这又是不公平的，他们绝对不是头脑不清、自不量力的“唐·吉诃德式”的笑料，而是一群有梦想、有担当的真正的教育人和教育学人。让想象在教育中重新找回自己的地位，提升师生的想象力，改善我们的教育教学！让教育重新拥有想象力，为教育系统和教育学科不断打开新的可能性并获得持续发展！让教育继续想象，用于突破既定的牢笼，为世间万事万物厘定自己的尺度，逐步迈进一个充满教育色彩的国度！这才是真正的教育人和教育学人所应该有的终极想象力。

---

① 2011 年 6 月 22 日，叶澜教授在一个课题研讨会上，第一次正式提出了“教育尺度”这一学术性概念。

② 李政涛. 中国社会发展的“教育尺度”与教育基础[J]. 教育研究，2012，（3）：4-11.

③ 彭正梅. 解放和教育：德国批判教育学研究[M]. 上海：华东师范大学出版社，2008：213-214.

后　　记

总有师长或同学好奇或好心地问我，为什么会选择“想象力”这个虚无缥缈的、似乎在“天上”的主题作为研究对象，更何况还要试图将其融入事无巨细的、似乎又在“地上”的教育教学当中。犀利一点的更是直接问道：“你自认为是一个富有想象力的人吗？如果认为是，你可以利用自身的想象力研究更有价值的题目呀；如果不是，一个缺乏想象力的人选择想象力作为研究主题，不是自讨苦吃、自不量力吗？”看起来，这似乎是一个难以回答的悖论。实际上，它可能涉及三个问题：一是自己是否“富有”想象力，可以肯定的是我“有”，至于“富有”如何定义，则应是本书的回应内容之一；二是想象力自身是否是一个有价值的研究题目，它的主观价值与客观价值抑或个体价值与社会价值如何，虽然不是本文的主旨所在，但是“想象力时代”的表述与论证显然代表了我的立场；三是如果我缺乏想象力，那我的研究是否是自讨苦吃与自不量力，“自讨苦吃”的问题，我是深切感受并大胆承认的，但是自不量力的问题只能留待各位读者评判了。当然，我始终认为一个好的选题要如同米尔斯在《社会学的想象力》中描述的那样，可以在“个体困扰”和“社会议题”之间保持弹性，以期实现微观与宏观视角的自由切换。

首先是“个体困扰”，就我而言，更准确的或许是“个体情结”。在10岁之前，我是在郑州一个偏远村落里面度过的。那里留给了我很多美好记忆的片段，其中印象最深刻、时时梦回的便是清凉的夏夜，澈静的星空，全村老少一起在村口的堤坝上纳凉，堤坝空间有限，为了防止小孩儿们追逐打闹以致失足跌落深沟，往往会由村子里最会讲故事的张奶奶，把淘气好动的我们组织起来，围坐在几张席子组成的地铺上面。她喝口水，蒲扇轻轻一摇，各种神鬼星象故事娓娓道来，我们坐得累了，便径直躺下，望着无垠的星空，随着生动的故事情节，展开无限遐想……直到缓过神来，已被家长抱到各自家的床上。后来，张奶奶也有“故事库告急”的时候，只得激励我们自己创作故事，故事的主角都是我们头脑中根据各种星星幻化出来的似是而非的形象，至今故事都遗忘殆尽，但那种创作的兴奋感一直保留至今。我时常在想：人为什么会喜欢听“故事”？为什么张奶奶的故事那么多，讲得那么好，为什么我们会在故事创作中感到兴奋？当然，故事或者说虚拟叙事跟想象力还是有区别的，但它们之间也存在密切关联。我想这可能是我对想象力感兴趣的最初原因，至于在本书正文中所述的“钱学森之问”

与“莫言现象”所带给我的冲击，只不过是导火索罢了。

其次是社会议题层面。近十年以来，随着互联网的普及，我们越来越感到科技的日新月异，人类世界面临着前所未有的不确定性，时代更迭的速度越来越快。历史上，我们对时代的认知称谓从来没有像今天这样复杂，令人目不暇接：信息化时代、互联网时代、大数据时代、智能时代、概念时代……凡此种种，都越来越意味着创造力与想象力的重要性，在某种程度上，我们完全可以称之为想象力时代。正如书中所述，在这个时代（想象力时代），想象力将和科学技术一样跻身第一生产力的梯队。创新产品将加速古董化，市场中最具竞争力的将是那些最具想象力并将想象付诸实际的想象力企业，而非资源优势企业，企业和消费者都将处于“异想天开的经济生活”之中，这就是想象力经济。创新型工种正在逐渐替代信息型工种，如出版业工作岗位越来越少，而那些设计、建筑师、演员与导演、摄影师等职位越来越多，这种创新型工种的增多就是想象力时代开始的标志。对于教育领域的工作者来说，如果仍旧沿用过去的教育思维、课程设置与教学方式，将不足以协助学习者准备好面对未来世界的挑战、风险与未知。学习者必须能够充分调动自身的感官、情感与智能要素，想象未来世界或可能世界的真实或虚拟场景与潜在需求，运用知识与行动去创造属于自己的个性化未来。另外，我也始终认为，这个世界应该警惕科技的泛滥所造成的人们思维与情感的异化，对世界我们应该不忘初心，重新予以“赋魅”，保持世界的可能性、多样性与开放性，这样人类才能永葆好奇心，想象力才能持续引领我们前进。

需要说明的是，本书所指涉的“想象教育论”并不是一套成熟、完整的教育理论与实践体系，目前只可以算是一个方兴未艾的关于“想象教育”的研究论域。想象教育微观上是一种教学实践形式，中观上是一种教育或教育学实践形式，宏观上是一种社会实践形式。目前想象教育研究与实践多停留在微观层面，当然微观层面的研究与拓展也是想象教育的根基所在，深度学习、游戏教育、融合课程、教育戏剧等都是想象教育的有效载体与组织形式，尤其是教育戏剧与想象教育的合作空间，非常值得期待。对于学术，总有一个奇怪的场景萦绕在我的脑海：我们都像一群站在纸糊窗户背后的小孩儿，叽叽喳喳地讨论着外面的世界，终于每个人都忍不住好奇心，用手指在窗户上戳了若干小洞，从而兴致勃勃地“洞察”自己所看到和“想”看到的世界。世界还是那个世界，但是角度与风景却千差万别，因为每个人都有自己的立场与切入口，从而为这个世界赋予多层魅力。我不甘心只看别人看过的世界，所以自己也忍不住好奇心，戳了个小洞洞，这个小洞洞就是“想象力”。但不管怎么“洞察”，我们仍然还属于“洞穴内”的渺小人类。历史无数次证明，不能期望“伟、光、正”的穴外之人带领我们走出去，走向另一个新世界，我们只能期待“洞察”到的世界不断重叠，在“重叠共识”中逐渐认识世界。

这是笔者的第一本小书，基于博士论文修改而来，书中的很多想法与提法可能有许多不成熟之处，有待在后续学习研究中不断改进。博士四年学习期间，最应该感谢我的导师范国睿教授，老师做人、做事、做学问，处处身教胜于言传，旁敲侧击，迂回引导，着重学生的自身体悟，春风化雨，使我收益颇多。无奈自身禀赋局限，老师的许多教诲可能日后还需时时温习，慢慢消化。师母高老师永远那么亲切和蔼，一些平日交往的细节，常常让我恍惚看到母亲的影子。感谢我的硕士生导师冯建军教授一直以来对我学习、生活及工作的关心和帮助，随园三年在某种程度上塑造了我的个人性情与价值观。感谢纽约州立大学奥尔巴尼分校的戴耘教授对我在美国访学期间生活和学习方面的种种帮助。感谢朱益明老师、杨小微老师、陈建华老师、熊川武老师、程亮老师、王占魁老师等，他们对我的博士论文提出了许多宝贵意见。对山东师范大学的潘庆玉教授及上海师范大学的夏正江教授在想象教育相关方面的研究成果带给我的启发，我也心存感激。感谢范门大家庭在四年时间里带给我的所有快乐与帮助！当然，也要对科学出版社的邓娴编辑、刘文娟编辑等工作人员的辛勤努力表示特别感谢！

最后，感谢我的家人多年来对我求学的无条件支持与包容，我要把这本小书特别献给我平凡而又伟大的母亲杨翠萍女士！